LOGIQUE PARTIELLE ET SAVOIR

François Lepage et Serge Lapierre

LOGIQUE PARTIELLE ET SAVOIR

Essai de philosophie formelle

Collection Analytiques — 11

BELLARMIN
Montréal

2000

VRIN
Paris

Données de catalogage avant publication (Canada)

Lepage, François
Logique partielle et savoir : essai de philosophie formelle
(Collection Analytiques : 11)
Comprend des réf. bibliogr. et un index.
Publ. en collab. avec : Vrin.

ISBN 2-89007-844-2 (Bellarmin)
ISBN 2-7116-8297-8 (Vrin)

1. Logique — 20e siècle. 2. Langage et langues — Philosophie. 3. Grammaire comparée et générale. 4. Sémantique (Philosophie). 5. Montague, Richard, 1930-1971. 6. Intention (Logique). I. Lapierre, Serge, 1958- . II. Titre. III. Collection.

BC72.L46 2000 160 C00-940803-7

Couverture : Yvan Tétreault, *Londres est jolie/London is not pretty*

Dépôt légal : 3e trimestre 2000
Bibliothèque nationale du Québec

Les Éditions Bellarmin remercient le ministère du Patrimoine canadien du soutien qui leur est accordé dans le cadre du Programme d'aide au développement de l'industrie de l'édition. Les Éditions Bellarmin remercient également le Conseil des Arts du Canada et la Société de développement des entreprises culturelles du Québec (SODEC).

IMPRIMÉ AU CANADA

À Monique

À ma mère, Simone

Avant-propos

Est-il encore possible de prendre au sérieux la question de la sémantique des langages naturels ou artificiels ? Commençons par décrire ce que nous entendons par sémantique. Du point de vue le plus général possible, croire en la sémantique, c'est croire que :

(1) les expressions d'un langage renvoient à quelque chose d'autre, quelque chose d'extralinguistique, que nous appellerons, pour le besoin de cet avant-propos, leur signification ou leur sens ;
(2) il existe un nombre fini de règles sémantiques qui, appliquées à certaines significations, produisent de nouvelles significations ;
(3) ces règles sémantiques correspondent à des règles syntaxiques, elles-mêmes en nombre fini ;
(4) la signification de toute expression syntaxiquement complexe (construite par application des règles syntaxiques à des expressions simples) résulte exclusivement de l'application des règles sémantiques (correspondant aux règles syntaxiques) aux significations des expressions simples. On aura reconnu la célèbre thèse frégéenne de la compositionnalité du sens.

L'utilisation de l'adverbe « exclusivement » confère à la clause (4) une portée méthodologique très forte : celle de l'indépendance et de l'autonomie de la sémantique vis-à-vis de la syntaxe. Cette conception de la sémantique est suffisamment générale pour subsumer une grande variété de programmes de recherche. Elle est, par exemple, ontologiquement neutre, restant muette sur la nature des significations.

Cette même conception est toutefois entachée d'un péché originel qui a fait que de nombreux philosophes et logiciens l'ont rejetée. Ce péché est celui d'un réalisme plus ou moins larvé. En effet, on postule l'existence de deux structures qui ont une forme commune. La première, « concrète », est le langage comme système combinatoire de symboles structuré par la syntaxe. La seconde, « abstraite », est l'espace des significations structuré par les règles sémantiques. Du point de vue d'un nominalisme pur et dur, cette conception est fausse. Nous pensons cependant qu'elle capture entièrement l'idée intuitive de sémantique.

Le cadre théorique qui est exposé et utilisé dans le présent ouvrage est celui de la grammaire universelle de Montague. Cette grammaire est une généralisation intégrée des notions et des techniques de la sémantique ensembliste des langages formels de la logique contemporaine. Sa prétention : rendre compte de la syntaxe et de la sémantique d'une grande variété de langages, tant naturels qu'artificiels. Ce cadre permet l'expression élégante d'une sémantique conforme à la conception formulée ci-dessus.

Il faut reconnaître que la sémantique des langages de la logique symbolique a fait largement ses preuves. Après une période de gestation, où la séparation des concepts syntaxe / sémantique n'est pas totalement achevée (pensons, par exemple, aux *Principia Mathematica*), c'est à Tarski qu'il reviendra de développer, dans les années 30, le cadre général de l'expression formelle des interprétations (ou modèles) pour ces langages. Ce cadre, dont la forme canonique fut élaborée par Henkin, s'est avéré (et s'avère toujours) très puissant pour définir précisément la notion de conséquence valide et extrêmement fécond pour démontrer certaines propriétés métalogiques, telle la complétude.

Il est toutefois loin d'être évident que cette même sémantique soit adéquate pour l'analyse des langues naturelles. En effet, le problème avec les langues naturelles, c'est que nous n'en avons pas de théorie syntaxique totalement explicite, ce qui est un préalable incontournable à l'élaboration de toute sémantique. En outre, les ressources conceptuelles de la sémantique des langages formels paraissent bien pauvres par rapport à l'extrême richesse et à l'énorme pouvoir expressif des langues naturelles.

Pourtant, il y a maintenant déjà presque trente ans que Montague a fait le pari d'élaborer, pour un fragment de l'anglais qui a valeur d'exemple, simultanément sa syntaxe et sa sémantique en utilisant les mêmes ressources que pour les langages formels. Le succès qu'il a remporté auprès de certains linguistes et logiciens montre de façon éloquente que le travail de Montague a constitué une percée importante. Les trois premiers chapitres de cet ouvrage sont une présentation détaillée de la proposition originale de Montague. Nous n'avons, en ce qui concerne ces chapitres, aucune prétention d'originalité. Nous avons essayé de rendre le plus explicite possible la grammaire universelle en allant jusque dans les détails. Nous n'avons pas non plus de prétention en ce qui concerne le fragment du français qui est élaboré. Nous ne sommes pas linguistes et l'idée de traiter un fragment du français plutôt que de l'anglais n'était qu'un test amusant pour vérifier notre propre compréhension de la grammaire jusque dans ses détails.

La grammaire universelle est cependant loin de faire l'unanimité, pour deux raisons au moins : d'une part, elle présuppose des objets sémantiques suspects à plusieurs égards ; d'autre part, elle a éprouvé (et elle éprouve toujours) des difficultés à rendre compte adéquatement de certaines sortes d'inférences où interviennent des modalités épistémiques (savoir et croyance). Ces deux aspects ne sont pas totalement indépendants, comme nous l'expliquerons plus loin. Voyons d'abord le premier.

Quelles sont les entités que présuppose la théorie de la signification de la grammaire universelle ? Essentiellement des individus « tout nus », les deux valeurs de vérité que sont le vrai et le faux, des mondes possibles, et enfin des fonctions, définissables à partir de l'ensemble des individus, de l'ensemble des valeurs de vérité et de l'ensemble des mondes possibles.

La notion d'individu ne prescrit aucune ontologie particulière. Les individus peuvent être n'importe quoi, à condition que l'on puisse les compter (l'ensemble des individus doit être dénombrable). La décision d'attribuer aux valeurs de vérité le statut d'objet à part entière peut soulever des réticences, mais elle peut aussi se justifier techniquement, dans le but de simplifier la définition récursive de la notion d'énoncé vrai. Quant à la notion de monde possible, qui joue un rôle essentiel dans l'interprétation des énoncés modalisés, la sémantique n'en prescrit, encore une fois, aucune interprétation particulière. Mais selon l'intuition leibnizienne qui est à l'origine de son utilisation, elle signifie toute manière dont les choses auraient pu être (mais ne sont pas, selon la situation actuelle).

La notion qui nous intéresse plus particulièrement est celle de fonction. Dans la sémantique de la grammaire universelle, les fonctions, objets abstraits par excellence, caractérisent les significations. Prenons l'exemple de l'expression « homme ». Sa valeur sémantique (relativement à une situation donnée) est une fonction qui a pour domaine l'ensemble des individus et pour codomaine le vrai et le faux. Quelle fonction ? Tout simplement celle qui pour un objet quelconque donne la valeur vrai si, et seulement si, cet objet est un homme. Mais pourquoi une telle caractérisation ? Parce que comprendre la signification de l'expression « homme », c'est être capable de déterminer si « homme » s'applique ou non à un objet quelconque, donc de maîtriser cette fonction.

Par souci de généralité, la sémantique de la grammaire universelle admet toutes les fonctions possibles définissables à partir des ensembles de base. Or, les mondes possibles et les individus pouvant les peupler sont de toute évidence en nombre infini. Il en résulte une hiérarchie infinie de domaines infinis de fonctions. Cette ontologie extra-ordinairement prodigue ne pose pas de problèmes particuliers lorsqu'il s'agit de décrire le lien entre le langage et la structure de modèle, mais là où les choses se corsent, c'est lorsque l'on veut expliquer que les langages sont utilisés par des *agents réels, matériels*, pour communiquer. Nous devons en effet tenir compte du fait que les agents matériels (si idéaux qu'ils soient) ont des limitations physiques et computationnelles qui ne leur permettent pas de se représenter des objets infinis (ou à tout le moins des objets dont la structure est au-delà d'un certain degré de complexité).

La composante syntaxique de la grammaire universelle est compatible avec cette contrainte de capacité limitée, car le langage, comme système combinatoire de symboles structuré par la syntaxe, est finitaire, sinon fini, et est directement manipulable et implémentable physiquement. Mais si l'approche sémantique dont il est ici question a la prétention de rendre compte de ce qui se passe dans les « calculs » de valeurs sémantiques des agents, alors on voit mal comment ne pas prêter aux agents la capacité de manipuler des objets infinis. Pour poser le problème autrement : si la notion de modèle fait usage d'objets infinis, alors la notion de « modèle mental », qui devrait en quelque sorte être isomorphe au modèle pour rendre compte de la compétence linguistique des agents, devient inutilisable, du moins pour rendre compte du comportement des êtres sublunaires que nous sommes.

Plusieurs stratégies peuvent être envisagées. L'une d'entre elles est l'objet principal de ce livre. Il s'agit en gros d'introduire des *fonctions partielles* et de les utiliser comme approximations des fonctions totales (et infinies) qu'utilise la sémantique standard. La compétence des agents réels est ainsi limitée et imparfaite, sans pour autant être inexplicable. Les chapitres V à VIII sont consacrés à l'étude systématique de ces fonctions partielles et à l'élaboration de modèles partiels qui utilisent ces fonctions.

Venons-en à l'autre raison qui a pu conduire certains à délaisser le programme de la grammaire universelle. Cette raison est l'incapacité de la sémantique standard à capturer précisément les inférences intuitivement valides où interviennent des modalités épistémiques. En fait, son problème est qu'elle valide *trop* d'inférences, d'où son inadéquation. En particulier, tout se passe comme si les agents devaient connaître tous les équivalents logiques des expressions de leurs croyances, ainsi que toutes leurs conséquences logiques, ce qui n'est évidemment pas le cas. Le chapitre IV est justement consacré à cette problématique de l'omniscience : nous y présentons ses principaux aspects (omniscience logique et factuelle) et les plus marquantes tentatives classiques d'y apporter une solution.

Par *tentative classique*, nous entendons toute analyse qui suppose que les valeurs sémantiques sont des fonctions totales et qui maintient ainsi la ligne excessivement idéalisatrice de la sémantique standard. Notre approche n'est évidemment pas classique en ce sens. Notre diagnostic du problème de l'omniscience est que les agents matériels à qui l'on prête des états épistémiques n'ont que des représentations partielles de la réalité. Notre proposition (conséquente) est que l'intégration de la notion de fonction partielle dans la sémantique constitue une approche beaucoup plus naturelle et adéquate du problème. Les chapitres IX et X de ce livre sont consacrés aux applications de cette approche à l'élaboration d'une logique épistémique et à l'examen de la solidité de cette logique face à quelques aspects de la problématique de l'omniscience.

Malgré le caractère très formel de l'ouvrage, les instruments logico-mathématiques que sa compréhension nécessite sont relativement élémentaires. On trouvera en appendice une présentation succincte de ces instruments.

Ce livre s'adresse principalement à ceux (philosophes, logiciens, linguistes et étudiants de maîtrise et de doctorat de ces disciplines) qui s'intéressent aux problèmes actuels en sémantique formelle des langues naturelles, ou plus généralement, à la logique philosophique et à ses applications à l'analyse des langages naturels ou formalisés. Par ailleurs, nous avons inséré des exercices, la plupart accompagnés de leur solution, afin de permettre aux lecteurs qui le désirent de tester leur compréhension des notions exposées. À ce titre, nous croyons que ce livre pourrait avantageusement servir de base pour un séminaire avancé de philosophie formelle.

Nous tenons à remercier tous ceux qui, à un stade ou à un autre de la rédaction de cet ouvrage, nous ont fait des commentaires. Nous remercions plus particulièrement Yvan Tétreault et Robert Waldron pour leur support technique. Ces recherches ont été rendues possibles grâce à des subventions du Conseil de recherches en sciences humaines du Canada et du Fonds pour la formation de chercheurs et l'aide à la recherche.

CHAPITRE I

La grammaire universelle

L'idée de décrire une «grammaire universelle» relève du mythe le plus pur. Il est même difficile de saisir exactement la portée du concept d'«universel» dont il est question. S'agit-il de décrire le langage des dieux? De décrire une grammaire qui serait commune à tous les langages existants? À tous les langages concevables?

Il est pour le moins surprenant qu'un éminent logicien publie en 1970 un article ayant pour titre «Universal Grammar» [1]. Au-delà du défi à l'endroit des linguistes [2], la proposition de grammaire universelle de Richard Montague était des plus sérieuses. Avec sa grammaire universelle, Montague a tenté de fournir un cadre formel général capable de décrire de manière unifiée la syntaxe et la sémantique (et même la pragmatique) de langages très complexes. En fait, Montague prétendait même pouvoir rendre compte de fragments importants des langues naturelles. Quoi qu'il en soit de ces prétentions sur lesquelles nous reviendrons rapidement un peu plus loin, la grammaire universelle est un cadre suffisamment général pour pouvoir exprimer *tous* les langages susceptibles d'intéresser les logiciens, en particulier les langages d'ordre supérieur. Avant d'aborder cette fameuse grammaire, nous allons présenter les instruments formels qui nous seront nécessaires.

1.1 Les instruments formels

La présentation que propose Montague de sa grammaire universelle est d'une grande élégance formelle mais quelquefois très abstraite. Nous

1. Il s'agit, bien sûr, de [Mon70b].
2. La note 2 de la page 223 de [Mon70b] ne laisse aucun doute là-dessus.

allons illustrer, à l'aide d'exemples très simples, lorsque la chose est possible, les différentes constructions formelles qui seront utilisées par la suite. Il est clair que les exemples ne sont pas essentiels à la compréhension du texte et le lecteur averti devrait passer outre.

DÉFINITION 1.1.1

Soit A un ensemble quelconque et n un nombre ordinal, c'est-à-dire $n \in \{0,1,2,\ldots\}$. On appelle *opération n-aire* sur A une fonction $F: A^n \to A$. En particulier, une opération unaire sera simplement une fonction de A dans A.

EXEMPLE 1.1.1

Soit $A = \mathbb{N}$, l'ensemble des entiers naturels. Les opérations familières que sont l'addition F_+ et la multiplication $F_\bullet$ de l'arithmétique élémentaire sont des exemples d'opérations binaires.

$$F_+ : \mathbb{N}^2 \to \mathbb{N} \qquad\qquad F_\bullet : \mathbb{N}^2 \to \mathbb{N}$$
$$\langle x, y\rangle \mapsto x + y \qquad\qquad \langle x, y\rangle \mapsto x \cdot y$$

●

Nous rencontrerons des opérations de deux sortes. Premièrement, des *opérations syntaxiques* dont les arguments et les valeurs seront des expressions (ou suites de symboles) de la langue objet. La plus simple de ces opérations est la *concaténation binaire* qui consiste simplement à former une expression en accolant deux expressions.

Un autre genre d'opération syntaxique consistera en l'introduction de *constantes logiques* ou plus généralement de *syncatégorèmes*.

EXEMPLE 1.1.2

L'introduction de la négation devant un énoncé tout comme l'introduction de la conjonction peuvent être décrites à l'aide d'opérations respectivement unaire et binaire. Soit L le langage du calcul des propositions.

$$F_\neg : L \to L \qquad\qquad F_\wedge : L^2 \to L$$
$$\langle x\rangle \mapsto \neg(x) \qquad\qquad \langle x, y\rangle \mapsto (x \wedge y)$$

●

En deuxième lieu nous rencontrerons des *opérations sémantiques* dont nous donnerons plus loin des exemples.

DÉFINITION 1.1.2

On appelle *algèbre* une paire $\langle A,(F_\gamma)_{\gamma\in\Gamma}\rangle$, où A et Γ sont des ensembles quelconques d'objets et $(F_\gamma)_{\gamma\in\Gamma}$ est une famille d'opérations sur A.

EXEMPLE 1.1.3

Soit $X=\{p_0,\ldots,p_n,\ldots\}$ et $F_\neg$, $F_\wedge$ tels que

$$F_\neg(\langle x\rangle)=\neg(x)$$

$$F_\wedge(\langle x,y\rangle)=(x\wedge y)$$

Alors le plus petit ensemble A tel que :

(1) $X\subseteq A$;

(2) pour tout $x\in A$, $F_\neg(\langle x\rangle)\in A$;

(3) pour tout $x,y\in A$, $F_\wedge(\langle x,y\rangle)\in A$;

est tel que $\langle A,(F_\gamma)_{\gamma\in\{\wedge,\neg\}}\rangle$ est une algèbre.

Les algèbres qui sont construites à partir d'opérations sur un ensemble de base X sont dites *algèbres libres générées par* X. A est ainsi l'ensemble de tous les énoncés du calcul des énoncés habituels que l'on peut former avec « $\neg$ » et « $\wedge$ » sur l'ensemble des énoncés atomiques.

*EXERCICE 1.1.1**[3]

Réécrivez sous forme fonctionnelle (en utilisant $F_\neg$ et $F_\wedge$) l'expression suivante : $\neg((\neg(p_0)\wedge p_1))$.

●

Pour des raisons relativement techniques que nous donnerons plus loin lorsqu'il sera question de traduction, il nous faut introduire la notion de polynôme. Intuitivement, il s'agit d'enrichir une algèbre de nouvelles opérations qui sont des combinaisons des opérations déjà existantes. L'expression «polynôme» est utilisée par analogie avec les polynômes de l'algèbre élémentaire.

Considérons par exemple l'expression $2\cdot x+3\cdot y$ appartenant à l'algèbre $\langle A,(F_\gamma)_{\gamma\in\Gamma}\rangle$,

3. La présence d'un astérique indique que la solution de l'exercice se trouve à l'appendice II.

où $A = \mathbb{N} \cup \{x, y\}$

et $\Gamma = \{+, \cdot\}$

$2 \cdot x + 3 \cdot y = F_+(\langle F_\bullet(\langle 2, x\rangle), F_\bullet(\langle 3, y\rangle)\rangle)$

Il s'agit de pouvoir décrire directement une opération binaire complexe, par exemple, $F_p(\langle x, y\rangle) = 2 \cdot x + 3 \cdot y$ en termes de $F_\bullet$ et F_+. Pour ce faire, nous avons besoin d'opérations particulières I_n et C_a.

I_n est une opération qui prend pour valeur le n-ième objet de son argument (ici n = 1 ou 2) ; C_a est une opération qui prend pour valeur constante l'objet a (ici un nombre). Reprenant notre exemple, nous pouvons écrire :

$$F_p(\langle x, y\rangle) = F_+(\langle F_\bullet(\langle C_2(\langle x, y\rangle), I_1(\langle x, y\rangle)\rangle), F_\bullet(\langle C_3(\langle x, y\rangle), I_2(\langle x, y\rangle)\rangle)\rangle)$$

Cette opération correspond bien d'un point de vue intuitif à l'opération « former le polynôme $2 \cdot x + 3 \cdot y$ » à partir de x et y en n'utilisant que des opérations binaires.

Généralisant, nous aurons besoin des opérations spéciales I_{nmA} et C_{amA} pour toutes les suites d'arguments. Les I_{nmA} sont les « n-projecteurs », c'est-à-dire des fonctions qui prennent pour argument des suites m-aires pour donner le n-ième terme de la suite. L'utilité sinon la nécessité de tels opérateurs est évidente. Lorsqu'une expression fonctionnelle complexe résulte de combinaisons multiples de fonctions de différentes arités, on peut l'exprimer comme une expression fonctionnelle d'arité unique, soit la plus grande de celles qui apparaissent dans l'expression initiale. Les C_{amA} sont simplement des opérateurs servant à introduire des constantes. Nous pouvons maintenant décrire, en toute généralité, ce qu'est une opération polynomiale.

DÉFINITION 1.1.3

Soit $\langle A, (F_\gamma)_{\gamma \in \Gamma}\rangle$ une algèbre. La classe des *opérations polynomiales* de cette algèbre est la plus petite classe K telle que :

(1) $F_\gamma \in K$ pour tout $\gamma \in \Gamma$;

(2) $I_{nmA} \in K$ pour tout n, m tel que $n < m$;

(3) $C_{amA} \in K$ pour tout m et $a \in A$;

(4) si $G \in K$ est une opération n-aire et $\langle H_k\rangle_{k<n}$ une suite de n opérations m-aires avec $H_k \in K$ pour tout $k < n$, alors $G^A \langle H\rangle_{k<n} \in K$ est une opération m-aire telle que si s est n'importe quelle suite de m éléments de A, $G^A \langle H\rangle_{k<n}(s) = G\langle H_k(s)\rangle_{k<n}$.

*EXERCICE 1.1.2**

Donnez explicitement le polynôme F_q tel que

$$F_q(\langle x,y\rangle) = ax^2 + bxy + c$$

en termes de $F_\bullet$ et de F_+.

●

Munis de ces quelques instruments, nous pouvons maintenant aborder la question de la description explicite de ces objets que nous appellerons des langages.

1.2 La syntaxe

Les langages que nous allons maintenant décrire seront dit non ambigus au sens suivant. Une expression quelconque de ce langage provient d'une et d'une seule suite d'opérations structurales à partir des expressions de base. Les expressions n'ont donc qu'une généalogie possible. Cette contrainte pourrait de prime abord sembler tellement restrictive qu'elle rend caduque la prétention d'appliquer la construction théorique à l'explication de la structure des langues naturelles. Les choses ne sont cependant pas aussi simples.

L'hypothèse de Montague que nous exposerons plus en détail au chapitre suivant est qu'il est possible de décrire un langage non ambigu d'une complexité et d'une richesse telles que, par *ambiguïsation subséquente*, l'on obtienne un «modèle» acceptable pour les langues naturelles (ou plus modestement de fragments significatifs de ces langues).

Nous ne discuterons pas plus avant de cette idée pour l'instant pour nous consacrer à l'exposé de la syntaxe puis de la sémantique d'un tel langage non ambigu.

DÉFINITION 1.2.1

Un langage non ambigu est un quintuplet

$$\langle A,(F_\gamma)_{\gamma\in\Gamma},(X_\delta)_{\delta\in\Delta},S,0\rangle$$

tel que les sept propriétés suivantes sont satisfaites :

(1) $\langle A,(F_\gamma)_{\gamma\in\Gamma}\rangle$ est une algèbre au sens de la définition 1.1.2;

(2) pour tout $\delta\in\Delta$, $X_\delta\subseteq A$;

(3) A est l'intersection de toutes les algèbres satisfaisant (1) et (2), et est fermée sous $(F_\gamma)_{\gamma\in\Gamma}$;

(4) les éléments des X_δ ne sont l'image d'aucun F_γ;

(5) pour tout $\gamma, \gamma' \in \Gamma$ et pour tout $a, a' \in A$, si $F_\gamma(a)$ et $F_{\gamma'}(a')$ sont tous deux définis et $F_\gamma(a) = F_{\gamma'}(a')$, alors $\gamma = \gamma'$ et $a = a'$;

(6) S est un ensemble de suites de la forme $\langle F_\gamma, \langle \delta_k \rangle_{k<n}, \varepsilon \rangle$, où $\gamma \in \Gamma$, F_γ est une opération n-aire, $\delta_k \in \Delta$ pour tout $k < n$ et $\varepsilon \in \Delta$;

(7) $0 \in \Delta$.

●

Cette définition appelle quelques commentaires. Tout d'abord, Δ est un ensemble de noms de catégories syntaxiques, et pour chaque $\delta \in \Delta$, X_δ est l'ensemble des *expressions de base* de la catégorie δ. Ces expressions de base sont les expressions dont les valeurs sémantiques seront données de façon arbitraire. 0 est le nom désigné de la catégorie *énoncé*.

A, par la clause (3), est l'ensemble de toutes les expressions que l'on peut former à partir des expressions de base en utilisant les opérations structurales.

Les clauses (4) et (5) ne font qu'exprimer formellement la non-ambiguïté des expressions. En effet, (4) stipule qu'aucune expression de base n'est identique à une expression résultant de l'application d'une opération structurale à d'autres expressions et (5) stipule que deux expressions ne peuvent être identiques à moins qu'elles ne résultent de l'application des mêmes opérations structurales sur les mêmes sous-expressions.

Remarquons que toutes les expressions de A ne sont pas appelées à recevoir un contenu sémantique. La «plupart» ne sont que des expressions complexes ne correspondant à aucun contenu sémantique. Cela est d'une certaine façon le prix à payer pour la généralité de la définition d'un langage non ambigu. Si nous voulons qu'un langage soit une algèbre libre, les opérations structurales doivent être définies partout même si la plupart des expressions se retrouveront sans contenu sémantique précis. Il restera cependant à fournir un contenu aux expressions bien formées et ce sera justement le rôle que joueront les triplets qui constituent l'ensemble S donné par la clause (6). Ces triplets sont formés d'une opération structurale n-aire, d'une suite de n catégories et d'une catégorie. Chacun de ces triplets est une règle de grammaire dont le contenu intuitif s'exprime de la façon suivante. Supposons que $\langle F_\gamma, \langle \delta_k \rangle_{k<n}, \varepsilon \rangle \in S$; cela exprime qu'une expression obtenue par l'application de la règle structurale F_γ à une suite de n expressions appartenant respectivement

aux catégories $\delta_0, \delta_1, \ldots, \delta_{n-1}$, appartiendra à la catégorie ε. Formellement, nous aurons besoin de la notion de catégorie syntaxique.

DÉFINITION 1.2.2

La famille des *catégories syntaxiques* est la plus petite famille $C = (C_\delta)_{\delta \in \Delta}$ telle que :

(1) $X_\delta \subseteq C_\delta$ pour tout $\delta \in \Delta$ et

(2) si $\langle F, \langle \delta_k \rangle_{k<n}, \varepsilon \rangle \in S$ et $a_k \in C_{\delta_k}$ pour tout $k < n$, alors $F(\langle a_k \rangle_{k<n}) \in C_\varepsilon$.

EXEMPLE 1.2.1

Soit $\Delta = \{0,1,2,3,4\}$

$$X_0 = \{p_0, p_1, \ldots, p_n, \ldots\}$$

$$X_1 = \{\neg\}$$

$$X_2 = \{\wedge, \vee, \supset\}$$

$$X_3 = \{(\}$$

$$X_4 = \{)\}$$

$F_0 = Conc_4$ (pour la concaténation quaternaire)

$$F_1 = Conc_5$$

$$S = \{\langle F_0, \langle 3,1,0,4 \rangle, 0 \rangle, \langle F_1, \langle 3,0,2,0,4, \rangle, 0 \rangle\}$$

Pour ce langage non ambigu, nous aurons bien sûr que C_0 contient tous les énoncés atomiques p_i et tous les énoncés de la forme $(\neg\varphi)$ et $(\varphi * \psi)$ où φ et ψ sont des énoncés et * un connecteur binaire appartenant à X_2. Par contre, une expression comme $\vee(p_0\neg) = F_1(\langle \vee, (, p_0, \neg,) \rangle)$ n'appartient à aucune catégorie syntaxique.

●

Remarquons que dans cet exemple, les symboles logiques et de ponctuation sont traités de la même manière que les symboles propositionnels et qu'aucune distinction n'est faite entre les expressions catégorématiques et syncatégorématiques.

Nous pouvons cependant établir naturellement une telle différence. Considérons par exemple le langage suivant.

EXEMPLE 1.2.2

Soit $X_0 = \{p_0, p_1, ..., p_n, ...\}$

$\Delta = \{0\}$

$F_0'(\langle x \rangle) = (\neg x)$

$F_1'(\langle x, y \rangle) = (x \wedge y)$

$F_2'(\langle x, y \rangle) = (x \vee y)$

$F_3'(\langle x, y \rangle) = (x \supset y)$

et l'ensemble des règles suivantes :

$$S = \{\langle F_0', \langle 0 \rangle, 0 \rangle, \langle F_1', \langle 0,0 \rangle, 0 \rangle, \langle F_2', \langle 0,0 \rangle, 0 \rangle, \langle F_3', \langle 0,0 \rangle, 0 \rangle\}$$

●

Ce langage n'est pas identique au précédent puisqu'il n'a pas les mêmes expressions de base. Cependant, il génère exactement les mêmes *énoncés*. L'avantage d'une de ces approches sur l'autre est purement sémantique. Contentons-nous, pour l'instant, d'indiquer qu'une expression syncatégorématique, c'est-à-dire une expression introduite au moyen d'une règle, n'aura pas de valeur sémantique propre bien qu'elle contribue (de manière pour ainsi dire constante) aux valeurs sémantiques des expressions où elle apparaît.

Un langage non ambigu est donc un ensemble A doublement structuré. D'une part, il possède une structure algébrique libre, c'est-à-dire que chaque expression résulte de l'application d'une suite (possiblement nulle) d'opérations structurales sur d'autres expressions. D'autre part, parmi ces expressions simples ou complexes, certaines appartiennent à une catégorie syntaxique donnée.

Ces deux structures sont relativement indépendantes. En fait, la seconde se greffe sur la première et cette greffe est rendue possible par le caractère non ambigu des opérations structurales.

*EXERCICE 1.2.1**

Décrivez explicitement un langage «équivalent» au langage de l'exemple 1.2.1 mais en notation polonaise.

●

1.3 La sémantique

Dans sa présentation de la sémantique de la grammaire universelle, Richard Montague prend soin de distinguer la théorie de la *signification* de la théorie de la *référence*. Cette distinction est philosophiquement pertinente et vaut la peine d'être soulignée.

La théorie de la signification ne fait aucune hypothèse particulière sur la nature des significations sauf que l'ensemble de celles-ci forme une algèbre similaire à celle du langage. La totalité des questions d'ordre ontologique est ainsi reportée sur la théorie de la référence. Cela ne signifie pas que la théorie de la significaton soit neutre. En fait, nous avons ici une sémantique générale de la vérité correspondance, tellement générale qu'il n'y a pas d'hypothèse particulière sur la nature des entités qui font l'objet de cette correspondance. La théorie de la signification de Montague est une théorie de la forme générale de la correspondance dont la description peut et doit se faire dans le cadre de la théorie des ensembles.

1.3.1 La théorie de la signification

DÉFINITION 1.3.1.1

Une interprétation $\mathcal{B}$ pour un langage $L = \langle A, (F_\gamma)_{\gamma \in \Gamma}, (X_\delta)_{\delta \in \Delta}, S, 0 \rangle$ est un triplet $\langle B, (G_\gamma)_{\gamma \in \Gamma}, f \rangle$ tel que $\langle B, (G_\gamma)_{\gamma \in \Gamma} \rangle$ est une algèbre similaire à $\langle A, (F_\gamma)_{\gamma \in \Gamma} \rangle$ au sens où :

(1) pour chaque $\gamma \in \Gamma$, G_γ a le même nombre de places que F_γ (G_γ est l'opération sémantique correspondant à l'opération syntaxique F_γ);

(2) $f\colon \bigcup_{\delta \in \Delta} X_\delta \to B$ (f attribue aux expressions de base leur signification);

(3) g, appelée l'*assignation de signification*, est l'unique homomorphisme de $\langle A, (F_\gamma)_{\gamma \in \Gamma} \rangle$ dans $\langle B, (G_\gamma)_{\gamma \in \Gamma} \rangle$ qui prolonge f.

●

Nous retrouvons ici une formulation très générale du principe de *compositionalité des significations*, c'est-à-dire que nous avons

$$g(F_\gamma(\langle a_k \rangle_{k<n})) = G_\gamma(\langle g(a_k) \rangle_{k<n})$$

sans, répétons-le, qu'il n'ait été question d'engagement ontologique.

EXEMPLE 1.3.1.1

Reprenons l'exemple 1.2.2. Supposons que :

$$X_0 = \{p_0, \ldots, p_n, \ldots\}$$

$$\Delta = \{0\}$$

$$F_0'(\langle x \rangle) = (\neg x)$$

$$F_1'(\langle x, y \rangle) = (x \wedge y)$$

$$F_2'(\langle x, y \rangle) = (x \vee y)$$

$$F_3'(\langle x, y \rangle) = (x \supset y)$$

$$S = \{\langle F_0', \langle 0 \rangle, 0 \rangle, \langle F_1', \langle 0,0 \rangle, 0 \rangle, \langle F_2', \langle 0,0 \rangle, 0 \rangle, \langle F_3', \langle 0,0 \rangle, 0 \rangle\}$$

et supposons que $B = \{\mathbf{0}, \mathbf{1}\}$ (l'ensemble des valeurs de vérité, **0** étant la valeur *faux* et **1** la valeur *vrai*) et que les différents G_i sont définis par les tables de vérité suivantes :

G_0	
0	**1**
1	**0**

G_1	**0**	**1**
0	**0**	**0**
1	**0**	**1**

G_2	**0**	**1**
0	**0**	**1**
1	**1**	**1**

G_3	**0**	**1**
0	**1**	**1**
1	**0**	**1**

On aura reconnu l'interprétation habituelle du calcul des énoncés.

*EXERCICE 1.3.1.1**

En utilisant les données de l'exemple 1.3.1.1, montrez que $\varphi = (p_0 \supset (p_1 \supset p_0))$ est une tautologie, c'est-à-dire que $g(\varphi) = \mathbf{1}$ pour tout g.

●

1.3.2 La théorie de la référence

1.3.2.1 L'ameublement du monde

La théorie de la référence développée par Richard Montague est essentiellement celle de la théorie des types simples à laquelle s'adjoint la notion de *monde possible*. Formellement, on procède de la façon suivante. On définit d'abord l'ensemble T des types à partir de trois objets distincts quelconques e, t et s.

DÉFINITION 1.3.2.1.1

L'ensemble T des *types* est le plus petit ensemble tel que :

(1) $e \in T$;

(2) $t \in T$;

(3) si $\sigma \in T$ et $\tau \in T$, alors $\langle \sigma, \tau \rangle \in T$;

(4) si $\sigma \in T$, alors $\langle s, \sigma \rangle \in T$.

e sera le type des *individus* et t le type des *valeurs de vérité*. Le type $\langle \sigma, \tau \rangle$ sera, quant à lui, le type des fonctions des entités de type σ dans les entités de type τ, et le type $\langle s, \sigma \rangle$ sera celui des *sens* ou *intensions* d'entités de type σ.

À chaque type σ correspond un ensemble d'entités possibles de ce type que l'on appelle ensemble des dénotations possibles de type σ et que l'on note D_σ.

DÉFINITION 1.3.2.1.2

Pour chaque type σ, l'ensemble D_σ des *dénotations possibles* de ce type est :

(1) $D_e = E$, où E est un ensemble non vide quelconque, l'ensemble des individus possibles;

(2) $D_t = \{\mathbf{0}, \mathbf{1}\}$, les deux valeurs de vérité;

(3) $D_{\langle \sigma, \tau \rangle} = D_\tau^{D_\sigma}$;

(4) $D_{\langle s, \sigma \rangle} = D_\sigma^{\ I}$, où I est l'ensemble des mondes possibles (I est non vide).

EXEMPLE 1.3.2.1.1

Cette typologie est bien sûr suffisamment riche pour contenir toute la hiérarchie des classes. Il suffit de remarquer que les dénotations de type $\langle \sigma, t \rangle$ sont les fonctions caractéristiques de classes d'entités de type σ. Par exemple, si l'on interprète les couleurs d'un point de vue strictement extensionnel (c'est-à-dire que le mot **jaune**[4] dénote la classe des objets jaunes, etc.) et que le mot **couleur** renvoie à la classe des couleurs, alors dans notre hiérarchie la dénotation de **couleur** serait un membre de $D_t^{\left(D_t^{D_e}\right)}$.

●

4. Nous utiliserons désormais les caractères gras pour désigner les expressions de la langue naturelle lorsqu'elle est prise comme langue objet.

On remarquera que dans cet exemple, comme ailleurs, nous nous permettons d'assimiler un ensemble avec sa fonction caractéristique.

Suivant la clause (4) de la définition 1.3.2.1.2, les éléments de $D_{\langle s,\sigma \rangle}$ sont des fonctions de mondes possibles dans les dénotations de type σ.

Cette identification de sens à des fonctions de mondes possibles est une formalisation de l'intuition qui consiste à identifier le sens d'une expression avec la donnée de sa dénotation dans chaque monde.

Suivant Montague, nous adopterons la terminologie suivante qui nous sera utile au chapitre III. Les entités de type $\langle s,t \rangle$ sont des *propositions*, et celles de type $\langle s,e \rangle$, des *concepts individuels*. Pour un type arbitraire σ, les entités de type $\langle \sigma,t \rangle$ sont des *classes d'entités de type* σ (voir l'exemple 1.3.2.1.1), et les entités de type $\langle s,\langle \sigma,t \rangle\rangle$, des *propriétés d'entités de type* σ. En particulier, $\langle e,t \rangle$ est le type *classe d'individus*, $\langle s,\langle e,t \rangle\rangle$ le type *propriété d'individus*, et $\langle s,\langle\langle s,\langle e,t \rangle\rangle,t \rangle\rangle$ est le type *propriété de propriétés d'individus.*

Nous sommes maintenant en mesure de définir ce qu'est une signification. Pour cela il faut introduire un nouvel ensemble, l'ensemble J des *contextes*. Tout comme pour l'ensemble I des mondes possibles, l'ensemble J des contextes ne se voit pas attribuer de propriétés intrinsèques *a priori*.

Les seules propriétés des éléments de I et de J sont celles qu'ils acquièrent par le rôle qu'ils jouent dans la structure formelle. Examinons d'un peu plus près les motivations qui conduisent à introduire cette nouvelle notion et surtout en quoi elle se distingue de la notion de monde possible.

La notion de monde possible est introduite afin d'expliquer certains phénomènes modaux comme la nécessité, la possibilité, etc. D'autre part, afin d'éliminer les problèmes liés à la temporalité, nous pouvons également considérer les opérateurs modaux comme des opérateurs qui sont sensibles non seulement à ce qui est le cas dans chaque monde mais également à ce qui a été ou sera le cas dans chaque monde.

L'introduction de la notion de contexte a pour but de rendre compte des phénomènes qui semblent échapper au cadre précédent. On pourrait en effet penser qu'une fois l'intension d'une expression déterminée, l'élaboration d'une combinatoire intensionnelle est suffisante pour rendre compte de la plupart des phénomènes linguistiques simples. Cela est loin d'être le cas. Certaines expressions semblent changer d'intension de façon systématique. Plus précisément, certaines expressions sont telles qu'il faut en quelque sorte regarder préalablement le monde pour appréhender leur intension. Prenons l'exemple classique de la phrase : **Je suis ici**. Pour déterminer l'intension et, de là, la dénotation de cet énoncé (sa valeur de vérité), il faut déterminer les dénotations des expressions **je** et **ici**. Or ces dénotations dépendent de ce qui se passe dans le monde, en l'occurrence, de questions factuelles comme : qui est le locuteur?, où se trouve le locuteur?, etc. Il y a une différence fondamentale entre les relations qui unissent les mots et le monde dans ce cas et dans le cas d'un énoncé comme : **La tour Eiffel est à Paris**. Dans le premier cas, il semble y avoir une double utilisation du monde. Une première où il faut regarder ce qui se passe dans le monde pour assigner en quelque sorte le sens à une expression qui autrement serait flottant. Puis, une deuxième qui consiste à fixer la dénotation. Le cas du pronom **tu** est à ce titre exemplaire. Pour comprendre la dénotation de **tu**, il faut d'abord aller voir qui parle et ensuite à qui il ou elle parle.

Un autre exemple concerne la distinction entre les oppositions haut-bas et gauche-droite. Dans une région de l'espace-temps où le champ gravitationnel est suffisamment constant en termes de direction, les dénotations des expressions **haut** et **bas** ne dépendent pas du contexte. Ce n'est bien sûr pas le cas pour le couple **gauche-droite**. Chacun de ces deux termes dépend d'une direction privilégiée qui est liée au locuteur : si vous me faites face, votre gauche est ma droite. On peut trouver là une explication simple au fait que les miroirs (en utilisation habituelle verticale), n'inversent pas le haut et le bas alors que, d'une certaine manière, ils inversent la gauche et la droite...

DÉFINITION 1.3.2.1.3

Pour chaque type τ, l'ensemble des *significations* de ce type est

$M_{\tau,E,I,J} = D_\tau^{I\times J}$

●

1.3.2.2 La notion d'interprétation frégéenne

Soit $L = \langle A, (F_\gamma)_{\gamma\in\Gamma}, (X_\delta)_{\delta\in\Delta}, S, 0\rangle$

DÉFINITION 1.3.2.2.1

Une *interprétation frégéenne* pour L est une interprétation $\mathcal{B} = \langle B, (G_\gamma)_{\gamma\in\Gamma}, f\rangle$ telle que pour tout E, I, J non vide et une fonction (assignation de type) $\sigma : \Delta \to T$ telle que $\sigma(0) = t$:

(1) $B = \bigcup_{\tau\in T} M_{\tau,E,I,J}$;

(2) pour tout $\delta \in \Delta$ et $\zeta \in X_\delta$

$f(\zeta) \in M_{\sigma(\delta),E,I,J}$;

(3) si $\langle F_\gamma, \langle \delta_k\rangle_{k<n}, \varepsilon\rangle \in S$ et $b_k \in M_{\sigma(\delta_k),E,I,J}$ pour tout $k < n$,

alors $G_\gamma(\langle b_k\rangle_{k<n}) \in M_{\sigma(\varepsilon)E,I,J}$.

●

Quelques commentaires ne seront pas superflus.

(1) affirme simplement que B est l'ensemble des significations relativement à E, I et J ;

(2) affirme que deux expressions de base de la même catégorie grammaticale auront des significations de même type, nommément le type assigné à cette catégorie par l'assignation de type σ ;

(3) exprime que les règles de grammaire sont bien des règles de grammaire ! Plus précisément, soit $\langle F_\gamma, \langle \delta_k \rangle_{k<n}, \varepsilon \rangle$ une règle de grammaire. Cette règle dit simplement que si on applique la règle structurale F_γ(n-aire) à une suite de n expressions respectivement des catégories $\delta_0, \ldots, \delta_{n-1}$, l'expression résultante sera une expression de la catégorie ε. La clause (3) dit que l'opération sémantique G_γ correspondant à F_γ aura la propriété de produire une signification du type $\sigma(\varepsilon)$ lorsqu'on lui donne comme argument une suite de n significations respectivement de type $\sigma(\delta_0), \ldots, \sigma(\delta_{n-1})$.

Cette contrainte nous assure que toutes les expressions d'une catégorie donnée auront une signification d'un même type donné. Elle complète en quelque sorte la thèse de compositionalité exprimée à la section 1.3.1.

DÉFINITION 1.3.2.2.2

Un *modèle* pour L est une paire $\langle \mathscr{B}, \langle i, j \rangle \rangle$ où $\mathscr{B}$ est une interprétation frégéenne pour L et $\langle i, j \rangle \in I \times J$ un *point de référence*. Nous pouvons maintenant définir la dénotation d'une expression à un point de référence : il s'agit simplement de la valeur de la signification de l'expression dans le monde et le contexte de ce point.

DÉFINITION 1.3.2.2.3

Soit $\langle \mathscr{B}, \langle i, j \rangle \rangle$ un modèle. L'*assignation de dénotation* pour L déterminée par ce modèle est l'unique fonction h telle que quel que soit $\zeta \in A$,

$h(\zeta) = g(\zeta)(i, j)$,

où g est l'assignation de signification déterminée par $\mathscr{B}$.

DÉFINITION 1.3.2.2.4

Soit $\varphi \in C_0$ (c'est-à-dire que φ est un énoncé). Nous dirons que φ est *vrai* relativement au modèle $\mathcal{M} = \langle \mathscr{B}, \langle i, j \rangle \rangle$ ssi $h(\varphi) = \mathbf{1}$.

DÉFINITION 1.3.2.2.5

Soit Γ un ensemble d'énoncés, φ et ψ deux énoncés, et K une classe de modèles. Nous dirons que Γ *K-implique* φ (nous écrirons $\Gamma \models_K \varphi$) ssi pour tout $\mathcal{M} \in K$, si tous les énoncés de Γ sont vrais relativement à $\mathcal{M}$, alors φ est vrai relativement à $\mathcal{M}$. Nous dirons que ψ K-implique φ si $\{\psi\} \models_K \varphi$. Si $\varnothing \models_K \varphi$, nous dirons que φ est *K-valide* (nous écrirons $\models_K \varphi$).

DÉFINITION 1.3.2.2.6

Soit $\varphi, \psi \in C_0$ et K une classe de modèles. Nous dirons que φ et ψ sont *K-équivalents* ssi $h(\varphi) = h(\psi)$ pour tout $\mathcal{M} \in K$.

●

Ces notions sont relativement classiques. En posant différentes contraintes qui déterminent différents K, il est possible de décrire plusieurs genres de validités et d'équivalences. En particulier, si K contient tous les modèles possibles respectant les postulats de signification pour les constantes logiques, c'est-à-dire que **et**, **ou**, et autres connecteurs reçoivent leur interprétation habituelle, nous arrivons aux notions de validité logique et d'équivalence logique habituelles.

L'introduction explicite de la notion de «contexte» dans la définition des significations permet également de caractériser un autre genre d'équivalence entre énoncés. Il s'agit d'équivalence non pas de type mais d'*instance* (*token*). Considérons l'exemple suivant donné par Montague. Jean dit à Jacques : **J'ai faim**. Il est naturel et souhaitable de pouvoir caractériser le fait que dans des circonstances par ailleurs égales (et quelles que soient celles-ci), l'énoncé **Tu as faim** dit par Jacques à Jean aura la même valeur de vérité.

Montague propose d'expliquer le phénomène de la manière suivante. On considère tout d'abord un *token* comme une paire $\langle \zeta, p \rangle$ où ζ est une expression et p, un point de référence $\langle i, j \rangle$. j consiste en une suite d'objets qui sont les traits contextuels pertinents. Pour l'exemple en question, nous pouvons faire abstraction de toutes les composantes autres que le locuteur et l'interlocuteur, c'est-à-dire qui parle à qui. Un contexte est donc une paire $\langle a_1, a_2 \rangle$ composée de deux individus, le premier étant le locuteur. Nous pouvons maintenant exprimer très facilement l'identité de valeur de vérité des deux énoncés. En effet, le token

$$\langle \textbf{J'ai faim}, \langle i, \langle \text{Jean}, \text{Jacques} \rangle \rangle \rangle$$

aura la même valeur de vérité que le token

$$\langle \textbf{Tu as faim}, \langle i, \langle \text{Jacques}, \text{Jean} \rangle \rangle \rangle$$

à la condition d'interpréter **Je** comme une variable qui dans n'importe quel contexte prend la valeur de la première composante de ce contexte, soit le locuteur, et **Tu** comme une variable qui prend pour valeur la seconde composante de ce contexte. En généralisant, nous pouvons définir :

DÉFINITION 1.3.2.2.7

Soient $\langle \varphi, p \rangle$ et $\langle \psi, q \rangle$ deux tokens tels que φ et ψ sont des énoncés et p et q des points de référence. On dira que $\langle \varphi, p \rangle$ *K-implique* $\langle \psi, q \rangle$ ssi pour n'importe quelle interprétation $\mathfrak{B}$, si $\langle \mathfrak{B}, p \rangle$ est dans K et φ est vrai relativement à $\langle \mathfrak{B}, p \rangle$, alors $\langle \mathfrak{B}, q \rangle$ est dans K et ψ est vrai relativement à $\langle \mathfrak{B}, q \rangle$.

DÉFINITION 1.3.2.2.8

Soient φ et ψ deux énoncés. On dira que φ *K-implique* ψ *dans* L ssi $\langle \varphi, p \rangle$ K-implique $\langle \psi, p \rangle$ pour *tout* point de référence p.

*EXERCICE 1.3.2.2.1**

Montrez que pour deux énoncés quelconques φ et ψ, φ est K-équivalent dans L à ψ ssi φ K-implique dans L ψ et, inversement, ψ K-implique dans L φ.

●

Remarquons que ces notions de K-équivalences permettent de définir toute une hiérarchie d'équivalences. Toutes ces notions sont cependant plus faibles que la notion de *synonymie* comprise au sens d'identité de valeur sémantique. En effet, deux énoncés synonymes seront K-équivalents quel que soit K mais la réciproque ne sera vraie que si K est en fait la classe de *tous* les modèles.

La relation de synonymie se trouve (par définition) à créer les classes d'équivalence entre expressions les plus fines possibles, en particulier, plus fines que les classes d'équivalence logique. Comme le remarque Montague, cela permet, théoriquement du moins, d'envisager des relations d'intersubstituabilité plus fines que l'équivalence logique et ouvre ainsi la voie à une solution aux problèmes des contextes dits opaques.

Montague, quant à lui, ne semblait pas croire que cette approche conduirait à une solution intéressante. Bien que ce soit pour des raisons différentes, nous ne croyons pas non plus qu'il faille chercher de ce côté. Au chapitre IV, nous développerons des arguments généraux à l'encontre de ce type de traitement.

CHAPITRE II

La logique intensionnelle

2.1 Introduction

Ce que nous appellerons « logique intensionnelle » est un langage symbolique artificiel extrêmement puissant. Il constitue en fait une généralisation du calcul des prédicats du premier ordre et de la logique modale : la logique intensionnelle contient des expressions de tous ordres — et surtout des expressions de quantificateurs de tous ordres — et elle contient des expressions d'opérateurs intensionnels, c'est-à-dire sensibles aux mondes possibles.

L'intérêt de la logique intensionnelle en ce qui concerne l'élaboration d'une sémantique des langues naturelles est purement pratique. Le langage de la logique intensionnelle est un langage non ambigu qui, comme la plupart des langages artificiels, est transparent en ce sens que la structure grammaticale des expressions est un reflet direct de la structure sémantique de ces mêmes expressions. C'est loin d'être le cas pour les langues naturelles ! Que l'on songe seulement aux problèmes philosophiques liés au fait qu'un énoncé comme **Socrate est un homme** possède la même structure que **Tout Grec est un homme**, et que celle-ci semble être la structure sujet-prédicat. Le calcul des prédicats traduirait le premier énoncé sous la forme Hs et le second sous la forme $(\forall x)(Gx \supset Hx)$. La différence de forme logique entre les deux expressions peut en quelque sorte être considérée comme un bon indice de la différence des structures profondes.

Le pouvoir d'expression du calcul des prédicats du premier ordre s'avère cependant rapidement par trop limité. La logique intensionnelle est un instrument qui possède par sa transparence et par son pouvoir expressif immense, toutes les qualités requises pour faire un bon langage de structure profonde (entendue au sens de structure logique profonde). Il vaut la peine d'étudier de plus près notre exemple bien que pour cela nous soyons obligés d'anticiper et d'utiliser à titre d'illustration des notions qui n'ont pas encore été développées. L'ennui avec l'analyse proposée par le calcul des prédicats est qu'un certain parallélisme logico-grammatical a disparu.

En effet, bien que nous ne voulions pas traiter **Tout Grec** comme un nom d'individu (un sujet qui serait en quelque sorte un Grec générique), il serait désirable que **Socrate** et **Tout Grec** appartiennent à la même catégorie grammaticale ne serait-ce que parce que **Tout Grec** et **Socrate** servent tous deux d'argument à un même foncteur, **est un homme**, pour donner des expressions d'une même catégorie, celle des énoncés. L'idée de Montague pour régler cette question a été la suivante : considérons **Socrate** comme une expression renvoyant à une classe de propriétés (la classe des propriétés de l'individu Socrate dans ce monde). Est-il possible d'interpréter **Tout Grec** comme une classe de propriétés ? Oui, de la manière suivante : l'expression **Tout Grec** renvoie à la classe des propriétés que l'on doit posséder si on est un Grec. De même, **Certain Grec** renvoie à la classe des propriétés possédées par au moins un Grec.

Généralisant ce type de construction, on arrive à l'hypothèse que la logique intensionnelle peut très bien servir de langage universel pour exprimer les structures profondes. Comme sa syntaxe et sa sémantique sont non ambiguës, la question de l'élaboration d'une sémantique pour une langue naturelle revient à celle de trouver une traduction de cette langue en logique intensionnelle.

Avant d'aborder dans le détail les problèmes de traduction, il faut décrire le langage de la logique intensionnelle ainsi que ses interprétations.

2.2 La syntaxe de la logique intensionnelle

DÉFINITION 2.2.1

L'alphabet de la logique intensionnelle est l'ensemble

$\{[,],\equiv,\breve{},\hat{},\lambda,v_{n,\tau},c_{n,\tau}\}_{n\in \mathrm{IN},\tau\in T}$.

●

Les crochets servent uniquement à désambiguïser le langage de la logique intensionnelle et nous pourrions nous en passer en utilisant exclusivement la notation polonaise. Le symbole d'identité « ≡ » sera le seul connecteur logique utilisé ; les autres seront introduits par définition.

L'opérateur « $\check{}$ » est l'opérateur qui fait passer de l'intension à l'extension. « $\check{}A$ » doit se lire « l'extension de A » ou encore « la valeur de A dans le monde de l'évaluation ». « $\hat{}$ » est le passage à l'intension. « $\hat{}A$ » doit se lire « l'intension de A ». On remarquera que d'un point de vue sémantique, « $\hat{}$ » se comporte comme un abstracteur sur les mondes possibles. « λ » est l'opérateur lambda. Les $v_{n,\tau}$ et $c_{n,\tau}$ sont des variables et des constantes pour chaque type τ. L'ensemble des variables et celui des constantes de type τ seront notés respectivement Var_τ et Con_τ.

Décrivons maintenant le *langage LI de la logique intensionnelle*. Ce langage *LI* est un langage non ambigu au sens de la définition 1.2.1.

DÉFINITION 2.2.2

$LI = \langle A, (F_\gamma)_{\gamma\in\Gamma}, (X_\delta)_{\delta\in\Delta}, S, t\rangle$ où :

(1) A est la fermeture de $\bigcup_{\tau\in T} Var_\tau \cup Con_\tau$ par les opérations F_γ ;

(2) $\Gamma = \{0,1,2,3,\langle n,\tau\rangle_{n\in\mathrm{IN},\ \tau\in T}\}$ et

$F_0(x,y) = [xy]$ (concaténation binaire),

$F_1(x,y) = [x \equiv y]$,

$F_2(x) = \hat{}x$,

$F_3(x) = \check{}x$,

$F_{\langle n,\tau\rangle}(x) = \lambda v_{n,\tau} x$;

(3) $\Delta = T$ et $X_\tau = Con_\tau \cup Var_\tau$;

(4) pour $\sigma, \tau, t \in T$, S est l'ensemble des règles de grammaire suivantes :

$\langle F_0, \langle\langle\sigma,\tau\rangle,\sigma\rangle, \tau\rangle$,

$\langle F_1, \langle\tau,\tau\rangle, t\rangle$,

$\langle F_2, \langle\tau\rangle, \langle s,\tau\rangle\rangle$,

$\langle F_3, \langle\langle s,\tau\rangle\rangle, \tau\rangle$,

$\langle F_{\langle n,\sigma\rangle}, \langle\tau\rangle, \langle\sigma,\tau\rangle\rangle$.

●

La première règle énonce que la concaténation d'une expression de la catégorie $\langle\sigma,\tau\rangle$ avec une expression de la catégorie σ donne une expression de la catégorie τ.

La seconde règle énonce que l'expression obtenue en plaçant le signe d'identité entre deux expressions de la catégorie τ est de la catégorie t des énoncés.

La troisième règle énonce que l'expression obtenue en plaçant le signe « $\hat{}$ » devant une expression de la catégorie τ est de la catégorie sens-τ.

La quatrième règle énonce que l'expression obtenue en mettant « $\breve{}$ » devant une expression de la catégorie sens- τ est une expression de la catégorie τ.

Enfin, la cinquième règle énonce que l'expression obtenue en concaténant « λ », une variable de type σ et une expression de type τ est une expression du type $\langle \sigma, \tau \rangle$. Voici maintenant une définition qui sera utile plus loin.

DÉFINITION 2.2.3

Soit $v_{n,\tau} \in Var_\tau$. Dans toute expression de la forme $\lambda v_{n,\tau}\zeta$, l'expression ζ est la *portée* de $\lambda v_{n,\tau}$. Une *occurrence* de $v_{n,\tau}$ dans une expression ξ est *liée* si elle est dans la portée de $\lambda v_{n,\tau}$; autrement, l'occurrence est *libre*. Nous dirons qu'une variable est *libre* si et seulement si toutes ses occurrences sont libres, et qu'elle est *liée* si et seulement si toutes ses occurrences sont liées. (Remarquons qu'une variable qui n'a aucune occurrence dans une expression est à la fois libre et liée dans cette expression.)

Soit α, β deux expressions du même type et ξ une expression quelconque dans laquelle β apparaît. Nous dirons que *α est libre pour β dans ξ* si et seulement si l'une des conditions suivantes est satisfaite :

(1) α ne contient aucune occurrence libre de variable ;

(2) pour aucune variable $v_{n,\tau}$ non liée dans α, β n'est dans la portée de $\lambda v_{n,\tau}$.

●

2.3 La sémantique de la logique intensionnelle

Soit deux ensembles non vides quelconques E et I. Nous allons décrire l'ensemble J des contextes d'utilisation, c'est-à-dire l'ensemble de ces j qui donnent des valeurs aux variables. Reprenant l'idée de Alfred Tarski [Tar23], Montague introduit la notion d'assignation de valeurs qui joue le rôle de contexte.

DÉFINITION 2.3.1

Une *assignation de valeurs* (ou *contexte*) j est une fonction $j : \mathrm{IN} \times T \to \bigcup_{\tau \in T} D_\tau$ telle que $j(\langle n, \tau \rangle) \in D_\tau$.

On notera $j_x^{n,\tau}$ le contexte qui diffère au plus de j par le fait que $j_x^{n,\tau}(\langle n, \tau \rangle) = x$ et $j_x^{n,\tau}(\langle m, \sigma \rangle) = j(\langle m, \sigma \rangle)$ pour $\langle n, \tau \rangle \neq \langle m, \sigma \rangle$.

●

L'idée intuitive est très simple : la valeur de la variable $v_{n,\tau}$ à j est $j(\langle n,\tau\rangle)$ qui est bien, selon la définition de j, une entité de la catégorie τ. L'intérêt de la seconde partie de cette définition est le suivant. Nous voulons pouvoir parler d'un contexte j' qui diffère au plus du contexte j par la valeur — appelons-la x — qu'il attribue à la n-ième variable du type τ.

Cette notation se révélera extrêmement souple pour exprimer des contextes qui diffèrent d'autres contextes de telle ou telle façon. Par exemple, le contexte j' qui diffère au plus du contexte j par le fait qu'il donne à la variable $v_{n,\tau}$ la valeur x et à la variable $v_{m,\sigma}$ la valeur y s'écrira $j_x^{n,\tau}{}_y^{m,\sigma}$. Dans ce cas on a bien entendu $j_x^{n,\tau}{}_y^{m,\sigma} = j_y^{m,\sigma}{}_x^{n,\tau}$ si $m \neq n$ ou $\sigma \neq \tau$.

Nous pouvons maintenant définir la classe K_0 des modèles logiquement possibles pour *LI*, c'est-à-dire la classe des modèles pour lesquels les constantes logiques ont leur signification habituelle.

DÉFINITION 2.3.2

La classe K_0 des *modèles logiquement possibles* pour *LI* et pour l'assignation de type σ_0 est la classe des modèles $\langle\langle B,(G_\gamma)_{\gamma\in\Gamma},f\rangle,\langle i,j\rangle\rangle$ tels que :

(1) $\langle B,(G_\gamma)_{\gamma\in\Gamma},f\rangle$ est une interprétation frégéenne (selon la définition 1.3.2.2.1) relativement à E, I, J, σ_0, où σ_0 est l'identité, c'est-à-dire que $\sigma_0(\tau)=\tau$.

(2) J est l'ensemble des assignations de valeurs relativement à E et I.

(3) Pour toute constante
$\alpha \in \bigcup_{\tau\in T} Con_\tau$, pour tout $i\in I$ et pour tout $j,j'\in J$,
$f(\alpha)(i,j)=f(\alpha)(i,j')$.

(4) Pour tout $n\in \mathrm{IN}$, $\tau\in T$, $i\in I$ et $j\in J$, $f(v_{n,\tau})(i,j)=j(\langle n,\tau\rangle)$.

(5) Pour tout $a,b\in B$, $i\in I, j\in J, \sigma,\tau\in T$ et $n\in \mathrm{IN}$, les opérations G_γ correspondant aux F_γ seront :

(a)
$G_0(a,b)(i,j)=a(i,j)(b(i,j))$, où $a\in M_{\langle\sigma,\tau\rangle,E,I,J}$ et $b\in M_{\sigma,E,I,J}$

(b) $G_1(a,b)(i,j)=\begin{cases}\mathbf{1} \text{ si } a(i,j)=b(i,j)\\ \mathbf{0} \text{ sinon}\end{cases}$

(c) $G_2(a)(i,j)$ est la fonction de domaine I telle que, pour tout $k\in I$, $G_2(a)(i,j)(k)=a(k,j)$

(d) $G_3(a)(i,j) = a(i,j)(i)$, où $a \in M_{\langle s,\tau\rangle,E,I,J}$

(e) $G_{\langle n,\tau\rangle}(a)(i,j)$ est cette fonction de domaine D_τ telle que pour tout $x \in D_\tau$, $G_{\langle n,\tau\rangle}(a)(i,j)(x) = a\left(i, j_x^{n,\tau}\right)$.

•

La clause (3) impose la contrainte, hautement souhaitable, que les valeurs des constantes de *LI* soient insensibles au contexte. La clause (4) constitue une espèce de postulat de signification pour les variables. Remarquons que cette clause contient l'équivalent de la clause (3) qui s'appliquait aux constantes : les variables sont insensibles aux changements de mondes possibles. En effet, pour tout $j \in J$, $n \in \mathrm{IN}$, $\tau \in T, i, i' \in I$, $f\left(v_{n,\tau}\right)(i,j) = f\left(v_{n,\tau}\right)(i',j) = j(n,\tau)$.

La clause (5) introduit les opérations sémantiques G_γ qui correspondent aux opérations syntaxiques F_γ.

La première, G_0, est l'application fonctionnelle : si a est une signification de type $\langle\sigma,\tau\rangle$, c'est-à-dire une fonction de $I \times J$ dans ${D_\tau}^{D_\sigma}$, et b une signification de type σ, c'est-à-dire une fonction de $I \times J$ dans D_σ, alors $G_0(a,b)$ est une signification de type τ, soit la fonction de $I \times J$ dans D_τ qui pour chaque *i,j* prend la valeur de la fonction $a(i,j)$ pour l'argument $b(i,j)$.

La seconde est le postulat de signification pour « ≡ ».

La troisième nous dit que si a est une signification, $G_2(a)$ est cette signification qui à chaque monde *i* et chaque contexte *j* prend pour valeur cette fonction qui pour chaque argument *k* (un monde possible) prend pour valeur $a(k,j)$.

La quatrième ne pose pas de problème.

La cinquième est un postulat de signification pour « λ ». Nous aurons en effet :

$$g\left(\lambda v_{n,\tau}\xi\right)(i,j,) = g\left(F_{\langle n,\tau\rangle}(\xi)\right)(i,j) = G_{\langle n,\tau\rangle}(g(\xi))(i,j)$$

et donc, par définition, la fonction h de domaine D_τ telle que $h(x) = g(\xi)\left(i, j_x^{n,\tau}\right)$, où g est le morphisme qui prolonge f au sens de la définition 1.3.1.1.

*EXERCICE 2.3.1**

Soit ζ une expression bien formée de *LI* et $\beta = v_{n,\tau}$. Montrez que si β est liée dans ζ, alors quel que soit x,

$g(\zeta)\left(i, j_x^{n,\tau}\right) = g(\zeta)(i,j)$.

•

L'appareillage de base de la logique intensionnelle est très sobre. Cette sobriété cache un énorme pouvoir d'expression, comme nous l'avons déjà fait remarquer, et nous allons maintenant montrer comment on peut définir les connecteurs et quantificateurs logiques habituels à l'aide de $F_0,\ldots,F_{\langle n,\tau\rangle}$. Dans ce qui suit, nous supposerons que :

$\alpha = v_{n,\tau}$, $\beta = v_{0,t}$, $\gamma = v_{0,\langle t,t\rangle}$, $\zeta, \eta \in C_\sigma$, $\nu = v_{0,e}$, $\varphi, \psi \in C_t$
et $e, t, \sigma, \tau \in T$. (Voir section 2.2.)

DÉFINITION 2.3.3

$\bigwedge \alpha\varphi =_{\text{déf.}} [\lambda\alpha\varphi \equiv \lambda\alpha[\alpha \equiv \alpha]]$.

Cette clause constitue une réduction du quantificateur universel $\bigwedge$ en termes de l'opérateur « λ » et de « $\equiv$ ». Cette idée de réduire ainsi la quantification est de Willard Quine [Qui56].

*EXERCICE 2.3.2**

Vérifiez que selon cette définition, pour tout i, j,
$g(\bigwedge\alpha\varphi)(i,j) = \mathbf{1}$ ssi $g(\varphi)(i, j_x^{n,\tau}) = \mathbf{1}$ quel que soit $x \in D_\tau$.

DÉFINITION 2.3.4

$\neg\varphi =_{\text{déf.}} [\varphi \equiv \bigwedge\beta\beta]$.

Cette définition de la négation « $\neg$ » correspond à la lecture intuitive suivante : « non φ » a la même signification que « φ est faux » en remarquant que « $\bigwedge\beta\beta$ » a pour signification cette fonction qui à n'importe quel point de référence prend pour valeur le faux.

*EXERCICE 2.3.3**

Montrez que $g(\neg\varphi)(i,j) = \mathbf{1}$ ssi $g(\varphi)(i,j) = \mathbf{0}$.

●

La définition de la conjonction telle que donnée par Montague comporte une difficulté qu'il ne semble pas avoir vue. Cette définition, empruntée à Tarski [Tar23], est la suivante :

DÉFINITION 2.3.5

$(\varphi \wedge \psi) =_{\text{déf.}} \bigwedge\gamma[\psi \equiv [\gamma\varphi \equiv \gamma\psi]]$.

●

Les quatre valeurs que peut prendre γ sont bien entendu celles qui sont décrites par les quatre tables de vérité de connecteurs unaires possibles. Le problème est que si γ n'est pas liée dans φ ou ψ, la définition n'est plus adéquate. Il vaut la peine de remarquer que ce problème ne se posait pas pour la « définition » originale de Tarski qui avait la forme suivante (pour Tarski il s'agissait d'un théorème et non d'une définition) :

$$\bigwedge\beta_1 \bigwedge\beta_2\Big[[\beta_1 \wedge \beta_2] \equiv \bigwedge\gamma\big[\beta_2 \equiv [\gamma\beta_2 \equiv \gamma\beta_1]\big]\Big].$$

Dans ce cas il est bien évident que γ n'est libre ni dans β_1 ni dans β_2 puisque ce sont des variables. Ce n'est qu'au moment de définir les règles de substitution que le problème de capture de variable aurait pu se poser. Pour Montague, il en va autrement. Nous ne voyons pas de solution vraiment élégante. L'une d'elle consiste à considérer la définition comme un schéma de définitions :

DÉFINITION 2.3.5 BIS

$(\varphi \wedge \psi) =_{\text{déf.}} \bigwedge\gamma\big[\psi \equiv [[\gamma\varphi] \equiv [\gamma\psi]]\big]$ où $\gamma = v_{n,\langle t,t\rangle}$, et n est le plus petit entier tel que γ n'a aucune occurrence libre ni dans φ ni dans ψ.

*EXERCICE 2.3.4**

En utilisant la définition 2.3.5 bis, montrez que
$g(\varphi \wedge \psi)(i,j) = \mathbf{1}$ ssi $g(\varphi)(i,j) = g(\psi)(i,j) = \mathbf{1}$.

*EXERCICE 2.3.5**

Trouvez un contre-exemple à la propriété précédente lorsque l'on utilise la définition 2.3.5.

DÉFINITION 2.3.6

$(\varphi \supset \psi) =_{\text{déf.}} \neg(\varphi \wedge \neg\psi)$.

EXERCICE 2.3.6

Montrez que
$g(\varphi \supset \psi)(i,j) = \mathbf{1}$ ssi $g(\varphi)(i,j) = \mathbf{0}$ ou $g(\psi)(i,j) = \mathbf{1}$.

DÉFINITION 2.3.7

$(\varphi \vee \psi) =_{\text{déf.}} (\neg\varphi \supset \psi)$.

EXERCICE 2.3.7

Montrez que $g(\varphi \vee \psi)(i,j) = \mathbf{1}$ ssi $g(\varphi)(i,j) = \mathbf{1}$ ou $g(\psi)(i,j) = \mathbf{1}$.

DÉFINITION 2.3.8

$\bigvee \alpha\varphi =_{\text{déf.}} \neg \bigwedge \alpha \neg \varphi$.

EXERCICE 2.3.8

Montrez que $g(\bigvee \alpha\varphi)(i,j) = \mathbf{1}$ ssi il y a au moins un $x \in D_\tau$ tel que $g(\varphi)\left(i, j_x^{n,\tau}\right) = \mathbf{1}$.

DÉFINITION 2.3.9

$\Box\, \varphi =_{\text{déf.}} \left[{}^\frown\varphi \equiv {}^\frown \bigwedge v[v \equiv v]\right]$.

Le lecteur aura reconnu l'opérateur de nécessité. Cette définition repose sur l'idée que φ est nécessaire si et seulement si son intension est la même que l'intension d'un énoncé logiquement vrai, ici celui qui affirme que tout individu est identique à lui-même.

DÉFINITION 2.3.10

$(\zeta \equiv\!\equiv \eta) =_{\text{déf.}} \Box\, [\zeta \equiv \eta]$.

*EXERCICE 2.3.9**

Montrez que

(a) $g(\Box\, \varphi)(i,j) = \mathbf{1}$ ssi pour tout $k \in I$, $g(\varphi)(k,j) = \mathbf{1}$

(b) $g\,((\zeta \equiv\!\equiv \eta))\,(i,j) = \mathbf{1}$ ssi $g({}^\frown\zeta)(i,j) = g({}^\frown\eta)(i,j)$.

●

En fait, la notion de nécessité qui est décrite ici correspond à celle de « vrai dans tous les mondes possibles ». Il peut être intéressant de regarder de près dans quelle mesure les principes de substitutivité et d'instantiation universelle restent valides dans ce contexte. Montague a donné sous forme de remarques une liste d'expressions valides (nous écrirons « φ est K_0-valide », ou encore « $\models_{K_0} \varphi$ ») qui expriment ces lois. Nous allons les démontrer à titre d'exercice en ajoutant quelques propriétés nouvelles. Dans ce qui suit, $\zeta\langle\alpha|\beta\rangle$ désigne l'expression obtenue à partir de ζ en remplaçant toutes les occurrences libres de α par β, où α est une variable et β une expression quelconque. Lorsqu'il n'y a pas d'ambiguïté, les parenthèses externes, ainsi que celles indiquant la portée de la substitution pourront être omises.

*EXERCICE 2.3.10**

Montrez que si $\alpha = v_{n,\tau}$ et $\beta = v_{m,\tau}$, β n'étant pas liée dans ζ,

$g(\zeta\langle\alpha|\beta\rangle)(i,j) = g(\zeta)(i, j^{n,\tau}_{j(\langle m,\tau\rangle)})$.

EXERCICE 2.3.11

Montrez que $\vDash_{K_0} (\bigwedge\alpha\varphi \supset \varphi\langle\alpha|\beta\rangle)$, où $\alpha,\beta \in Var_\tau$, β étant libre pour α dans φ.

EXERCICE 2.3.12

Montrez que si $\alpha = v_{n,\tau}$, $\beta \in C_\tau$, α n'est pas dans la portée d'un opérateur « $\hat{}$ » et que β est libre pour α dans ζ,

(a) $g\big(\zeta\langle\alpha|\beta\rangle\big)(i,j) = g(\zeta)\Big(i, j^{n,\tau}_{g(\beta)(i,j)}\Big)$,

(b) $g\big([\lambda\alpha\zeta\beta]\big)(i,j) = g\big(\zeta\langle\alpha|\beta\rangle\big)(i,j)$.

Appelons * la condition qui restreint la substitution.

EXERCICE 2.3.13

Trouvez deux contre-exemples illustrant que la propriété démontrée dans l'exercice précédent ne vaut plus si une des deux clauses que comporte * n'est pas satisfaite.

EXERCICE 2.3.14

Montrez que $\vDash_{K_0}\big(\bigwedge\alpha\varphi \supset \varphi\langle\alpha|\zeta\rangle\big)$ si $\alpha \in Var_\tau$, $\zeta \in C_\tau$, α n'est pas dans la portée d'un opérateur « $\hat{}$ » et ζ est libre pour α dans φ.

●

La restriction de ne pas être dans la portée d'un opérateur « $\hat{}$ » peut être omise dans les cas où les expressions sont des « désignateurs rigides », c'est-à-dire dans les cas où les expressions ont la même dénotation dans tous les mondes possibles. Cette rigidité peut facilement s'exprimer car les variables sont des désignateurs rigides : quelle que soit α, $g(\alpha)(i,j) = g(\alpha)(k,j)$ pour tout $i,k \in I$ d'après la clause (4) de la définition 2.3.2. Pour qu'une expression ζ soit un désignateur rigide il suffit donc que $g\big(\bigvee\alpha(\alpha \equiv \zeta)\big)(i,j) = \mathbf{1}$ avec α sans occurrence libre dans ζ.

EXERCICE 2.3.15

Montrez que si $g(\bigvee\alpha(\alpha \equiv \zeta))(i,j) = \mathbf{1}$ et que α n'a pas d'occurrence libre dans ζ, alors pour tout $i,k \in I$, $g(\zeta)(k,j) = g(\zeta)(i,j)$.

Il faut maintenant vérifier que la propriété de substitution attendue se réalise.

EXERCICE 2.3.16

Montrez que si ζ est un désignateur rigide et qu'il est libre pour $\alpha = v_{n,\tau}$ dans η, alors $g(\eta\langle\alpha|\zeta\rangle)(i,j) = g(\eta)\left(i, j^{n,\tau}_{g(\zeta)(i,j)}\right)$.

●

Nous pouvons maintenant produire une expression K_0-valide qui exprime exactement dans quelle situation les désignateurs rigides obéissent au principe d'instantiation universelle.

EXERCICE 2.3.17

Montrez que si $\alpha = v_{n,\tau}$, $\zeta \in C_\tau$, ζ est libre pour α dans φ et α n'a pas d'occurrence libre dans ζ, alors l'expression suivante est K_0-valide : $(\bigwedge\alpha\varphi \wedge \bigvee\alpha(\alpha \equiv \zeta)) \supset \varphi\langle\alpha|\zeta\rangle$.

●

Cette clause est tout à fait similaire à celle de l'exercice 2.3.14 sauf que la restriction disant que α n'est pas dans la portée d'un « $\hat{}$ » est supprimée. Cela est possible en ajoutant dans l'antécédent de l'implication la clause $\bigvee\alpha(\alpha \equiv \zeta)$. Comme les valeurs des variables ne dépendent que des contextes, cette clause sera réalisée uniquement si ζ a la même valeur dans tous les mondes possibles, à savoir la valeur de α dans le contexte. La clause supplémentaire — à savoir que α n'a pas d'occurrence libre dans ζ — a pour but d'éviter que α ne soit capturée.

On doit s'attendre à ce que les intensions des expressions ne changent pas d'un monde à l'autre. Cela semblerait peu plausible que les langues naturelles puissent avoir des opérateurs modaux qui seraient tels que certaines expressions puissent être vraies parce que les mots qui les composent ont une autre intension dans d'autres mondes. Un exemple serait : **Il est possible que 5 + 2 = 3** ! En effet, cette expression serait vraie dans un monde où « + » étant un désignateur rigide comme dans le nôtre, aurait toutefois dans ce monde la signification que « – » (qui est également un désignateur rigide) possède dans notre monde. La proposition du prochain exercice affirme que la logique intensionnelle telle que décrite jusqu'ici n'autorise pas de tels opérateurs.

EXERCICE 2.3.18

Montrez que si $\alpha = v_{n,\langle s,\tau\rangle}$, $\zeta \in C_\tau$ et α n'a pas d'occurrence libre dans ζ, alors $\models_{K_0} \bigvee\alpha(\alpha \equiv {}^\frown\zeta)$.

●

Nous pouvons maintenant exprimer, toujours sous forme d'expressions K_0-valides, des lois de substitution. La première concerne la substitution de variables de même valeur.

EXERCICE 2.3.19

Montrez que si $\alpha = v_{n,\tau}$, $\beta = v_{m,\tau}$, $\gamma = v_{k,\tau}$, et β, γ sont libres dans ζ, alors $\models_{K_0} [\beta \equiv \gamma] \supset \left[\zeta\langle\alpha|\beta\rangle \equiv \zeta\langle\alpha|\gamma\rangle\right]$.

●

On remarquera que les variables étant des désignateurs rigides, aucune restriction n'est faite quant à la présence de contextes intensionnels.

La loi suivante concerne la substitution d'expressions de même valeur, expressions qui ne sont plus obligatoirement des désignateurs rigides.

EXERCICE 2.3.20

Montrez que si ζ est d'une catégorie quelconque, $\eta, \theta \in C_\tau$ et $\alpha = v_{n,\tau}$, α n'étant pas dans la portée d'un opérateur «$^\frown$» dans ζ et que η et θ sont libres pour α dans ζ, alors $\models_{K_0} [\eta \equiv \theta] \supset \left[\zeta\langle\alpha|\eta\rangle \equiv \zeta\langle\alpha|\theta\rangle\right]$.

●

Un peu de la même manière que pour l'exercice 2.3.17, la clause concernant « $^\frown$ » peut être laissée de côté si l'on restreint la substitutivité aux expressions qui ont la même intension.

*EXERCICE 2.3.21**

Montrez que si ζ est d'une catégorie quelconque, $\eta, \theta \in C_\tau$, $\alpha = v_{n,\tau}$ et que η et θ sont libres pour α dans ζ, alors $\models_{K_0} (\eta \equiv \theta) \supset \left[\zeta\langle\alpha|\eta\rangle \equiv \zeta\langle\alpha|\theta\rangle\right]$.

•

Enfin, la proposition suivante nous dit que deux désignateurs rigides qui ont la même valeur au point de référence de l'évaluation sont substituables partout sans restriction.

EXERCICE 2.3.22

Si $\alpha = v_{n,\tau}$, $\eta, \theta \in C_\tau$, η et θ sont libres pour α dans ζ et α n'a pas d'occurrence libre ni dans η ni dans θ, alors

$$\models_{K_0} ([\eta \equiv \theta] \wedge \bigvee \alpha(\alpha \equiv \eta) \wedge \bigvee \alpha(\alpha \equiv \theta)) \supset (\zeta\langle\alpha|\eta\rangle \equiv \zeta\langle\alpha|\theta\rangle).$$

•

Les définitions 2.3.4 à 2.3.7 qui introduisent les connecteurs logiques habituels et le fait que par ces définitions les connecteurs satisfont les postulats de signification habituels nous garantissent que toutes les instances des tautologies du calcul des énoncés classique seront valides. De même, les définitions 2.3.3, 2.3.8 et les exercices 2.3.10, 2.3.11 et 2.3.14 (en ne considérant que des variables de type e) nous assurent que les thèses du calcul des prédicats du premier ordre seront également valides.

La question qui se pose alors naturellement est celle de l'axiomatisation de *LI*. Bien sûr, aucune axiomatisation ne serait complète car *LI* contient la théorie des types. Cependant Daniel Gallin [Gal75] a démontré un théorème de complétude généralisée au sens de Henkin [Hen 50]. Nous ne reprendrons pas ici la preuve de Gallin qui est longue et difficile et nous nous contenterons de présenter le système axiomatique.

On définit tout d'abord une classe particulièrement intéressante de désignateurs rigides.

DÉFINITION 2.3.11

La classe *MC* des expressions *modalement closes* est la plus petite classe telle que

(1) $\beta \in MC$ où $\beta = v_{n,\tau}$,
(2) $\hat{}\alpha \in MC$ où $\alpha \in MC$,
(3) $[\alpha\beta] \in MC$ où $\alpha, \beta \in MC$,
(4) $[\alpha \equiv \beta] \in MC$ où $\alpha, \beta \in MC$,
(5) $\lambda\beta\alpha \in MC$ où $\alpha \in MC$.

*EXERCICE 2.3.23**

Y a-t-il des désignateurs rigides qui n'appartiennent pas à *MC* ?

•

Afin de simplifier l'expression des axiomes, il est utile d'introduire des noms propres pour le vrai et le faux (des désignateurs rigides du vrai et du faux).

DÉFINITION 2.3.12

(a) $\mathbf{V} =_{\text{déf.}} [\lambda\beta\beta \equiv \lambda\beta\beta]$,

(b) $\mathbf{F} =_{\text{déf.}} [\lambda\beta\beta \equiv \lambda\beta\mathbf{V}]$

où $\beta = v_{0,t}$.

•

Ces définitions sont relativement abstraites ; la seule chose qui importe est que ce qui est défini satisfasse les postulats de signification respectifs pour **V** et **F**.

Nous sommes maintenant en mesure de présenter les axiomes.

(A1)

$[([\beta\mathbf{V}] \wedge [\beta\mathbf{F}]) \equiv \bigwedge\alpha[\beta\alpha]]$ où $\beta = v_{0,\langle t,t\rangle}$ et $\alpha = v_{0,t}$.

Cet axiome affirme le principe de bivalence.

(A2)

$$[\alpha \equiv \beta] \supset [[\eta\alpha] \equiv [\eta\beta]]$$

où $\alpha = v_{n,\sigma}$, $\beta = v_{m,\sigma}$ pour certains m et n, et $v_{0\langle\sigma,t\rangle}$.

Cet axiome affirme la substituabilité des identiques.

(A3)

$$[\bigwedge\alpha[[\eta\alpha] \equiv [\zeta\alpha]] \equiv [\eta \equiv \zeta]]$$

où $\alpha = v_{n,\tau}$, $\eta = v_{m,\langle\tau,\sigma\rangle}$ et $\zeta = v_{n,\langle\tau,\sigma\rangle}$.

Cet axiome affirme le caractère extensionnel des foncteurs.

(A4)

Si les clauses suivantes sont satisfaites :

(1) β est libre pour α dans ζ et

(2) α n'est pas dans la portée d'un opérateur « $\frown$ », ou

(3) $\beta \in MC$,

alors $[[\lambda\alpha\zeta\beta] \equiv \zeta\langle\alpha|\beta\rangle]$.

Cet axiome exprime le postulat de signification pour l'abstracteur λ.

(A5)

$\Box[{}^{\vee}\eta \equiv {}^{\vee}\zeta] \equiv [\eta \equiv \zeta]$ où $\eta = v_{n,\langle s,\sigma\rangle}$ et $\zeta = v_{m,\langle s,\sigma\rangle}$.

Cet axiome affirme que deux intensions sont égales ssi elles ont la même extension dans chaque monde.

(A6)
$[{}^{\vee\wedge}\eta \equiv \eta]$ où $\eta \in C_{\sigma}$.

L'unique règle d'inférence est la suivante :

(R) Si $[\eta \equiv \eta']$ est dérivable, alors de ζ on peut inférer ζ', où ζ' s'obtient à partir de ζ en remplaçant une ou plusieurs occurrences de η (occurrence qui n'est pas immédiatement précédée par λ) par η'.

EXERCICE 2.3.24
Montrez que les axiomes (A1) à (A6) sont valides.

*EXERCICE 2.3.25**
Montrez que pour $\eta \in Con_{\langle s,\tau\rangle}$, $[{}^{\wedge\vee}\eta \equiv \eta]$ n'est pas valide.
●

Ceci complète notre présentation de la logique intensionnelle. Le lecteur pourra aiguiser sa maîtrise du système en résolvant les exercices du chapitre.

CHAPITRE III

Grammaire universelle et langue naturelle

3.1 Introduction

Le succès qu'ont connu les « grammaires de Montague » tient beaucoup moins à leur universalité, à leur pouvoir expressif extraordinaire pour des langages formels, qu'à leur capacité de formaliser des fragments non négligeables des langues naturelles. Avec ces grammaires apparaît, en effet, pour la première fois, une théorie qui unifie la syntaxe et la sémantique d'un (fragment de) dialecte de l'anglais. Montague propose une grammaire de ce dialecte — c'est-à-dire une description explicite de sa syntaxe — et fournit ensuite une interprétation — c'est-à-dire une description explicite de sa sémantique. Le passage à la sémantique n'est cependant pas direct et fait intervenir un intermédiaire — le langage de la logique intensionnelle tel qu'il a été présenté au chapitre précédent.

Cette étape intermédiaire qui consiste en une traduction des expressions du dialecte en logique intensionnelle n'est pas nécessaire : son intérêt est purement heuristique[1].

L'idée est simple. Plutôt que de définir une interprétation nécessairement très complexe pour les expressions des langues naturelles, pourquoi ne pas traduire ces expressions en expressions de la logique intensionnelle dont l'une des caractéristiques est la transparence. Autrement dit, l'étape intermédiaire de traduction d'une expression est simplement une façon de mettre au jour sa structure logique profonde. Les

1. D'ailleurs, dans ses premières tentatives, Montague fait l'économie de cette étape. Voir [Mon70a].

expressions des langues naturelles ne reçoivent ainsi qu'indirectement leurs significations. Les significations (il peut y en avoir plusieurs car le langage est ambigu) d'une expression sont celles de ses traductions.

Cette idée de traduction repose cependant sur une hypothèse très forte. Pour que l'interprétation d'un langage par traduction dans un autre dont la sémantique est plus transparente ait un sens, il faut supposer que le pouvoir expressif du second est supérieur ou égal au pouvoir expressif du premier. Dans le cas qui nous occupe, il faut supposer que le langage de la logique intensionnelle possède un pouvoir expressif supérieur ou égal à celui du fragment de l'anglais dont il est question. Montague n'apporte pas d'argument général à l'appui de cette hypothèse ; il fait beaucoup mieux en donnant une traduction explicite. Nous reviendrons plus loin sur cette question.

Avant d'aborder la description d'un fragment du français, il nous reste deux points techniques à exposer. Le premier concerne l'ambiguïté des langues naturelles. Certaines expressions des langues naturelles peuvent être interprétées de multiples façons. Considérons par exemple l'énoncé affiché à la bibliothèque : **Il est interdit de boire et de manger**. Le fait que l'interdiction porte sur chacun des conjoints et non sur la conjonction n'est pas marqué syntaxiquement, pas plus que le fait contraire n'est marqué syntaxiquement dans **Il est interdit de boire et de conduire**. La solution proposée par Montague à ce problème d'ambiguïté consiste à introduire des règles d'ambiguïsation.

Le second point concerne la description formelle du phénomène de traduction dont nous venons de parler.

3.2 L'ambiguïté du langage

L'idée de Montague est fort simple : un langage ambigu — pour Montague, un langage *tout court* — est un langage dans lequel de l'ambiguïté est introduite. Cette ambiguïté consiste dans la plupart des cas en effacement de parenthèses et de marqueurs. On sait, pour prendre un exemple de logique élémentaire, que $(p \vee q) \wedge r$ n'a pas la même signification que $p \vee (q \wedge r)$. Si on efface les parenthèses, on obtient l'expression ambiguë $p \vee q \wedge r$. La relation d'ambiguïsation sera notée R.

DÉFINITION 3.2.1

Un *langage (ambigu)* $\mathcal{L}$ est une paire $\langle L, R \rangle$ où $L = \langle A, (F_\gamma)_{\gamma \in \Gamma}, (X_\delta)_{\delta \in \Delta}, S, 0 \rangle$ est un langage non ambigu et R une relation entre expressions.

($\zeta' \, R \, \zeta$ se lit ζ' *s'ambiguïse en* ζ.) Avec la notion de langage ambigu, nous devons adapter les différents objets formels qui accompagnent la notion de langage.

(1) Les catégories dérivées $C_{\delta,\mathcal{L}}$:

$C_{\delta,\mathcal{L}} = \{\zeta : \zeta' R\zeta \text{ et } \zeta' \in C_\delta\}$.

(2) Les règles syntaxiques dérivées. L'ensemble K des règles syntaxiques dérivées est le plus petit ensemble tel que :

(a) $S \subseteq K$,

(b) pour tous ordinaux n, m tels que $n < m$ et toute suite $\langle \delta_k \rangle_{k<m}$ de catégories, $\langle I_{nmA}, \langle \delta_k \rangle_{k<m}, \delta_n \rangle \in K$,

(c) pour tout ordinal m, pour toute suite $\langle \delta_k \rangle_{k<m}$, toute catégorie ε et tout $x \in X_\varepsilon$, $\langle C_{xmA}, \langle \delta_k \rangle_{k<m}, \varepsilon \rangle \in K$,

(d) pour tous ordinaux n, m, si $\langle G, \langle \delta_k \rangle_{k<n}, \varepsilon \rangle \in K$ et pour tout $k < n$, $\langle H_k, \langle \gamma_l \rangle_{l<m}, \delta_k \rangle \in K$, alors $\langle G^A \langle H_k \rangle_{k<n}, \langle \gamma_l \rangle_{l<m}, \varepsilon \rangle \in K$.

En clair : K contient non seulement les règles syntaxiques de base mais également toutes les règles dérivées que l'on peut construire à partir des opérations polynomiales.
(Voir la section 1.1).

●

3.3 La traduction

La traduction d'un langage dans un autre prendra, on s'en doute, l'aspect d'un morphisme respectant certaines structures. On définit d'abord une base de traduction qui sera ensuite prolongée.

DÉFINITION 3.3.1

Soit $\mathcal{L} = \langle L, R \rangle$ et $\mathcal{L}' = \langle L', R' \rangle$ deux langages tels que :

$L = \langle A, (F_\gamma)_{\gamma\in\Gamma}, (X_\delta)_{\delta\in\Delta}, S, 0 \rangle$ et

$L' = \langle A', (F'_\gamma)_{\gamma\in\Gamma'}, (X'_\delta)_{\delta\in\Delta'}, S', 0' \rangle$

On appelle *base de traduction de* $\mathcal{L}$ dans $\mathcal{L}'$ un triplet $\langle g, (H_\gamma)_{\gamma\in\Gamma}, j \rangle$ tel que :

(1) g est une fonction (à ne pas confondre avec l'assignation de signification, définition 1.3.1.1) qui associe à chaque catégorie de $\mathcal{L}$ une catégorie de $\mathcal{L}'$ en respectant la catégorie des énoncés, c'est-à-dire

$$g : \Delta \to \Delta'$$
$$\delta \mapsto g(\delta)$$
$$0 \mapsto 0'$$

(2) j est une fonction (à ne pas confondre avec un contexte,

définition 2.3.1) qui associe à chaque expression de base de $\mathscr{L}$ une expression de $\mathscr{L}'$ de la catégorie correspondante par g.

(3) Pour chaque γ, H_γ est une opération polynomiale sur $\langle A', (F'_\gamma)_{\gamma \in \Gamma'} \rangle$ telle que pour toute règle syntaxique $\langle F_\gamma, \langle \delta_k \rangle_{k<m}, \varepsilon \rangle \in S$, $\langle H_\gamma, \langle g(\delta_k) \rangle_{k<m}, g(\varepsilon) \rangle$ est une règle dérivée de $\mathscr{L}'$.

•

On voit ici l'importance d'avoir des règles syntaxiques dérivées, c'est-à-dire construites à partir d'opérations polynomiales. L'existence de ces règles permet de traduire un langage dans un autre même si ces deux langages n'ont pas les mêmes règles.

La *fonction de traduction* est l'unique homomorphisme k qui prolonge j et qui plonge $\langle A, (F_\gamma)_{\gamma \in \Gamma} \rangle$ dans $\langle A', (H_\gamma)_{\gamma \in \Gamma} \rangle$.

Une fonction de traduction peut être représentée par le diagramme suivant :

$$\begin{array}{ccc}
\mathscr{L} = \langle L, R \rangle & \xrightarrow{k} & \mathscr{L}' = \langle L', R' \rangle \\
\zeta & \mapsto & k(\zeta) \\
\downarrow & & \downarrow \\
\delta & \mapsto & \delta' = g(\delta) \\
\Cap & & \Cap \\
\Delta & \xrightarrow{g} & \Delta' \\
\Cup & & \Cup \\
0 & \mapsto & g(0) = 0'
\end{array}$$

où les flèches verticales représentent la fonction qui assigne aux expressions leur catégorie.

DÉFINITION 3.3.2

Soit $J = \langle g, (H_\gamma)_{\gamma \in \Gamma}, j \rangle$ une base de traduction de $\mathscr{L}$ dans $\mathscr{L}'$, et soit $\mathscr{B}' = \langle B', (G'_\gamma)_{\gamma \in \Gamma'}, f' \rangle$ une interprétation frégéenne pour $\mathscr{L}'$. *L'interprétation pour $\mathscr{L}$ induite par $\mathscr{L}'$, $\mathscr{B}'$ et la base de traduction J* est l'interprétation $\langle B, (G_\gamma)_{\gamma \in \Gamma}, f \rangle$ telle que

(1) $\langle B, (G_\gamma)_{\gamma \in \Gamma} \rangle$ est l'unique algèbre telle que h' (l'assignation de signification pour $\mathscr{L}'$ déterminée par $\mathscr{B}'$) est un homomorphisme de $\langle A', (H)_{\gamma \in \Gamma} \rangle$ sur $\langle B, (G_\gamma)_{\gamma \in \Gamma} \rangle$; (2) pour tout $\zeta \in \bigcup_{\delta \in \Delta} X_\delta$, $f(\zeta) = h'(j(\zeta))$.

•

On vérifiera que si $\mathscr{B}$ est l'interprétation pour $\mathscr{L}$ induite par $\mathscr{L}'$, $\mathscr{B}'$ et la base de traduction J, alors l'assignation de signification pour $\mathscr{L}$ déterminée par $\mathscr{B}$ est l'unique fonction $h = h' \circ k$, où h' est l'assignation de signification pour $\mathscr{L}'$ déterminée par $\mathscr{B}'$ et k la fonction de traduction de $\mathscr{L}$ dans $\mathscr{L}'$.

Nous disposons maintenant de tous les instruments nécessaires pour traduire un fragment du français.

3.4 Un fragment du français : la syntaxe

Nous allons, dans ce qui suit, reprendre la construction de Montague en l'appliquant, non pas à un fragment de l'anglais, mais à un fragment du français à peu près équivalent. Nous avons effectué les modifications qui s'imposaient en ce qui concerne les accords d'adjectifs et de pronoms. La première étape consiste à construire le fragment comme langage ambigu.

(1) L'alphabet est **'**,**a**,...,**z**, l'espace, #, *, (̶,)̶, (̶̶,)̶̶, (̶̶̶,)̶̶̶, (̶̶̶̶,)̶̶̶̶, v_n pour tout $n \in \mathbb{N}$.

(2) Les ensembles d'expressions de base sont :
$X_0 = \varnothing$ (l'ensemble des énoncés de base) ;
$X_1 = \varnothing$ (l'ensemble des expressions dénotant des propositions ou syntagmes propositionnels) ;
$X_2 = \{v_{2n+1}\}_{n \in \mathrm{N}}$ (l'ensemble des variables d'individus)[2] ;
X_3 = l'ensemble des noms communs de base (**homme**, **vache**, **licorne**, **chose**, etc.) ;
X_4 = l'ensemble des noms propres de base (**Socrate**, **Hespérus**, **Jean**, etc.) ;
X_5 = l'ensemble des syntagmes qualificatifs (**gros**, **jaune**, **amoureux**, etc.) ;
X_6 = l'ensemble des verbes d'attitude propositionnelle (**croire**, **savoir**, etc.) ;
X_7 = l'ensemble des verbes transitifs (autres que X_6) (**trouver**, **chercher**, **aimer**, **être**, etc.) ;
X_8 = l'ensemble des verbes intransitifs (**marcher**, **parler**, etc.).

Aux expressions de base réparties en neuf catégories vont s'ad-

---

2. On se restreint aux variables à indice impair pour éviter d'éventuelles captures lors de la traduction. Voir la section 3.5 (2) et (3).

joindre les expressions complexes générées par les opérations et réparties dans les mêmes catégories.

Les opérations, au nombre de douze et utilisées dans treize règles de grammaire, génèrent récursivement les ensembles d'« expressions complexes » de la manière décrite au chapitre I. Outre ces classes d'expressions, deux relations (classes de paires d'expressions) sont définies récursivement. Les interprétations intuitives de ces deux relations sont respectivement « être le verbe principal du syntagme verbal » et « être la place du verbe principal dans le syntagme verbal ». L'utilité de ces deux relations apparaîtra plus loin.

DÉFINITION 3.4.1

Soit $Y_0,\ldots,Y_{10}$, les plus petits ensembles tels que :

(1) Pour $i=0,\ldots,8$, $X_i \subseteq Y_i$.

(2) Si $\zeta \in Y_3$, alors **tout** # ζ, **aucun** # ζ, **le** # ζ, **un** # $\zeta \in Y_4$, où **tout** # est **tout** ou **toute** selon que ζ est masculin ou féminin, de même pour **aucun** # et **un** #, et **le** # est **le** ou **la** ou **l'** selon que ζ est masculin, féminin ou commence par une voyelle. Cette opération transforme donc un nom commun en un nom propre (plus précisément en un syntagme qui joue le rôle d'un nom propre).
Exemple : **vache** → **la vache**.

(3) Si $\alpha \in Y_2$, alors $\mathbf{il}_\alpha \in Y_4$.
Cette opération transforme une variable en pronom indexé par la variable. Le rôle de l'indice est fondamental pour la coréférence : cet indice sera effacé par les règles d'ambiguïsation.

(4) Si $\varphi \in Y_0$, alors **que** # $\varphi \in Y_1$, où **que** # est **que** ou **qu'** selon que φ commence par une consonne ou une voyelle. Cette opération transforme un énoncé en un syntagme propositionnel.
Exemples : **il pleut** → **qu'il pleut** ;
Jean mange → **que Jean mange**.

(5) Si $\delta \in Y_7$ et $\beta \in Y_4$, alors $\{\delta\ \beta'\}\# \in Y_8$, où $\{\delta\ \beta'\}$ # est $\{\delta\ \beta\}$ si β n'est pas $\mathbf{il}_\alpha$ pour un certain $\alpha \in Y_2$, sinon $\{\delta\ \beta'\}$ # est $\{\mathbf{le}_\alpha \delta\}$ ou $\{\mathbf{l'}_\alpha\ \delta\}$ selon que δ commence par une consonne ou une voyelle. Cette opération transforme un verbe transitif en verbe intransitif en lui adjugeant un complément direct dont la position dépend du fait que le complément en question est un pronom ou non.

Exemples : **aimer la vie** → **⦃aimer la vie⦄** ;
aimer le$_\alpha$ → **⦃l'**$_\alpha$**aimer⦄** ;
manger le$_\alpha$ → **⦃le**$_\alpha$ **manger⦄**.
Les parenthèses seront effacées par les règles d'ambiguïsation.

(6) $\delta \in Y_6$ et $\beta \in Y_1$, alors ⦃$\delta\ \beta$⦄ $\in Y_8$.
Cette opération prend un syntagme propositionnel et un verbe d'attitude propositionnelle pour former un verbe intransitif.
Exemple : **croire que la Terre est ronde** → **⦃croire que la Terre est ronde⦄**.

(7) Si $\alpha \in Y_2$ et $\varphi \in Y_0$, alors **tel** α **que** $\varphi \in Y_5$.
Cette opération crée un syntagme qualificatif à partir d'une variable et d'un énoncé. L'idée est de pouvoir établir des coréférences avec les variables apparaissant dans l'énoncé.
Exemple : **il**$_\alpha$ **mange** → **tel** α **que il**$_\alpha$ **mange**, qui deviendra à une étape subséquente **qui mange**.

(8) Si $\delta \in Y_5$ et $\zeta \in Y_3$, alors $\theta \in Y_3$, où
(a) si δ n'a pas la forme **tel** α **que** φ avec $\alpha \in Y_2$, où ζ ne contient pas d'élément de X_3 (c'est-à-dire des noms communs de base), alors $\theta =$ ⫷$\zeta\delta\#$⫸, où $\delta\#$ est la forme masculine ou féminine selon que ζ est masculin ou féminin, sinon
(b) si $\delta =$ **tel** α **que** φ et φ commence par **il**$_\alpha$, alors $\theta =$ ⫷$\zeta\ \varphi'$⫸, où φ' provient de φ en remplaçant toutes les occurrences libres de **il**$_\alpha$ (c'est-à-dire les occurrences qui ne sont pas dans une partie de φ de la forme **tel** α **que** ψ) par **qui**$_\alpha$, ou
(c) si $\delta =$ **tel** α **que** φ et φ ne commence pas par **il**$_\alpha$, alors $\theta =$ ⫷$\zeta\ \varphi'$⫸, où φ' est **qu'**φ'' ou **que** φ'' selon que φ commence par **il**$_\beta$ ou non, et φ'' provient de φ en effaçant toutes les occurrences de **l'**$_\alpha$, **le**$_\alpha$ ou **la**$_\alpha$(selon les cas).
Exemples :
homme amoureux → **⫷homme amoureux⫸** ;
homme tel$_\alpha$ **que il**$_\alpha$ **mange** → **⫷homme qui**$_\alpha$ **mange⫸** ;
femme tel$_\alpha$ **que Jean l'**$_\alpha$**aime** → **⫷femme que Jean aime⫸**.

(9) Si $\delta \in X_6 \cup X_7 \cup X_8$, alors $\delta Y_9 \delta$ et $* Y_{10} \delta$; $\alpha Y_9 \delta$ signifie : α est le *verbe principal* du syntagme verbal δ; $* Y_{10} \delta$ signifie : * est *la place* du verbe principal dans δ (cette notation deviendra claire sous peu).

(10) Si $\delta \in Y_7$, $\beta \in Y_4$ et $\zeta Y_9 \delta$, alors $\zeta Y_9 \langle \delta \, \beta' \rangle$, où β' est comme en (5). Cette relation exprime que si ζ est le verbe principal du syntagme verbal δ, alors ζ est le verbe principal du syntagme verbal $\langle \delta \, \beta' \rangle$.

(11) Si $\delta \in Y_7$, $\beta \in Y_4$ et $\delta' Y_{10} \delta$, alors $\langle \delta' \beta' \rangle Y_{10} \langle \delta \, \beta' \rangle$, où β' est comme en (5).
La relation Y_{10} est la suivante : $\zeta' Y_{10} \zeta$ si, et seulement si, l'expression ζ' est identique à l'expression ζ sauf que le verbe principal y a été remplacé par *.

(12) Si $\delta \in Y_6$, $\beta \in Y_1$ et $\zeta Y_9 \delta$, alors $\zeta Y_9 \langle \delta \, \beta \rangle$; même remarque qu'en (10).

(13) Si $\delta \in Y_6$, $\beta \in Y_1$ et $\delta' Y_{10} \delta$, alors $\langle \delta' \beta \rangle Y_{10} \langle \delta \, \beta \rangle$; même remarque qu'en (11).

(14) Si $\alpha \in Y_4$ et $\delta \in Y_8$, alors $\ddagger \alpha \, \delta'' \ddagger \in Y_0$, où δ'' est tel qu'il existe δ', β, β' tels que $\delta' Y_{10} \delta$, $\beta Y_9 \delta$ et β' est la troisième personne du singulier de β, et δ'' est le résultat de la substitution de β à * dans δ'.

(15) Si $\alpha \in Y_4$ et $\delta \in Y_8$, alors $\ddagger \alpha \, \delta'' \ddagger \in Y_0$, où δ'' est tel qu'il existe δ', β, β' tels que $\delta' Y_{10} \delta$, $\beta Y_9 \delta$ et β' est la troisième personne du singulier de β, et δ'' résulte de la substitution de **n'** β' **pas** ou de **ne** β' **pas** à * dans δ, selon que β commence ou non par une voyelle.

(16) Si $\varphi, \psi \in Y_0$, alors $\ddagger \varphi$ **et** $\psi \ddagger \in Y_0$.

Nous pouvons maintenant décrire explicitement le fragment en question.

DÉFINITION 3.4.2

Soit $F_0, \ldots, F_{11}$, les opérations suivantes :

$F_0(\zeta) =$ **tout #** ζ comme en (2) ;

$F_1(\zeta) =$ **aucun #** ζ comme en (2) ;

$F_2(\zeta) =$ **le #** ζ comme en (2) ;

$F_3(\zeta) =$ **un #** ζ comme en (2) ;

$F_4(\zeta) =$ **il** ζ	comme en (3) ;
$F_5(\zeta) =$ **que** # ζ	comme en (4) ;
$F_6(\delta,\beta) = \leftarrow \delta\ \beta \rightarrow$ #	comme en (5) ;
$F_7(\alpha,\varphi) =$ **tel** α **que** φ	comme en (7) ;
$F_8(\delta,\zeta) = \theta$	comme en (8) ;
$F_9(\alpha,\delta) = \ddagger\ \alpha\ \delta'' \ddagger$	comme en (14) ;
$F_{10}(\alpha,\delta) = \ddagger\ \alpha\ \delta'' \ddagger$	comme en (15) ;
$F_{11}(\alpha,\beta) = \ddagger\ \alpha$ **et** $\beta \ddagger$	comme en (16).

$\mathcal{L}_F = \langle\langle A, (F_\gamma)_{\gamma\in\Gamma}, (X_\delta)_{\delta\in\Delta}, S, 0\rangle, R\rangle$ est tel que :

(1) $\Delta = \{0,...,8\}$;

(2) chaque X_i est comme ci-dessus ;

(3) A est la fermeture de l'union des X_i sous les opérations F_γ ;

(4) $\Gamma = \{0,...,11\}$;

(5) S est l'ensemble des règles suivantes :

$\langle F_0, 3, 4\rangle$,
$\langle F_1, 3, 4\rangle$,
$\langle F_2, 3, 4\rangle$,
$\langle F_3, 3, 4\rangle$,
$\langle F_4, 2, 4\rangle$,
$\langle F_5, 0, 1\rangle$,
$\langle F_6, 7, 4, 8\rangle$,
$\langle F_6, 6, 1, 8\rangle$,
$\langle F_7, 2, 0, 5\rangle$,
$\langle F_8, 5, 3, 3\rangle$,
$\langle F_9, 4, 8, 0\rangle$,
$\langle F_{10}, 4, 8, 0\rangle$,
$\langle F_{11}, 0, 0, 0\rangle$.

(6) R est la relation d'ambiguïsation consistant à effacer les parenthèses et les éléments de X_2, c'est-à-dire les variables.

Examinons quelques exemples.

EXEMPLE 3.4.1

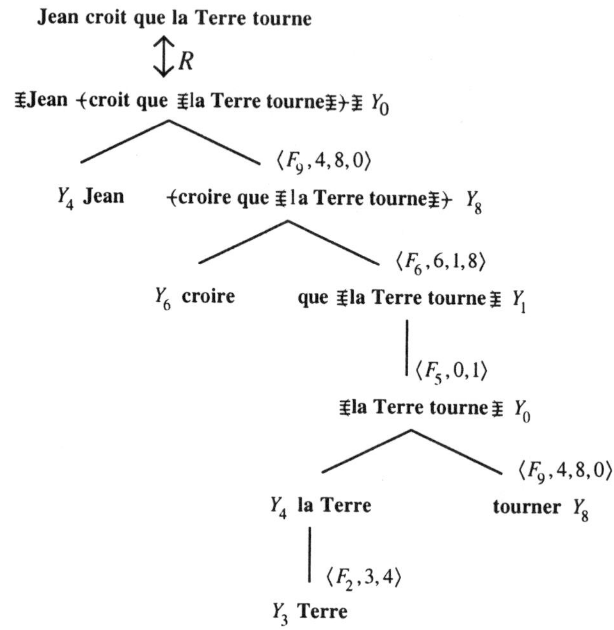

Les deux applications de $\langle F_9,4,8,0\rangle$ sont justifiées du fait que, d'une part, **tourner** Y_9 **tourner** et * Y_{10} **tourner** et, d'autre part, **croire** Y_9 **croire** et * Y_{10} **croire** entraînent par (13) que **croire** Y_9 **⊰croire que ǂla Terre tourneǂ⊱** et **⊰* que ǂla Terre tourneǂ⊱** Y_{10}**⊰croire que ǂla Terre tourneǂ⊱**.

Voici deux autres exemples :

EXEMPLE 3.4.2

Tout homme chérit la femme qu'il aime

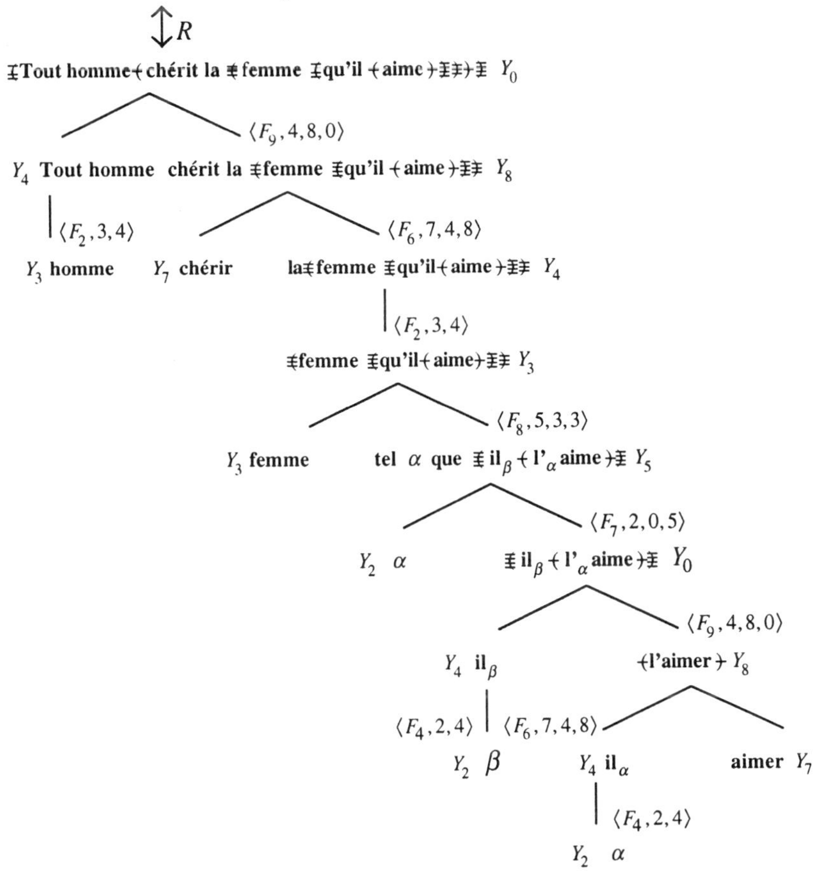

EXEMPLE 3.4.3

Tout homme chérit la femme qui l'aime.

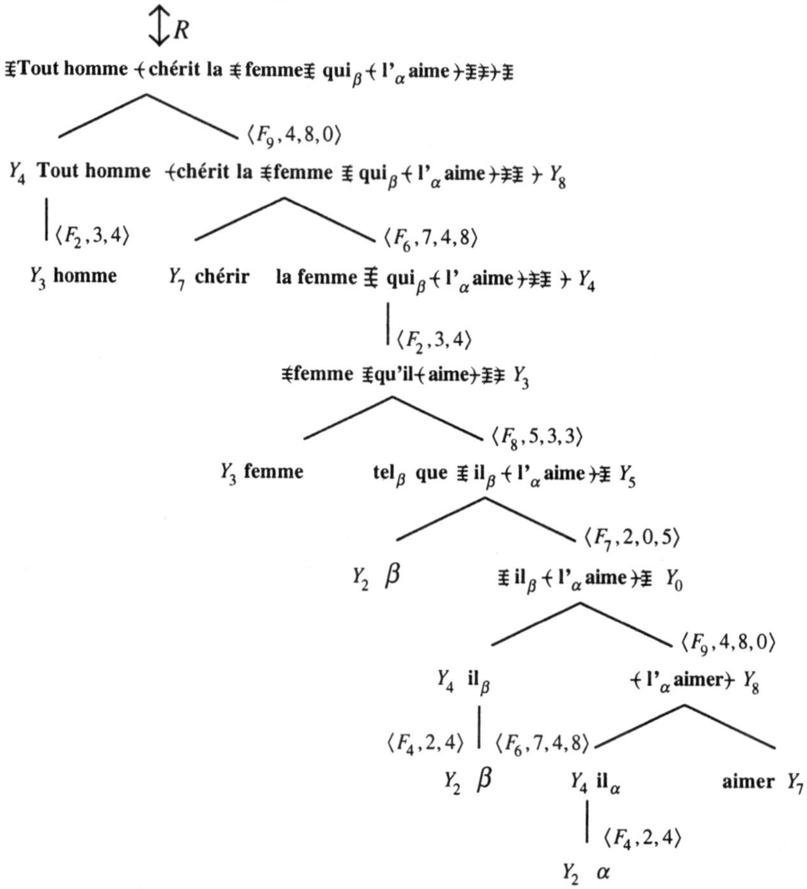

EXERCICE 3.4.1

Faites les arbres des énoncés suivants :

(1) **Tout homme aime une femme.**

(2) **Socrate n'aime aucun homme.**

●

3.5 Un fragment du français : la traduction

Pour traduire un langage $\mathscr{L}$ dans un langage $\mathscr{L}'$, il faut définir une base de traduction, c'est-à-dire un triplet $J_0 = \langle g, (H_\gamma)_{\gamma\in\Gamma}, j\rangle$ comme en 3.3. Ici, $\mathscr{L}'$ est *LI* et $\mathscr{L}$ est $\mathscr{L}_F$, et g, les H_γ et j sont définies de la façon suivante :

(1) L'assignation de type aux catégories :

$g(0)=t$, à la catégorie des énoncés du fragment correspond le type *valeur de vérité* ;

$g(1)=\langle s,t\rangle$, à la catégorie des syntagmes propositionnels correspond le type *proposition* ;

$g(2)=e$, à la catégorie des variables d'individus correspond le type *individu* ;

$g(3)=\langle e,t\rangle$, à la catégorie des noms communs correspond le type *classe d'individus*, c'est-à-dire des fonctions qui prennent pour argument un individu et pour valeur une valeur de vérité ;

$g(4)=\langle s,\langle\langle s,g(3)\rangle,t\rangle\rangle$, à la catégorie des noms propres correspond le type *propriété de propriétés d'individus*.

Cette définition n'est vraiment pas intuitive. Pour comprendre pourquoi Montague a choisi cette voie peu orthodoxe, rappelons-nous que, par exemple, les deux énoncés

Tout homme est mortel

et

Socrate est mortel

ont la même structure grammaticale. Il semble donc naturel de penser que **Socrate** et **Tout homme** sont de la même catégorie (ce qui est le cas selon la définition 3.4.1). Cette contrainte nous interdit cependant d'interpréter **Socrate** comme un individu car il faudrait également interpréter **Tout homme** comme un individu (l'individu universel ?), ce qui pose de sérieuses difficultés. Montague propose donc d'analyser **Socrate** comme la fonction dont la valeur à chaque monde est la classe des propriétés que possède l'individu Socrate dans ce monde. On interprète alors, comme nous le verrons plus loin, **Tout homme** comme la fonction dont la valeur à chaque monde est la classe des propriétés que tous les hommes de ce monde possèdent. Cela répond donc partiellement à notre question. Nous compléterons l'explication à la section 3.6.

$g(5)=\langle\langle s,g(3)\rangle,g(3)\rangle$, à un syntagme qualificatif correspond une fonction qui transforme une propriété d'individu en classe d'individus.

Comme nous le verrons plus en détail dans le chapitre IV, le fait de prendre pour argument des intensions permet de traiter les cas non extensionnels : la classe correspondant à **est présumé coupable** n'est pas une fonction des coupables de ce monde.

$g(6)=\langle g(1),\langle g(4),t\rangle\rangle$, à la catégorie des verbes d'attitude propositionnelle correspond le type des fonctions qui prennent pour arguments des propositions et pour valeur des classes d'entités du type des noms propres. Par exemple, **croire** prend le sytagme propositionnel **que la**

Terre est ronde pour former **croire que la Terre est ronde** qui dénote une classe d'entités correspondant à **Jean, un homme**, etc. ;

$g(7) = \langle g(4), \langle g(4), t\rangle\rangle$.

$g(8) = \langle g(4), t\rangle$, à la catégorie « verbe intransitif » correspond une classe d'entités correspondant à des noms propres et à la catégorie « verbe transitif », une fonction qui prend pour argument une entité correspondant à un nom propre et pour valeur une classe d'entités correspondant à des noms propres ; autrement dit, un verbe transitif muni de son complément devient un verbe intransitif.

(2) Les opérations polynomiales — aux douze opérations F_γ ayant servi à construire le fragment correspondent les douze opérations polynomiales H_γ suivantes (où u et v sont des variables de type e à indice pair et P est une variable de type $\langle s, \langle e, t\rangle\rangle$) :

$$H_0(\zeta) = {}^\frown\lambda P \bigwedge v([\zeta v] \supset [{}^\smile P v]) ;$$
$$H_1(\zeta) = {}^\frown\lambda P \neg \bigvee v([\zeta v] \wedge [{}^\smile P v]) ;$$
$$H_2(\zeta) = {}^\frown\lambda P \bigvee v(\bigwedge u[[v \equiv u] \equiv [\zeta u]] \wedge [{}^\smile P v]) ;$$
$$H_3(\zeta) = {}^\frown\lambda P \bigvee v([\zeta v] \wedge [{}^\smile P v]) ;$$
$$H_4(\zeta) = {}^\frown\lambda P[{}^\smile P \zeta] ;$$
$$H_5(\varphi) = {}^\frown\varphi ;$$
$$H_6(\delta, \beta) = [\delta\beta] ;$$
$$H_7(\alpha, \zeta) = \lambda P \lambda \alpha([{}^\smile P \alpha] \wedge \zeta) ;$$
$$H_8(\delta, \zeta) = [\delta {}^\frown\zeta] ;$$
$$H_9(\alpha, \delta) = [\delta\alpha] ;$$
$$H_{10}(\alpha, \delta) = \neg[\delta\alpha] ;$$
$$H_{11}(\varphi, \psi) = (\varphi \wedge \psi).$$

Ces opérations seront bientôt commentées et illustrées à l'aide d'exemples.

(3) La fonction j telle que

$$j : \bigcup_{\delta \in \Delta} X_\delta \longrightarrow Var_e \cup \bigcup_{\tau \in T} Con_\tau$$

attribue à chaque variable du fragment une variable du premier ordre de *LI* (le fragment ne comporte pas de variable d'ordre supérieur) et à chaque expression de base du fragment une constante de *LI*. Nous avons donc $j(v_n) = v_{n,e}$ et si $\zeta_n \in X_\delta (\delta \neq 0,1,2)$ et ζ_n est le n-ième terme de X_δ (selon une énumération canonique quelconque), $j(\zeta_n) = c_{n,g(\delta)}$.

Nous pouvons maintenant caractériser une classe de modèles pour $\mathcal{L}$.

DÉFINITION 3.5.1

La classe K_1 des *modèles logiquement possibles* pour $\mathcal{L}(= \mathcal{L}_F)$ est la classe des paires $\langle \mathcal{B}, \langle i_0, j_0 \rangle \rangle$ telles que, pour un certain $\mathcal{B}'$:

(1) $\langle \mathcal{B}', \langle i_0, j_0 \rangle \rangle$ est un modèle logiquement possible pour *LI* ;

(2) $\mathcal{B}$ est l'interprétation pour $\mathcal{L}$ induite par *LI*, $\mathcal{B}'$ et la base de traduction J_0 ;

(3) pour tout $\alpha \in X_4$ (nom propre de base), les énoncés suivants de *LI* :

(PS1) $(j(\mathbf{chose}) \equiv \lambda u[u \equiv u])$

(PS2) $(j(\mathbf{être}) \equiv \lambda Q \lambda R[{}^{\vee}R^{\wedge}\lambda u[{}^{\vee}Q^{\wedge}\lambda w[u \equiv w]]])$

(PS3) $(j(\alpha) \equiv {}^{\wedge}\lambda P[{}^{\vee}P v_{2n,e}])$

sont vrais relativement à $\langle \mathcal{B}', \langle i_0, j_0 \rangle \rangle$, où $j(\alpha) = c_{n,g(4)}$, u et w sont des variables de type e à indice pair, Q et R des variables de type $g(4)$, et P est une variable de type $\langle s, \langle e,t \rangle \rangle$ [3].

●

Les énoncés de cette dernière liste sont des *postulats de signification* que nous pouvons ajouter aux axiomes de Gallin présentés à la fin de la section 2.3. En vertu de la propriété déjà montrée dans l'exercice 2.3.21, ces postulats nous permettent d'effectuer certaines substitutions. Par exemple, dans n'importe quelle traduction d'expression de $\mathcal{L}$ dans *LI*, $\lambda u[u \equiv u]$ (ou une de ses variantes alphabétiques qui n'entraîne pas de capture) est substituable à la constante $j(\mathbf{chose})$.

(PS3) signifie que dans tout modèle K_1, l'intension de chaque constante $c_{n,g(4)}$ qui est la traduction d'un nom propre de base est la fonction dont la valeur à chaque monde est la fonction qui sélectionne

---

3. (PS3) est formulé de manière légèrement différente que dans [Mon70b], qui est : $\bigvee v_{0,e}(j(\alpha) \equiv {}^{\wedge}\lambda P[{}^{\vee}P v_{0,e}])$. On vérifie cependant sans peine que les deux formulations sont équivalentes. Celle que nous soumettons fait l'économie de la quantification.

pour chaque monde les propriétés que possède dans ce monde la valeur de la variable $v_{2n,e}$ relativement à ce modèle. Puisque les variables sont des désignateurs rigides, la valeur de cette variable est la même à travers les mondes, bien que les propriétés que cette valeur possède peuvent varier d'un monde à l'autre.

L'utilité de (PS3) n'est pas évidente à première vue, mais elle le devient lorsqu'on combine ce postulat avec (PS2) (celui du verbe **être**), qui lui aussi peut paraître compliqué. Examinons donc un exemple où nous aurons à utiliser ces deux postulats (bien qu'il nous oblige à anticiper sur l'utilisation des règles H_6 et H_9).

EXEMPLE 3.5.1

Soit l'énoncé **Hespérus est Phosphorus**. L'arbre d'analyse syntaxique de cet énoncé est

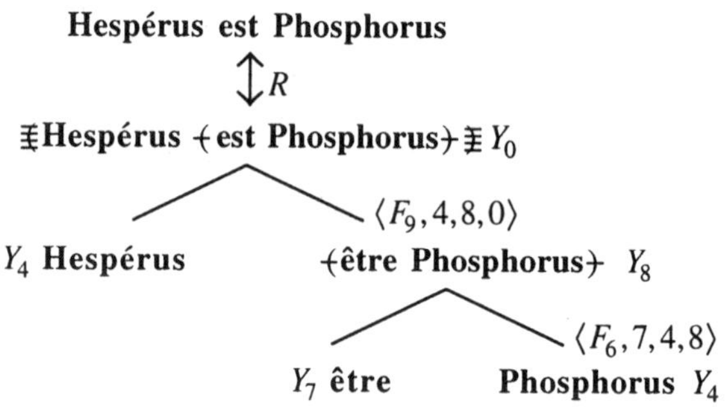

La traduction en logique intensionnelle sera :

$k(⧻\textbf{Hespérus}⧼\textbf{est Phosphorus}⧽⧻) =$

$= k(F_9(\textbf{Hespérus}, F_6(\textbf{être}, \textbf{Phosphorus}))) =$

(a) $H_9\big(j(\textbf{Hespérus}), H_6\big(j(\textbf{être}), j(\textbf{Phosphorus})\big)\big).$

Supposons que pour un n et un m quelconques, $j(\textbf{Hespérus}) = c_{n,g(4)}$ et $j(\textbf{Phosphorus}) = c_{m,g(4)}$ (nous désignerons $c_{n,g(4)}$ et $c_{m,g(4)}$ par he et ph respectivement). (a) est alors

$[H_6(j(\textbf{être}), ph)he] = [[j(\textbf{être})ph]he],$

ce qui, en vertu de (PS2), est K_1-équivalent à

$[[\lambda Q \lambda R[{}^{\vee}R{}^{\wedge}\lambda u[{}^{\vee}Q{}^{\wedge}\lambda w[u \equiv w]]]ph]he],$

qui par (A4) est équivalent à

$[{}^{\vee}ph{}^{\wedge}\lambda u[{}^{\vee}he{}^{\wedge}\lambda w[u \equiv w]]],$

qui en vertu de (PS3) (où $v_{2m,e} = x$ et $v_{2n,e} = y$) est K_1-équivalent à

$[{}^{\vee\wedge}\lambda P[{}^{\vee}Px]{}^{\wedge}\lambda u[{}^{\vee\wedge}\lambda P[{}^{\vee}Py]{}^{\wedge}\lambda w[u \equiv w]]],$

qui par (A6) est équivalent à

$$[\lambda P[{}^{\smile}Px]{}^{\frown}\lambda u[\lambda P[{}^{\smile}Py]{}^{\frown}\lambda w[u \equiv w]]],$$

qui par (A4) est équivalent à

$$[{}^{\smile\frown}\lambda u[\lambda P[{}^{\smile}Py]{}^{\frown}\lambda w[u \equiv w]]x],$$

ce qui, par (A4) encore une fois, est équivalent à

$$[{}^{\smile\frown}\lambda u[{}^{\smile\frown}\lambda w[u \equiv w]y]x],$$

qui par (A6) est équivalent à

$$[\lambda u[\lambda w[u \equiv w]y]x],$$

qui enfin par (A4) est équivalent à

(b) $[x \equiv y]$.

La formule de départ est donc K_1-équivalente à une formule qui, intuitivement, signifie que « la chose » appelée **Hespérus** est identique à celle appelée **Phosphorus**. D'un certain point de vue, ce résultat peut poser problème. Nous en discuterons davantage à la section 3.6.

●

Nous pouvons maintenant examiner nos opérations polynomiales H_i :

(1) H_0

Nous avons **Tout homme** $= F_0($**homme**$)$. Donc,

$k($**Tout homme**$) = k(F_0($**homme**$)) = H_0(j($**homme**$))$

$= H_0(h) = {}^{\frown}\lambda P \bigwedge v([hv] \supset [{}^{\smile}Pv])$.

La dénotation de $H_0(h)$ est donc la fonction qui sélectionne à chaque monde la classe des propriétés qu'ont en commun tous les hommes dans ce monde.

(2) H_1

Nous avons **Aucune femme** $= F_1($**femme**$)$. Donc,

$k($**Aucune femme**$) = k(F_1($**femme**$)) = H_1(j($**femme**$))$

$= H_1(f) = {}^{\frown}\lambda P \neg \bigvee v([fv] \wedge [{}^{\smile}Pv])$.

(3) H_2

Nous avons **L'homme** $= F_2($**homme**$)$. Donc,

$k($**L'homme**$) = k(F_2($**homme**$)) = H_2(j($**homme**$))$

$= H_2(h) = {}^{\frown}\lambda P \bigvee v(\bigwedge u[[v \equiv u] \equiv [hu]] \wedge [{}^{\smile}Pv])$.

(4) H_3

Nous avons **Une femme** $= F_3($**femme**$)$. Donc,

$k($**Une femme**$) = k(F_3($**femme**$)) = H_3(j($**femme**$))$

$= H_3(f) = {}^{\frown}\lambda P \bigvee v([fv] \wedge [{}^{\smile}Pv])$.

Permettons-nous une digression et donnons un exemple (qui encore une fois anticipe légèrement par l'utilisation de H_6 et H_9).

EXEMPLE 3.5.2

L'expression **Aucune femme n'est un homme** se traduit en calcul des prédicats habituel par quelque chose comme $(\forall x)(fx \supset \neg hx)$ ou, de manière équivalente, $\neg(\exists x)(fx \wedge hx)$. Nous nous attendons à ce que la traduction en logique intensionnelle nous donne une expression équivalente. C'est bien le cas. Dans ce qui suit, nous allons montrer que l'énoncé **Aucune femme n'est un homme** se traduit en logique intensionnelle par un énoncé K_0-équivalent à $\neg \bigvee x([fx] \wedge \bigvee y([hy] \wedge [x \equiv y]))$, un énoncé affirmant qu'il n'existe pas de x et de y tels que x est une femme et y un homme, x et y étant le même individu. L'arbre d'analyse syntaxique de cet énoncé est :

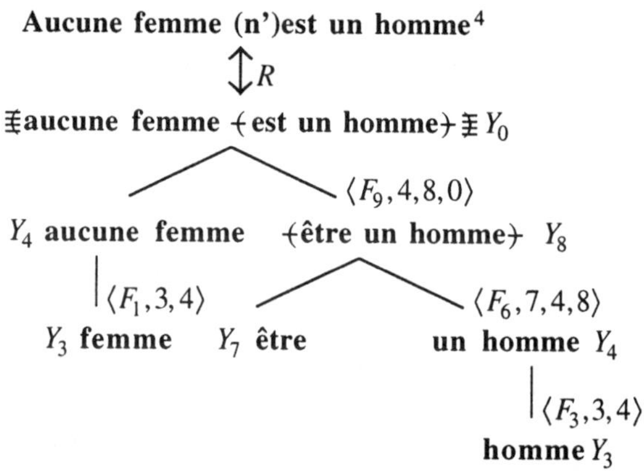

Nous obtenons :

$k(\textbf{aucune femme n'est un homme}) = H_9(H_1(f), H_6(j(\textbf{être}), H_3(h))) =$
$[H_6(j(\textbf{être}), H_3(h))H_1(f)] = [[j(\textbf{être})H_3(h)]H_1(f)] =$
$[[j(\textbf{être})\hat{}\lambda P \bigvee y([hy] \wedge [\check{}Py])]\hat{}\lambda P \neg \bigvee x([hx] \wedge [\check{}Px])]$.

Cette formule a la forme $[[j(\textbf{être})B]C]$. En vertu de (PS2), elle est équivalente à

$$[[\lambda Q \lambda R[\check{}R\hat{}\lambda u[\check{}Q\hat{}\lambda w[u \equiv w]]]B]C]$$

4. Le **ne** devant le verbe lorsque le sujet est un quantificateur négatif est euphonique. On devrait raffiner les règles F_9 et F_{10} pour en tenir compte.

ce qui par (A4) est équivalent à

$$[{}^{\vee}C{}^{\wedge}\lambda u[{}^{\vee}B{}^{\wedge}\lambda w[u \equiv w]]]$$

ce qui par (A6) est équivalent à

$$[\ \lambda P \neg \bigvee x([fx] \wedge [{}^{\vee}Px]){}^{\wedge}\lambda u[{}^{\vee}B{}^{\wedge}\lambda w[u \equiv w]]]$$

ce qui par (A4) et (A6) est équivalent à

$$\neg \bigvee x([fx] \wedge [\lambda u[{}^{\vee}B{}^{\wedge}\lambda w[u \equiv w]]x])$$

qui par (A4) est équivalent à

$$\neg \bigvee x([fx] \wedge [{}^{\vee}B{}^{\wedge}\lambda w[x \equiv w]])$$

qui par (A6) est équivalent à

$$\neg \bigvee x([fx] \wedge [\ \lambda P \bigvee y([hy] \wedge [{}^{\vee}Py]){}^{\wedge}\lambda w[x \equiv w]])$$

qui par (A4) et (A6) est équivalent à

$$\neg \bigvee x([fx] \wedge \bigvee y([hy] \wedge [\lambda w[x \equiv w]y]))$$

qui par (A4) est équivalent à

$$\neg \bigvee x([fx] \wedge \bigvee y([hy] \wedge [x \equiv y]))$$

ce qui est le résultat annoncé.

Ceci met un terme à notre digression. Revenons à nos opérations.

(5) H_4

Nous avons $\mathbf{Je}_{v_n} = F_4(v_n)$. Donc,

$$k(\mathbf{Je}_{v_n}) = k(F_4(v_n)) = H_4(j(v_n)) = H_4(v_{n,e}) = {}^{\wedge}\lambda P[{}^{\vee}Pv_{n,e}].$$

Intuitivement, un pronom est une expression qui coréfère à un individu selon le contexte. C'est donc un nom propre dont la dénotation est fonction du contexte.

(6) H_5

Nous avons **que ‡Jean mange‡** $= F_5(F_9(\mathbf{Jean},\ \mathbf{manger}))$. Donc,

$$k(\mathbf{que\ ‡Jean\ mange‡}) = k(F_5(F_9(\mathbf{Jean},\ \mathbf{manger})))$$

$$= H_5(H_9(j(\mathbf{Jean}), j(\mathbf{manger}))) = H_5(H_9(je, m)) =$$

$$H_5([mje]) = {}^{\wedge}[mje].$$

(7) H_6

Nous avons ⊰ $\mathbf{l}_{v_n}$**'aimer**⊱ $= F_6(\mathbf{aimer},\ F_4(v_n))$. Donc,

$$k(⊰\mathbf{l}_{v_n}\mathbf{'aimer}⊱) = k(\ F_6(\mathbf{aimer},\ F_4(v_n)))$$

$$= H_6(j(\mathbf{aimer}), H_4(j(v_n))) = H_6(a, H_4(v_{n,e})) =$$

$$H_6(a, {}^{\wedge}\lambda P[{}^{\vee}Pv_{n,e}]) = [a{}^{\wedge}\lambda P[{}^{\vee}Pv_{n,e}]].$$

Cette traduction n'est, à première vue, pas très intuitive. Nous verrons un peu plus loin que cela est le prix à payer pour obtenir un grand niveau de généralité et que pour une certaine hypothèse particulière sur a (appelée réductibilité du premier ordre relativement à son sujet), cette formule est équivalente à une formule beaucoup plus intuitive.

(8) H_7

Nous avons **tel**$_{v_n}$ **que** ≢ **il**$_{v_n}$

mange≢ $= F_7\big(v_n, F_9\big(F_4(v_n), \textbf{manger}\big)\big)$. Donc,

$k($ **tel**$_{v_n}$ **que** ≢ **il**$_{v_n}$ **mange**≢$) =$

$k(\, F_7\big(v_n, F_9\big(F_4(v_n), \textbf{manger}\big)\big))$

$= H_7\big(j(v_n), H_9\big(j(v_n), j(\textbf{manger})\big)\big) = H_7\big(v_{n,e}, H_9\big({}^\wedge\lambda P[{}^\vee P v_{n,e}], m\big)\big)$

$= H_7\big(v_{n,e}\big[m\,{}^\wedge\lambda P[{}^\vee P v_{n,e}]\big]\big) = \lambda Q \lambda v_{n,e}\big(\big[{}^\vee Q v_{n,e}\big] \wedge \big[m\,{}^\wedge\lambda P[{}^\vee P v_{n,e}]\big]\big)$.

Même remarque qu'en (7).

(9) H_8

Nous avons ≢**homme qui**$_{v_n}$ **mange**≢ $=$ $F_8\big($**tel**$_{v_n}$ **que**

≢**il**$_{v_n}$ **mange**≢, **homme**$)$

$= F_8\big(F_7\big(v_n, F_9\big(F_4(v_n), \textbf{manger}\big)\big), \textbf{homme}\big)$. Donc,

$k($≢**homme qui**$_{v_n}$ **mange**≢$) =$

$k\Big(\, F_8\big(F_7\big(v_n, F_9\big(F_4(v_n), \textbf{manger}\big)\big), \textbf{homme}\big)\Big) =$

$H_8\big(H_7\big(j(v_n), H_9\big(H_4\big(j(v_n)\big), j(\textbf{manger})\big)\big), j(\textbf{homme})\big) =$

$H_8\Big(\, H_7\big(v_{n,e}, H_9\big(H_4\big(v_{n,e}\big), m\big)\big), h\Big) =$

$\Big[\lambda P \lambda v_{n,e}\big(\big[{}^\vee P v_{n,e}\big] \wedge \big[m\,{}^\wedge\lambda Q\big[{}^\vee Q v_{n,e}\big]\big]\big)\,{}^\wedge h\Big] =$

$\lambda v_{n,e}\big(\big[h v_{n,e}\big] \wedge \big[m\,{}^\wedge\lambda Q\big[{}^\vee Q v_{n,e}\big]\big]\big)$.

Même remarque qu'en (7).

(10) H_9

Ce cas a déjà été illustré dans les exemples précédents.

(11) H_{10}

Ce cas est tout à fait similaire à celui de H_9.

(12) H_{11}

Nous avons ǂ**Marie mange**ǂ et ǂ**Jean pleure**ǂ

$= F_{11}(F_9(\textbf{Marie, manger}), F_9(\textbf{Jean, pleurer}))$. Donc,

$k(F_{11}(F_9(\textbf{Marie, manger}), F_9(\textbf{Jean, pleurer}))) =$

$H_{11}(H_9(j(\textbf{Marie}), m), H_9(j(\textbf{Jean}), p)) =$

$H_{11}([mma],[pje]) = ([mma] \wedge [pje])$.

Il doit être clair pour le lecteur que ces règles syntaxiques et les règles sémantiques correspondantes ne sont pas exhaustives (!) et ne visent qu'à illustrer la méthode de traduction.

EXERCICE 3.5.1

Trouvez la traduction de **Socrate est un homme** et montrez que la formule obtenue est équivalente à $\bigvee x([hx] \wedge [x \equiv v_{2n,e}])$, où $j(\textbf{Socrate}) = c_{n,g(4)}$.

●

Revenons à notre remarque en (7) et discutons du cas (9) qui a valeur d'exemple.

Nous avons vu que l'expression ǂ**homme qui**$_{v_n}$ **mange**ǂ se traduisait en *LI* par $\lambda v_{n,e}([\,hv_{n,e}] \wedge [m^\frown \lambda Q[^\smile Qv_{n,e}]])$.

Il est assez difficile d'attribuer une signification intuitive précise à cette expression. Cela provient en partie du choix méthodologique qui a consisté à traduire les verbes intransitifs, ici **mange**, comme des expressions de la catégorie $\langle g(4),t\rangle$, c'est-à-dire de la catégorie $\langle\langle s,\langle\langle s,\langle e,t\rangle\rangle,t\rangle\rangle,t\rangle$. En clair, un nom propre s'interprète comme une intension de classe de propriétés et un verbe intransitif comme une classe de telles intensions. Voilà pour le cas général.

Certaines traductions de verbes sont cependant susceptibles d'un traitement « simplifié ». Les expressions que Montague qualifie de réductibles au premier ordre possèdent la propriété suivante.

DÉFINITION 3.5.2

Soit $\mathcal{M}$ un modèle K_0 de *LI* et $\zeta \in C_{g(8),LI}$. On dira que ζ est *réductible au premier ordre* pour $\mathcal{M}$ si l'expression suivante est vraie relativement à $\mathcal{M}$:

$$\bigvee P \wedge Q([\zeta Q] \equiv [\check{}QP]),$$

où Q est une variable de type $g(4)$ et P une variable de type $\langle s,\langle e,t\rangle\rangle$.

●

Appliquant cette « réduction » au m de notre exemple, nous aurons que

$$\lambda v_{n,e}\Big(\big[hv_{n,e}\big] \wedge \big[m\,\hat{}\lambda Q\big[\check{}Qv_{n,e}\big]\big]\Big)$$

devient

$$\lambda v_{n,e}\Big(\big[hv_{n,e}\big] \wedge \big[\check{}\,\hat{}\lambda Q\big[\check{}Qv_{n,e}\big]P\big]\Big)$$

pour une certaine valeur de la variable P. Par réduction, cette expression devient

$$\lambda v_{n,e}\Big(\big[hv_{n,e}\big] \wedge \big[\check{}Pv_{n,e}\big]\Big)$$

qui, cette fois, correspond bien à l'intuition. Remarquons que $\check{}P$ est de type $\langle e,t\rangle$, ce qui signifie qu'un verbe intransitif qui est réductible au premier ordre est un verbe pouvant s'interpréter comme une classe d'individus.

Une opération similaire peut être effectuée pour les traductions de verbes transitifs. Rappelons que les verbes transitifs se traduisent par des expressions de la catégorie $C_{\langle g(4),\langle g(4),t\rangle\rangle,LI}$.

DÉFINITION 3.5.3

Soit $\mathcal{M}$ un modèle K_0 de LI et $\zeta \in C_{\langle g(4),\langle g(4),t\rangle\rangle,LI}$. On dira que ζ est *(simplement) réductible au premier ordre relativement à son sujet* pour $\mathcal{M}$ si l'expression suivante est vraie relativement à $\mathcal{M}$:

$$\bigwedge Q \bigvee P \wedge R\big([[\zeta Q]R] \equiv [\check{}RP]\big),$$

où Q et R sont des variables de type $g(4)$ et P est une variable de type $\langle s,\langle e,t\rangle\rangle$.

●

Le sens de cette définition est clair : la traduction ζ d'un verbe transitif est réductible au premier ordre si pour n'importe quelle traduction d'un complément direct Q, $[\zeta Q]$ est réductible au premier ordre au sens de la définition 3.5.2.

La logique des prédicats du premier ordre n'est pas entièrement adéquate pour traduire certaines des relations que l'on exprime par des verbes transitifs. Dans cette logique, un énoncé tel **Marie trouve un chat** se traduit par $\exists x(x \text{ est un chat} \wedge a \text{ trouve } x)$. Cette traduction est correcte puisqu'elle exprime les bonnes conditions de vérité. Mais essayons maintenant de traduire **Marie imagine un chat qui parle**. La traduction $\exists x(x \text{ est un chat} \wedge x \text{ parle} \wedge a \text{ imagine } x)$ n'est pas adéquate, car on peut très bien imaginer quelque chose qui n'existe pas ! Ce problème ne se pose pas dans notre de cadre de traduction, puisque les verbes transitifs y sont interprétés comme des relations entre non pas des individus, mais des propriétés de propriétés d'individus. Toutefois, pour rendre compte du fait que certains verbes transitifs, comme **trouver**, peuvent être interprétés comme des relations entre individus, mais que certains autres, comme **imaginer**, ne le peuvent pas, Montague a introduit une autre forme de réductibilité.

DÉFINITION 3.5.4

Soit $\mathcal{M}$ un modèle K_0 de LI et $\zeta \in C_{\langle g(4),\langle g(4),t\rangle\rangle, LI}$.

On dira que ζ est *pleinement réductible au premier ordre* si l'expression suivante est vraie relativement à $\mathcal{M}$:

$$\bigvee S \bigwedge Q \bigwedge R\Big([[\zeta R]Q] \equiv \big[{}^{\vee}Q{}^{\wedge}\lambda w\big[{}^{\vee}R{}^{\wedge}\lambda v\big[{}^{\vee}[{}^{\vee}Sw]v\big]\big]\big]\Big),$$

où $S \in Var_{\langle s,\langle e,\langle s,\langle e,t\rangle\rangle\rangle\rangle, LI}$,

$w, v \in Var_{e, LI}$,

$Q, R \in Var_{g(4), LI}$.

●

Pour comprendre le sens de cette expression, remarquons que $\lambda w \lambda v\big[{}^{\vee}[{}^{\vee}Sw]v\big]$ est de type $\langle e,\langle e,t\rangle\rangle$, si bien qu'un verbe transitif pleinement réductible au premier ordre est un verbe qui peut s'interpréter comme une relation binaire entre individus.

Ces définitions nous permettent d'établir une distinction entre les verbes extensionnels et les verbes intensionnels. Un verbe intransitif est *extensionnel* (*VIE*) s'il est réductible au premier ordre ; il est *intensionnel* autrement. Il ne semble pas y avoir de verbe intransitif intensionnel ni en français ni en anglais (on peut même se demander si une telle chose est concevable). Les verbes intransitifs sont donc des *VIE*. Un verbe transitif peut être *extensionnel relativement à son sujet* (*VTES*), ou être *pleinement extensionnel* (*VTPE*), selon qu'il est réductible au premier ordre relativement à son sujet, ou pleinement réductible au premier ordre. Pour les verbes transitifs, on peut facilement trouver des exemples de verbes transitifs extensionnels relativement au sujet et de verbes transitifs pleinement extensionnels. Un exemple d'un *VTES* qui est aussi un *VTPE* est **trouver** (de même que **aimer**, **acheter** et **rencontrer**). Par contre, pour la raison évoquée plus haut, **imaginer** est un *VTES* qui n'est pas un *VTPE* (de même que **chercher** et **voir**, dans la mesure où il y a des illusions visuelles). Comme le nombre de verbes de base de la langue française est fini, il est possible d'énumérer les verbes de chacune de ces classes.

Encore une fois, ces distinctions vont nous permettre de caractériser une nouvelle classe de modèles.

DÉFINITION 3.5.5

La classe des *modèles logiquement possibles au sens strict* pour $\mathcal{L}(=\mathcal{L}_F)$ est la classe des modèles $\langle \mathcal{B}, \langle i_0, j_0 \rangle\rangle \in K_1$ tels que :

(a) pour tout $\alpha \in VIE$, $j(\alpha)$ est réductible au premier ordre au sens de la définition 3.5.2 ;

(b) pour tout $\alpha \in VTES$, $j(\alpha)$ est réductible au premier ordre relativement à son sujet au sens de la définition 3.5.3 ; et

(c) pour tout $\alpha \in VTPE$, $j(\alpha)$ est pleinement réductible au premier ordre au sens de la définition 3.5.4.

●

3.6 La traduction : quelques questions

Nous avons expliqué que l'assignation du type $\langle s, \langle\langle s, \langle e, t\rangle\rangle, t\rangle\rangle$ à la catégorie des noms propres se justifie par la volonté de ranger tous les sujets grammaticaux sous une même catégorie syntaxique. Mais on pourrait répliquer que ce souci de généralité ne justifie pas entièrement le type choisi. Le type $\langle\langle s, \langle e, t\rangle\rangle, t\rangle$ — celui des classes de propriétés d'individus — ferait tout aussi bien l'affaire, d'autant plus que s'il est sensé d'identifier un individu quelconque avec l'ensemble de ses propriétés, il est beaucoup moins intuitif de l'identifier avec une propriété de propriétés.

Cette remarque est judicieuse, mais elle ne tient pas compte d'un petit détail qui n'a pas échappé à la perspicacité de Montague. L'assignation du type $\langle\langle s, \langle e, t\rangle\rangle, t\rangle$ à la catégorie des noms propres nous conduirait à interpréter les verbes transitifs comme des relations entre des classes de propriétés. Or, dans le monde actuel, il n'y a ni licorne ni centaure, si bien que la classe des propriétés qu'une certaine licorne de notre monde possède est la même que celle des propriétés qu'un certain centaure de notre monde possède aussi, soit la classe vide ! Il découle de cette observation qu'en interprétant les verbes transitifs comme des relations entre classes de propriétés, **Jean imagine une licorne** est un énoncé qui a, dans le monde actuel, la même valeur de vérité que l'énoncé **Jean imagine un centaure**, ce qui est inexact. Toutefois, en interprétant les compléments **une licorne** et **un centaure** comme des *intensions* de classes de propriétés, le problème ne se pose plus car rien n'interdit *a priori* l'existence d'autres mondes possibles où il existe des licornes ou des centaures.

Ainsi se justifie pleinement la décision d'assigner à la catégorie des noms propres un type aussi abstrait que celui des propriétés de propriétés d'individus car, de cette manière, il est possible à la fois (1) d'assigner à tous les sujets grammaticaux une seule et unique catégorie syntaxique, (2) de faire de même pour tous les verbes transitifs, qu'ils soient pleinement extensionnels (comme **trouver**) ou seulement extensionnels relativement à leur sujet (comme **imaginer**), (3) de rendre compte des cas où le complément d'un verbe transitif (par exemple, **une licorne**, **un centaure**, **un chat qui parle**) ne renvoie à rien qui existe, et (4) de distinguer entre la dénotation de **imaginer (chercher, voir) une licorne** et celle de **imaginer (chercher, voir) un centaure**.

Il y a toutefois un autre « irritant », apparemment injustifiable cette fois, dans la traduction proposée par Montague, à savoir son analyse des noms propres de base. Nous avons montré dans l'exemple 3.5.1 que selon cette analyse, l'énoncé **Hespérus est Phosphorus** se traduit par $[x \equiv y]$. L'énoncé **Hespérus est Hespérus** se traduit de manière similaire par $[x \equiv x]$. Or, les variables étant *rigides*, $[x \equiv y]$ et $[x \equiv x]$ont la même intension dans tous les modèles où $[x \equiv y]$ est vrai. Par conséquent, les énoncés **Hespérus est Phosphorus** et **Hespérus est Hespérus** se voient attribuer exactement la même intension dans tous les modèles K_1 dans lesquels **Hespérus est Phosphorus** est vrai, ce qui est contre-intuitif à plus d'un point de vue (voir le chapitre suivant, section 4.4).

La cause de ce problème est le postulat (PS3) (définition 3.5.1), qui fait en sorte que chaque nom propre de base est interprété comme une fonction qui, étant donné un élément déterminé de D_e — appelons cet élément le *référent* du nom —, sélectionne à chaque monde possible la classe des propriétés que *cet* élément possède dans ce monde. Or si ce référent pouvait changer d'un monde à l'autre, le problème ne se poserait plus. Pour permettre cela de manière formelle, il suffit de remplacer (PS3) par le postulat très semblable que voici (toutes autres choses étant égales par ailleurs) :

(PS3') $(j(\alpha) \equiv {}^{\frown}\lambda P[{}^{\smile}Pc_{n,e}])$.

Selon ce postulat, le référent d'une traduction d'un nom propre de base n'est non plus la valeur d'une variable, valeur qui ne peut varier d'un monde à l'autre, mais la dénotation d'une *constante*, cette dénotation pouvant varier à travers les mondes. Soit j(**Hespérus**) = $c_{n,g(4)}$, j(**Phosphorus**) = $c_{m,g(4)}$, $c = c_{n,e}$ et $d = c_{m,e}$. Avec (PS3'), et en procédant comme dans l'exemple 3.5.1, la traduction de **Hespérus est Phosphorus** est $[c \equiv d]$. Puisque c et d sont des constantes, il ne s'ensuit pas que $[c \equiv d]$ a la même intension que $[c \equiv c]$dans tous les modèles où $[c \equiv d]$ est vrai.

Ceci démontre bien que la grammaire universelle n'impose pas une forme d'interprétation particulière d'un fragment quelconque d'un certain langage ; au contraire, elle est à la fois suffisamment générale et flexible pour pouvoir formuler précisément la manière dont *nous* pouvons interpréter un tel fragment.

Sur ce se termine notre présentation commentée de la grammaire universelle.

CHAPITRE IV

Application de la logique intensionnelle : adéquation et limites

4.1 Introduction

La logique intensionnelle a principalement été conçue pour fournir une analyse explicative d'une variété de phénomènes linguistiques dont la sémantique est qualifiée de *non extensionnelle*. Il s'agit de phénomènes dont l'explication requiert non seulement une analyse des expressions en termes de leurs dénotations mais aussi en termes de leurs sens. Ce chapitre a pour but de mettre en évidence l'adéquation ainsi que les limites de l'application de la logique intensionelle à l'étude des phénomènes non extensionnels.

Il existe plusieurs sortes de phénomènes linguistiques non extensionnels. Nous concentrerons notre attention sur les phénomènes induits par (1) les expressions non intersectives, (2) les contextes modaux et (3) les contextes d'attitude propositionnelle. Nous verrons que la logique intensionnelle rend compte de manière satisfaisante des phénomènes des deux premières sortes mais s'avère impuissante face à ceux de la troisième sorte.

4.2 Les expressions non intersectives

Nous avons vu au chapitre précédent comment un adjectif se combine à un nom commun pour former un nom commun « complexe ». Reprenons en détail un exemple très simple et considérons l'expression **table jaune**. Dans ce qui suit, nous supposerons que :

$$j(\textbf{table}) = \zeta \in Con_{\langle e,t\rangle} \quad \text{et} \quad j(\textbf{jaune}) = \eta \in Con_{\langle\langle s,\langle e,t\rangle\rangle,\langle e,t\rangle\rangle}.$$

$$k(\textbf{table jaune}) = H_8(\hat{}\zeta, \eta) = [\eta\hat{}\zeta].$$

Aucune contrainte n'est imposée à la fonction dénotée par η. Or dans notre exemple, nous aimerions qu'une table jaune soit une table et soit jaune. Autrement dit, il est intuitivement souhaitable que les objets qui sont des tables jaunes soient dans l'intersection de la classe des tables et de celle des objets jaunes. Un adjectif qui, comme **jaune**, renvoie à ce genre de propriété est dit intersectif.

DÉFINITION 4.2.1

Soit $\eta \in C_{\langle\langle s,\langle e,t\rangle\rangle,\langle e,t\rangle\rangle}$. On dira que η est *intersectif* pour le modèle $\mathcal{M}$ ssi l'expression suivante est vraie relativement à $\mathcal{M}$.

$\wedge\zeta \vee \beta \wedge \alpha[[[\eta\hat{}\zeta]\alpha] \equiv ([\beta\alpha] \wedge [\zeta\alpha])]$, où

$\alpha = v_{n,e}$, $\beta = v_{m,\langle e,t\rangle}$ et $\zeta = v_{n,\langle e,t\rangle}$.

●

Encore une fois, nous pouvons constater le caractère extrêmement général de la logique intensionnelle. En effet, il est facile de trouver des cas d'adjectifs non intersectifs. Par exemple, **gros microbe**, **grand menteur**, etc.

Remarquons que si un adjectif est intersectif, nous avons bien la propriété désirée. L'énoncé **Toute table jaune est jaune** est valide alors que **Tout grand menteur est grand** ne l'est pas, pas plus que **Tout gros microbe est gros**.

Remarquons aussi que le caractère non intersectif d'un adjectif n'est pas toujours une propriété intensionnelle. L'exemple des gros microbes qui ne sont pas dans l'intersection des entités qui sont grosses et qui sont des microbes le montre bien. On peut penser que **gros** dénote une fonction qui, pour une classe d'objets donnés, sélectionne ceux qui sont dans un certain intervalle par rapport à une mesure de grosseur. C'est pourquoi une petite étoile est plus grosse qu'un gros microbe ; et cela n'a rien à voir avec ce qui se passe dans les autres mondes.

4.3 Les contextes modaux

Nombreux sont les problèmes sémantiques où interviennent des contextes non extensionnels. Pour définir ce que l'on entend par contexte non extensionnel, nous allons d'abord définir la notion de contexte extensionnel.

Une occurrence d'une sous-expression α dans une expression A est *interchangeable* avec une expression β si la dénotation de A reste la même lorsque cette occurrence de α dans A est remplacée par β. L'occurrence de α est alors en *contexte extensionnel* dans A si elle est interchangeable avec *toute* expression β qui a la même dénotation que α. On comprendra que dans le cas d'un contexte extensionnel dans un *énoncé*, les expressions codénotatives sont intersubstituables *salva veritate*. Par exemple, dans l'énoncé vrai **Neuf est plus grand que sept**, l'occurrence du nom **Neuf** est en contexte extensionnel, car en lui substituant n'importe quelle expression codénotative, on obtient toujours un énoncé vrai. Par exemple :

Neuf est plus grand que sept.
Neuf est le nombre de planètes.
____
Le nombre de planètes est plus grand que sept.

Un contexte *non extensionnel* est un contexte qui n'est pas extensionnel. Le paradigme des contextes non extensionnels est le contexte de nécessité ou son dual, celui de possibilité. Un tel contexte est aussi qualifié de *modal* au sens strict. Dans les contextes modaux, les expressions codénotatives ne sont pas en général intersubstituables *salva veritate*. Nous en avons pour preuve le célèbre paradoxe de Quine :

(1) **Il est nécessaire que neuf soit plus grand que sept.**
Neuf est le nombre de planètes.
____
Il est nécessaire que le nombre de planètes soit plus grand que sept.

Manifestement, la cause du problème est que les contextes modaux sont non seulement sensibles à ce que sont les objets dans notre monde, mais aussi à ce qu'ils sont dans *tous les mondes possibles*. En l'occurrence, le système solaire compte de fait neuf planètes, mais il existe au moins un autre monde possible où il en compte moins que neuf. L'expression **le nombre de planètes** désigne le nombre neuf dans notre monde en vertu du nombre de planètes que compte de fait le système solaire, mais dans d'autres mondes la même expression, *étant donné ce qu'elle signifie*, désigne d'autres nombres.

Dans le cadre de la logique intensionnelle, les intensions des expressions sont caractérisées comme des fonctions de mondes possibles dans les extensions. Ces fonctions représentent en quelque sorte ce que les agents doivent connaître pour pouvoir utiliser correctement les expressions dans toutes situations possibles. Il semble alors naturel de penser que les contextes modaux sont sensibles non seulement aux extensions des expressions mais aussi (et surtout) à leurs intensions. Telle est précisément l'hypothèse de la logique intensionnelle.

Reformulons le paradoxe de Quine (**1**) dans la logique intensionnelle en fonction des traductions suivantes :

Expressions	Termes	Types[1]
neuf	η	*
sept	θ	*
le nombre de planètes	χ	*
être plus grand que	G	$\langle *,\langle *,t\rangle\rangle$

Nous avons donc :

$$\begin{array}{l} \Box[[G\eta]\theta] \\ [\eta \equiv \chi] \\ \hline \Box[[G\chi]\theta] \end{array}$$

Ce raisonnement n'est pas K_0-valide. En effet, η dans la première prémisse est en contexte modal. Or la seconde prémisse établit seulement l'identité des *dénotations*, non l'identité des *intensions*, des constantes η

1. Ici * représente le type des nombres naturels. Il y a plusieurs définitions possibles pour ce type. Le plus simple est de considérer les nombres naturels comme des individus, ce qui revient à leur assigner le type e. Plus intéressant serait d'identifier chaque nombre naturel comme l'ensemble des ensembles d'individus ayant ce nombre comme cardinalité, ce qui revient à considérer les nombres naturels comme des entités de type $\langle\langle e,t\rangle,t\rangle$. Un domaine dénombrable nous offre ainsi tous les nombres naturels. Soulignons par ailleurs que Alonzo Church dans [Chu40] a suggéré une manière intéressante de définir chaque expression de nombre naturel dans le langage de la théorie des types. Pour un type désigné τ donné, chacune des expressions numériques « 0 », « 1 », « 2 », « 3 », etc. est du type $\langle\langle \tau,\tau\rangle,\langle \tau,\tau\rangle\rangle$ et est définie comme ceci :

$0 =_{\text{déf.}} \lambda x_{\langle \tau,\tau\rangle}\lambda y_t y$

$1 =_{\text{déf.}} \lambda x_{\langle \tau,\tau\rangle}\lambda y_t [xy]$

$2 =_{\text{déf.}} \lambda x_{\langle \tau,\tau\rangle}\lambda y_t [x[xy]]$

etc.

L'analyse de notre problème ne requiert pas d'engagement ontologique et demeure neutre à propos du type des nombres naturels.

et χ, ce qui n'est pas suffisant pour garantir leur intersubstituabilité dans les contextes modaux.

La solution au paradoxe de Quine et à toutes autres anomalies du même genre où des contextes modaux sont en cause repose sur le diagnostic voulant que ces derniers ne sont pas extensionnels précisément parce qu'ils sont *intensionnels*. Définissons ce que nous entendons par contexte intensionnel. Soit une occurrence d'une sous-expression α dans une expression A ; cette occurrence est en *contexte intensionnel* dans A si elle n'est pas en contexte extensionnel, et elle est interchangeable avec toute expression β qui a la même intension que α. Dans la logique intensionnelle, $(\alpha \equiv \beta)$ signifie que les intensions de α et β sont identiques, ce qui nous amène à formuler cette règle de substitution valide même dans les contextes modaux :

Si $\alpha, \beta \in C_\tau$, $v \in Var_\tau$ est libre dans un terme ζ et α, β sont libres pour v dans ζ, alors $(\alpha \equiv \beta) \supset \left[\zeta\langle v|\alpha\rangle \equiv \zeta\langle v|\beta\rangle\right]$ est K_0-valide. Le lecteur aura reconnu la propriété déjà montrée dans l'exercice 2.3.21.

Nous appellerons cette règle la *règle de substitution en contexte modal* (**RSM**).

4.4 Les contextes d'attitude propositionnelle

L'expression *attitude propositionnelle* renvoie aux états psychologiques que les locuteurs entretiennent vis-à-vis des contenus exprimables par des énoncés. La croyance (*attitude doxastique*) et le savoir (*attitude épistémique*) sont des cas paradigmatiques d'attitude propositionnelle. À l'instar des modalités du nécessaire et du possible, les verbes d'attitude propositionnelle induisent des contextes non extensionnels, comme le montre clairement ce raisonnement, qui, selon une certaine lecture, n'est pas intuitivement valide :

(2) **Jean croit que Marie est sa meilleure amie.**
Marie est la femme qui complote contre Jean.
———————————————
Jean croit que la femme qui complote contre lui est sa meilleure amie.

Nous avons vu que la logique intensionnelle traite les contextes modaux comme des contextes intensionnels. Pouvons-nous en faire autant avec les contextes d'attitude propositionnelle ? En première analyse, nous sommes portés à répondre que oui. Telle est d'ailleurs l'hypothèse de l'analyse standard des énoncés d'attitude propositionnelle dans la logique intensionnelle. Selon cette hypothèse, un verbe d'attitude propositionnelle dénote une relation binaire entre des agents et des *propositions*. Or les propositions sont les intensions des énoncés, ce qui revient bien à dire que les contextes d'attitude propositionnelle sont des contextes intensionnels.

Quelle est la valeur de cette hypothèse ? Pour répondre à cette question, nous devons considérer deux sortes de raisonnement où interviennent des énoncés d'attitude propositionnelle : celle des raisonnements intuitivement valides et celle des raisonnements intuitivement non valides. D'une manière générale, la logique intensionnelle est en mesure de capturer la plupart, sinon la *totalité,* des raisonnements de la première sorte.

Considérons par exemple le raisonnement suivant :

(3) **Jean croit tout ce que Marie croit.**
Marie croit que la Terre est ronde.
____
Jean croit que la Terre est ronde.

Ce raisonnement est intuitivement valide et la logique intensionnelle nous en fournit une analyse adéquate. Soit C la constante désignée de type $\langle\langle s,t\rangle,\langle g(4),t\rangle\rangle$ tenant lieu de l'opérateur de croyance, α une variable de type $\langle s,t\rangle$, *je* et *ma* deux constantes de type $g(4)$ (celui des noms propres[2]) représentant respectivement les noms **Jean** et **Marie**, et soit φ une abréviation de la traduction de la phrase **La Terre est ronde** dans la logique intensionnelle (α n'apparaît nulle part dans φ). Une fois traduit dans la langue de la logique intensionnelle, (**3**) a la forme suivante :

$$\begin{array}{l} \bigwedge\alpha([[C\alpha]ma]\supset[[C\alpha]je]) \\ [[C\,\hat{}\,\varphi]ma] \\ \hline [[C\,\hat{}\,\varphi]je] \end{array}$$

Il est facile de vérifier que ce raisonnement est K_0-valide.

2. La problématique qui nous intéresse ici étant indépendante d'une assignation particulière de type à la catégorie des noms propres, on peut convenir, pour simplifier, que $g(4) = e$.

Voici un autre exemple :

(4) **Marie croit que la Terre est ronde ou que la Terre n'est pas ronde.**
Il est nécessaire que la Terre soit ronde ou non.

Il y a donc quelque chose que Marie croit et qui est nécessaire.

Encore une fois, ce raisonnement est intuitivement valide et, comme de fait, l'analyse que nous en donne la logique intensionnelle s'avère K_0-valide :

$$[[C^\frown(\varphi \vee \neg\varphi)]ma]$$

$$\square(\varphi \vee \neg\varphi)$$

$$\overline{\bigvee\alpha([[C\alpha]ma] \wedge \square\,{}^\smile\alpha)}$$

Il s'agit essentiellement d'une généralisation existentielle. Mais on notera que ce résultat dépend étroitement de l'hypothèse que les contenus de la croyance et les porteurs de la nécessité sont du même type : celui des propositions.

Certaines autres inférences intuivement valides posent cependant des difficultés. C'est le cas notamment de certains raisonnements où interviennent des énoncés de savoir. Il y a en logique épistémique un principe fondamental, appelé *principe de réflexivité*, selon lequel on ne peut connaître quelque chose de faux, si bien que tout ce qui est su est vrai. En vertu de ce principe, le raisonnement suivant est valide :

(5) **Marie sait que la Terre est ronde.**

La Terre est ronde.

Soit S la constante désignée de type $\langle\langle s,t\rangle,\langle g(4),t\rangle\rangle$ tenant lieu de l'opérateur de savoir. Une fois traduit dans la logique intensionnelle, **(5)** devient :

$$[[S^\frown\varphi]ma]$$

$$\overline{\varphi}$$

Or, ce raisonnement *n'est pas* K_0-valide, la cause étant évidemment que la vérité de φ n'est pas garantie dans tous les modèles logiquement possibles où la formule $[[S^\frown\varphi]ma]$ est vraie.

Notre problème est mineur toutefois, car il est toujours possible de restreindre la classe des modèles logiquement possibles de manière à satisfaire le principe de réflexivité.

DÉFINITION 4.4.1

La classe des modèles *épistémiquement possibles* est la plus petite classe K_2 telle que :

(i) $K_2 \subseteq K_0$;

(ii) si $\langle\langle B,(G_\gamma)_{\gamma\in\Gamma}, f\rangle,\langle i_0, j_0\rangle\rangle \in K_2$, alors pour tout $\langle i,j\rangle \in I \times J$ et pour tout $a,b \in B$ tel que $a \in M_{g(4),E,I,J}$ et $b \in M_{\langle s,t\rangle,E,I,J}$, $G_0(G_0(f(S),b),a)(i,j) = \mathbf{1}$ seulement si $b(i,j) = \mathbf{1}$.

●

La clause (ii) induit la réflexivité ; il est par conséquent facile de vérifier que le raisonnement traduisant (**5**), bien que non K_0-valide, est bel et bien K_2-valide.

Ces exemples ont pour but de montrer que l'analyse standard permet en principe de rendre compte adéquatement des raisonnements intuitivement valides où interviennement des modalités doxastiques, épistémiques ou autres. Pour les raisonnements intuitivement *non valides*, c'est une tout autre histoire.

Soulignons d'abord que pour un bon nombre de raisonnements intuitivement non valides, l'analyse standard donne de bons résultats. Par exemple, la non-validité intuitive de (**2**) s'explique de la même manière que la non-validité intuitive de (**1**). En effet, dans les contextes d'attitude propositionnelle tout comme dans les contextes modaux, les expressions codénotatives ne sont pas intersubstituables *salva veritate*, puisque cette substitution peut modifier la proposition. En l'occurrence, la proposition *Marie est la meilleure amie de Jean* n'est sans doute pas identique à la proposition *La femme qui complote contre Jean est la meilleure amie de Jean*, même si dans notre monde Marie et la femme qui complote contre Jean sont la même personne. L'analyse standard nous dit que selon la première prémisse de (**2**), le contenu de la croyance de Jean est la première proposition, non la seconde.

Malheureusement, l'analyse standard ne permet pas de bloquer toutes les inférences intuitivement non valides. Deux espèces de cas sont particulièrement révélateurs : le cas des désignateurs rigides et celui des équivalents logiques.

Voyons d'abord le cas des désignateurs rigides. Rappelons qu'en logique intensionnelle, on définit un désignateur rigide comme une expression dont l'extension ne varie pas à travers les mondes possibles. Nous savons que toutes les variables libres sont rigides, mais rien n'interdit aux constantes de l'être aussi. Ce qu'il faut noter, c'est que les désignateurs rigides qui ont la même extension ont aussi, par définition, la même intension. Cela s'exprime formellement comme ceci : si $\eta, \theta \in C_\tau, \nu \in Var_\tau$ et ν n'a pas d'occurrence libre ni dans η ni dans θ, alors $((\bigvee\nu(\eta \equiv \nu) \wedge \bigvee\nu(\theta \equiv \nu) \wedge [\eta \equiv \theta]) \supset (\eta \equiv \theta))$ est K_0-valide.

Peut-on raisonnablement considérer que la notion de rigidité ait un fondement réel dans les langues naturelles ? Il semble que oui. Les constantes logiques et mathématiques sont certainement rigides et dans la mesure où le vocabulaire des langues naturelles contient les principales d'entre elles, il existe vraisemblablement des désignateurs rigides naturels. Mais certains philosophes du langage vont plus loin en affirmant que d'autres types d'expressions des langues naturelles sont rigides également. Saul Kripke [Kri72] en particulier — à qui l'on doit d'ailleurs l'expression « désignateur rigide » — a mis de l'avant la théorie voulant que les noms propres « ordinaires » sont effectivement des désignateurs rigides. Voici un de ses arguments. Lorsque, par exemple, nous disons qu'une personne autre que Newton aurait pu découvrir la loi de la gravitation, nous exprimons dans notre langage ce qui en termes de mondes possibles signifie :

> Il existe un monde possible où Newton n'est pas le découvreur de la loi de la gravitation.

Or, il semble assez évident que dans le contexte de cette formulation, le nom **le découvreur de la loi de la gravitation** ne désigne pas Newton mais quelqu'un d'autre (sinon, il y aurait contradiction), mais que le nom **Newton** désigne bien notre Newton, pas quelqu'un d'autre. Par conséquent, **Newton** désigne le même homme à travers tous les mondes possibles. Généralisant ce raisonnement, on conclut que la dénotation de tout nom propre ordinaire est insensible aux contextes modaux. D'où la conséquence que tout énoncé d'identité entre deux noms propres qui est vrai, est aussi nécessairement vrai.

Cette dernière considération est tout à fait compatible avec l'analyse des noms propres de base suggérée par Montague et que nous avons présentée au chapitre III (section 3.5). Selon cette analyse, tout énoncé d'identité entre deux noms propres de base se traduit par un énoncé d'identité entre deux *variables*. Or les variables sont des désignateurs rigides, si bien que tout énoncé d'identité entre deux variables qui est vrai, est également nécessairement vrai. Mais cela implique, étant donné que les noms **Hespérus** et **Phosphorus** sont des noms propres de base, que le raisonnement que voici, qui est nettement intuitivement non valide, est K_1-valide :

(6) **Les Anciens ignoraient que Hespérus est Phosphorus.**
Hespérus est Phosphorus.

Les Anciens ignoraient que Hespérus est Hespérus.

Nous avons cependant montré, à la section 3.6, comment éviter la K_1-validation de ce raisonnement : il suffit de substituer (PS3') à (PS3) dans la définition 3.5.1 de la classe des modèles K_1. Néanmoins, nous voyons très bien le problème : un partisan de la rigidité des noms propres peut tenir pour vraies les prémisses de (**6**), et donc identifier les intensions des noms **Hespérus** et **Phosphorus**, sans tenir pour vraie sa conclusion. Il y a donc paradoxe.

La seule conclusion que nous pouvons tirer dans l'immédiat est que les noms propres de base ne sont pas des désignateurs rigides, à moins que les contextes d'attitude propositionnelle ne soient pas intensionnels. Si cette dernière alternative est exacte, c'est l'analyse standard elle-même qui est en faute.

Tournons-nous maintenant vers les équivalents logiques. Pour l'analyse standard, les équivalents logiques posent un problème incontournable, connu sous le nom de *problème de l'omniscience logique*. En vertu même des règles d'interprétation de la logique intensionnelle, les équivalents logiques ont les mêmes valeurs de vérité dans tous les mondes de tous les modèles logiquement possibles et expriment de ce fait la même proposition dans chaque modèle. Mais cela implique, si l'analyse standard est exacte, que les équivalents logiques sont intersubstituables *salva veritate* dans tout contexte d'attitude propositionnelle. Plus précisément, si φ, ψ sont deux énoncés logiquement équivalents, alors $(\varphi \equiv \psi)$ est K_0-valide et donc *dérivable* dans la logique intensionnelle, si bien que la forme de raisonnement suivante est valide (où $\zeta \in C_{g(4)}$):

$$\frac{[[S^\frown \varphi]\zeta]}{[[S^\frown \psi]\zeta]}$$

Il n'est pas difficile de se rendre compte que cela mène à des résultats indésirables. Aucun agent normalement constitué ne sait, ni d'ailleurs ne peut reconnaître tous les équivalents logiques.

Plusieurs analyses ont été suggérées pour rendre compte de ces anomalies. Certaines suggestions n'ont eu que très peu de suites, tandis que d'autres ont connu des développements importants. Parmi ces dernières, certaines s'appliquent uniquement au problème de la non-substituabilité des équivalents logiques, d'autres s'appliquent uniquement au problème de la non-substituabilité des items lexicaux coïntensifs — tels les désignateurs rigides codénotatifs — et, enfin, un petit nombre s'appliquent aux deux genres de problèmes. Nous allons en présenter brièvement quelques-unes afin de donner un aperçu, très succinct mais quand même révélateur, de l'étendue et de la complexité de la problématique de la sémantique des énoncés d'attitude propositionnelle. Mais notre position à ce sujet est claire : nous ne pensons pas qu'il existe une solution unique et naturelle à *tous* les aspects de cette problématique. Ce qui suit vise également à le démontrer.

4.5 Quelques essais pour « sauver les apparences »

4.5.1 Les mondes impossibles

Richard Montague était conscient du problème de la non-interchangeabilité des équivalents logiques dans les contextes d'attitude propositionnelle. Pour contourner cette difficulté, il suggéra de restreindre, dans ces contextes, l'interchangeabilité aux expressions qui ont la même dénotation non seulement dans tous les modèles logiquement possibles (les modèles K_0) mais aussi dans *tous* les modèles, donc, en particulier, dans les modèles où les constantes logiques n'ont pas leur dénotation classique. Les formules logiquement équivalentes (les formules K_0-valides) ne seraient alors plus interchangeables. Par exemple, bien que φ et $\neg\neg\varphi$ soient logiquement équivalentes, il existe des modèles où elles n'ont pas la même valeur de vérité, notamment les modèles où φ est vraie et la négation désigne la fonction constante sur le faux. On comprend alors que dans les modèles de ce genre — appelons-les modèles $\overline{K_0}$ — certaines formules valides (par exemple, $[\varphi \equiv \neg\neg\varphi]$) peuvent être fausses. Montague qualifiait de « non actualisables » les points de référence $\langle i, j\rangle$ des modèles $\overline{K_0}$. Qualifions d'*impossibles* tous les mondes i des points de référence non actualisables $\langle i, j\rangle$. La suggestion de Montague revient donc à ceci : autoriser l'existence de mondes impossibles dans les modèles afin d'introduire des différences entre les propositions (ensembles de mondes) exprimées par certaines formules logiquement équivalentes.

Bien que Montague n'ait pas exploité cette avenue, d'autres théoriciens, dont notamment Max Cresswell [Cre72] et V. Rantala [Ran82], l'ont empruntée dans le but de traiter plusieurs aspects du problème de l'omniscience logique. Cette approche donne des résultats satisfaisants dans la mesure où les inférences indésirables y sont effectivement non valides. Mais il y a quand même des problèmes.

D'abord, le principe des mondes impossibles est intuitivement peu plausible. Il est loin d'être évident que les cas d'échec de la substitutivité des équivalents logiques dans les contextes d'attitude propositionnelle dépendent d'une mauvaise interprétation des constantes logiques. Une autre critique, plus technique et que l'on doit à Reinhard Muskens

[Mus91], est que la sémantique des mondes impossibles, du moins dans les variantes qui en ont été proposées jusqu'ici, n'est pas compositionnelle. Puisque la critique de Muskens porte plus précisément sur la sémantique de Rantala, voyons dans le détail cette dernière.

Techniquement, la sémantique de Rantala est une généralisation de la sémantique de Kripke [Kri63] pour la logique modale propositionnelle, mais en interprétant l'opérateur de nécessité comme l'opérateur de savoir, elle devient une sémantique de la logique épistémique propositionnelle qui n'autorise pas, entre autres choses, l'interchangeabilité des énoncés logiquement équivalents. On voit aussi très bien comment cette sémantique, moyennant certaines adaptations, pourrait être généralisée à la logique intensionnelle.

Le vocabulaire minimal du langage de la logique épistémique propositionnelle comprend des formules atomiques, les connecteurs logiques classiques primitifs (la négation « ¬ » et la conjonction « ∧ ») qui entrent dans la construction des formules complexes, et l'opérateur de savoir « S ». Si φ est une formule, alors $S\varphi$ est une formule qui, intuitivement, signifie que φ exprime un savoir d'un agent arbitraire. Un *modèle de Rantala* pour ce langage est un quadruplet $\langle I, I^*, R, V\rangle$ où I est un ensemble non vide de mondes *possibles*, I^* un ensemble possiblement vide de mondes *impossibles*, R une relation binaire (relation d'accessibilité) entre des éléments de $I \cup I^*$ et V est une fonction qui assigne à chaque formule et à chaque monde dans $I \cup I^*$ un élément de $\{\mathbf{0}, \mathbf{1}\}$ en respectant les contraintes que voici :

(i) si $i \in I$, alors $V(\neg\varphi, i) = \begin{cases} \mathbf{1} \text{ si } V(\varphi, i) = \mathbf{0} \\ \mathbf{0} \text{ autrement} \end{cases}$

(ii) si $i \in I$, alors $V((\varphi \wedge \psi), i) = \begin{cases} \mathbf{1} \text{ si } V(\varphi, i) = V(\psi, i) = \mathbf{1} \\ \mathbf{0} \text{ autrement} \end{cases}$

(iii) si $i \in I$,

alors $V(S\varphi, i) = \begin{cases} \mathbf{1} \text{ si } V(\varphi, j) = \mathbf{1} \text{ pour tout } j \in I \cup I^* \text{ tel que } iRj \\ \mathbf{0} \text{ autrement} \end{cases}$

On constate que dans les mondes possibles, les constantes logiques reçoivent leur interprétation classique alors que dans les mondes impossibles, elles n'ont pas d'interprétation définie. La clause (iii) signifie intuitivement ceci : l'agent sait que φ à un monde i si φ est vraie dans tous les mondes compatibles avec la connaissance de l'agent (notez que les mondes impossibles comptent aussi comme alternatives épistémiques)[3].

Deux formules φ et ψ sont dites *logiquement équivalentes* dans ce système si $V(\varphi,i)=V(\psi,i)$ relativement à tout $i\in I$ de tous les modèles $\langle I, I^*, R, V\rangle$. Les équivalents logiques ne sont donc pas interchangeables partout. Par exemple, pour une formule atomique arbitraire p, p et $\neg\neg p$ sont logiquement équivalentes, mais il est facile de construire un modèle dans lequel Sp et $S\neg\neg p$ ont des valeurs de vérité différentes relativement à un monde possible[4].

On constate cependant que dans cette sémantique, la valeur de vérité d'une formule complexe, relativement à un monde impossible, peut ne pas dépendre des valeurs de ses parties et être complètement arbitraire. Cela est une propriété plutôt bizarre. En particulier, étant donné deux formules atomiques p et q, il est facile de construire des modèles où $V(p, i) = V(q, i)$ relativement à tout $i\in I\cup I^*$ mais en même temps, $V(S\neg p,j)\neq V(S\neg q,j)$ relativement à un $j\in I^*$. Or, deux formules qui ont les mêmes valeurs de vérité dans tous les mondes, y compris les mondes impossibles, devraient être interchangeables partout selon le principe de compositionalité. Comme l'a souligné Muskens, tout fonctionne comme si la valeur de $S\neg p$ pouvait dépendre de la manière dont est désignée la proposition exprimée par p ! Bien que cette propriété ne manque pas d'attrait, elle ne s'accorde absolument pas avec l'approche actuellement discutée.

Pour rétablir la compositionalité, Muskens propose de traiter les constantes logiques (« $\neg$ », « $\wedge$ », etc.) de façon standard, c'est-à-dire syncatégorématiquement, en définissant *classiquement* les conditions de vérité des formules complexes construites à l'aide de ces constantes ; mais il propose aussi de formaliser les mots du langage ordinaire qui correspondent aux constantes logiques (**non**, **et**, etc.) comme des constantes *non logiques* — des catégorèmes — qui se voient assigner leur

3. On peut convenir que tous les mondes sont des alternatives épistémiques de l'agent ; dans ce cas, la relation R peut être éliminée.

4. Le système a d'autres propriétés intéressantes concernant la logique du savoir. Une formule φ est dite *valide* dans ce système si $V(\varphi,i)=\mathbf{1}$ relativement à tout $i\in I$ de tous les modèles $\langle I, I^*, R, V\rangle$. N'est donc plus valide le principe voulant que la connaissance soit fermée sous le *modus ponens* : $S(\varphi\supset\psi)\supset(S\varphi\supset S\psi)$; le principe non moins suspect de nécessitation (*si* φ *est valide, alors* $S\varphi$ *est valide*) ne tient pas non plus. Notons toutefois que ces deux principes ne sont pas valides dans la logique intensionnelle.

valeur classique dans tous les mondes possibles mais pas nécessairement dans les mondes impossibles[5].

Le système qui en résulte est compositionnel : la valeur d'une expression complexe est toujours fonction des valeurs de ses parties. Mais bien que les formules logiquement équivalentes et uniquement formées de catégorèmes (et peut-être aussi de variables et de l'abstracteur) ne soient plus interchangeables partout, les *autres* formules logiquement équivalentes le soient (par exemple, toute formule φ est interchangeable avec $\neg\neg\varphi$)[6].

Qu'en est-il maintenant du problème de la non-substituabilité des items lexicaux coïntensifs ? Les constantes logiques ne sont pas en cause ici. Si **Hespérus** et **Phosphorus** désignent le même astre dans tous les mondes, y compris les mondes impossibles, alors ils sont interchangeables partout. La seule solution envisageable serait de définir la coïntensivité comme l'identité des dénotations à travers tous les mondes *possibles*. Deux constantes qui seraient coïntensives désigneraient donc la même chose à travers tous les mondes possibles mais pas forcément à travers tous les mondes impossibles. Techniquement cela fonctionnerait, mais on ne peut s'empêcher d'y voir là une solution plutôt *ad hoc*.

4.5.2 L'analyse citationnelle

Selon plusieurs théoriciens, l'échec de l'interchangeabilité des équivalents logiques dans les contextes d'attitude propositionnelle est le signe indiscutable que les contenus des attitudes sont tout autres choses que des propositions. Les plus radicaux parmi eux pensent que ce sont les énoncés eux-mêmes qui forment les contenus des attitudes propositionnelles. C'est ce que soutient l'analyse citationnelle. Par exemple, selon cette analyse, l'énoncé

(7) Marie croit que la Terre est ronde

signifie quelque chose du genre :

---

5. Bien entendu, ces catégorèmes dénotent toujours des fonctions de leur type : **non** dénote une fonction de type $\langle t,t\rangle$, **et** dénote une fonction de type $\langle t,\langle t,t\rangle\rangle$, etc.

6. Cet aspect du système n'est pas forcément un défaut. Il est en un sens désirable de conserver un cadre classique. Sinon, on peut envisager deux solutions : ou bien traiter les constantes logiques comme des catégorèmes (plus besoin alors de corrélats de ces constantes dans le vocabulaire), ou bien restreindre la portée des verbes d'attitude propositionnelle à la classe des formules uniquement formées de catégorèmes.

(8) Marie est favorablement disposée à donner son assentiment à l'énoncé **La Terre est ronde**.

De toute évidence, cette lecture n'autorise ni la substitution des énoncés logiquement équivalents ni la substitution des énoncés qui diffèrent entre eux seulement parce qu'ils sont constitués d'items lexicaux coïntensifs. Il y a cependant de sérieuses objections logiques et philosophiques contre cette approche.

D'abord, l'analyse citationnelle permet certes de bloquer toutes les inférences intuitivement non valides, mais elle pèche aussi par excès en bloquant plusieurs inférences intuitivement *valides*, comme : **Marie croit que Paris est la capitale de la France, donc Marie croit que la capitale de la France est Paris**. On s'interdit donc la substitution d'équivalents logiques relativement simples. On pourrait répliquer que ce défaut n'égale pas en gravité celui dont souffre l'analyse standard, qui rend valides les inférences les plus irréalistes. Mais c'est un défaut quand même — et on ne corrige pas vraiment un défaut en le remplaçant par un autre[7].

Une autre difficulté logique concerne la formalisation des raisonnements du genre de celui-ci :

Marie croit que la Terre est ronde.

Il y a quelque chose que Marie croit être rond.

La conclusion de ce raisonnement exprime une croyance *de re*, c'est-à-dire une croyance à propos d'un objet indépendamment de la manière dont il est désigné. Pouvoir formaliser les attitudes *de re* est souhaitable pour fin d'analyse philosophique et, dans le cadre de l'analyse standard, cela ne pose pas de problème particulier. Par contre, l'analyse citationnelle ne peut pas, en principe même, formaliser les attitudes *de re*. Ce serait en effet confondre usage et mention que de prêter un sens à une formule comme celle-ci :

> Il y a un *objet* α tel que Marie est favorablement disposée à donner sont assentiment à l'énoncé α **est rond**[8].

---

7. Incidemment, la sémantique des mondes impossibles souffre du même défaut. Par exemple, l'identité peut ne pas être symétrique dans un monde impossible. Notre exemple de raisonnement est donc lui aussi non valide dans cette sémantique.

8. La formule aurait toutefois un sens si la quantification était substitutionnelle. Elle signifierait alors quelque chose du genre : Il y a un *nom* α (en l'occurrence, **la Terre**) tel que Marie est favorablement disposée à

L'analyse citationnelle fait également face à un problème d'adéquation empirique. C'est Rudolf Carnap [Car47] qui remarquait qu'un énoncé comme (**7**) ne peut pas se traduire par (**8**), car le premier peut être vrai sans que le second ne le soit : il est possible, par exemple, que Marie ne comprenne pas le français ! Autrement dit, si une même croyance peut être exprimée dans de nombreux langages différents, alors l'analyse citationnelle est fausse. Même une lecture plus prudente, comme celle-ci :

(**9**) Marie est favorablement disposée à donner son assentiment à un certain énoncé d'un certain langage qui a la même signification que l'énoncé **La Terre est ronde**,

ne ferait pas l'affaire. En effet, on ne sait pas ce que veut dire « avoir la même signification » si on n'a pas préalablement défini les objets que sont les significations. Tous les partisans de l'analyse citationnelle rejetterons l'idée que les significations des énoncés sont des propositions, car la lecture (**9**) équivaudrait à l'analyse standard[9].

L'analyse citationnelle a sans doute un certain fondement dans la réalité car il semble qu'il y ait des cas où la croyance porte effectivement sur des énoncés. Les croyances portant sur des énoncés mathématiques en seraient des exemples. Mais nous avons vu que cette analyse est inadéquate pour traiter certains autres cas : elle est donc, au mieux, incomplète.

---

donner son assentiment à l'énoncé α **est rond**. Mais la quantification substitutionnelle requiert que toute chose ait un nom, ce qui est loin d'être le cas ; de surcroît, cela est impossible s'il y a une quantité non dénombrable d'objets.

9. Certains, dont Robert Stalnaker [Sta76], ont formulé un reproche plus philosophique à l'endroit de l'analyse citationnelle. Le blâme est que si (**9**) ou toute autre lecture similaire était juste, seuls les agents linguistiques auraient des croyances, ce qui est loin d'être évident. On peut, en effet, raisonnablement concevoir des êtres qui ont des croyances, des connaissances et des désirs, mais qui n'en ont aucune représentation linguistique. Nous attribuons d'ailleurs fréquemment des croyances à nos animaux domestiques, bien que tous les linguistes du monde s'accordent pour dire qu'aucune espèce d'animaux domestiques ne possède un langage articulé.

4.5.3 L'analyse en termes de structure intensionnelle

L'analyse qui nous intéresse maintenant entretient à l'origine un certain lien avec l'analyse citationnelle, mais elle s'en est détachée complètement par la suite. L'interprétation de (**7**) selon (**9**) ne souffrirait pas du reproche que nous lui avons adressé si elle s'accompagnait d'une notion de signification à la fois plus précise et plus discriminante que la notion d'intension. Or, Rudolf Carnap [Car47] a suggéré que cette notion pourrait être celle de *structure intensionnelle.* La structure intensionnelle d'un énoncé est la suite structurée des intensions de ses parties[10]. Plus un énoncé est complexe — plus le nombre d'expressions qui le constituent est grand — plus sa structure intensionnelle l'est aussi. Deux énoncés arbitraires sont dits *intensionnellement isomorphes* s'ils ont la même structure intensionnelle. Tous les énoncés intensionnellement isomorphes expriment la même proposition, mais non l'inverse. Par exemple, les énoncés **Pierre est malade ou Pierre n'est pas malade** et **Jean est chauve ou Jean n'est pas chauve** expriment la même proposition (ils sont logiquement équivalents) mais ne sont pas intensionnellement isomorphes (**Pierre** et **Jean** expriment des concepts individuels différents et la propriété d'être malade n'est pas celle d'être chauve).

Carnap a introduit la notion de structure intensionnelle dans le but de résoudre le problème que posait (**9**). Mais si les structures intensionnelles des énoncés sont leurs véritables significations, pourquoi ne pas laisser tomber les énoncés ? Pourquoi ne pas considérer que les contenus des attitudes propositionnelles sont les structures intensionnelles

---

10. Les structures intensionnelles carnapéennes sont des objets similaires aux « *meanings* » de David Lewis [Lew72], ces derniers étant définis comme des arbres sans nœud terminal, ayant à chaque nœud une catégorie et une intension appropriées. Pour donner une idée plus précise de cette notion, considérons le cadre linguistique du calcul propositionnel. Assignons à chaque symbole propositionnel φ une intension $I(\varphi)$ (fonction de mondes dans $\{\mathbf{0}, \mathbf{1}\}$) ; assignons de plus à chaque connecteur * une intension $I(*)$ (fonction constante de mondes sur une fonction de vérité). On peut alors assigner récursivement une structure intensionnelle $\sigma(\varphi)$ à chaque formule φ comme ceci : (i) Si φ est un symbole propositionnel, alors $\sigma(\varphi) = I(\varphi)$; (ii) si φ est une formule et * est un connecteur unaire, alors $\sigma(*\varphi) = \langle I(*), \sigma(\varphi)\rangle$; (iii) si φ et ψ sont des formules et * est un connecteur binaire, alors $\sigma(\varphi * \psi) = \langle \sigma(\varphi), I(*), \sigma(\psi)\rangle$. Par exemple :

$$\begin{aligned}\sigma(\neg(p \wedge q)) &= \langle I(\neg), \sigma(p \wedge q)\rangle \\ &= \langle I(\neg), \langle \sigma(p), I(\wedge), \sigma(q)\rangle\rangle \\ &= \langle I(\neg), \langle I(p), I(\wedge), I(q)\rangle\rangle.\end{aligned}$$

elles-mêmes ? Après tout, l'idée que les contenus des attitudes propositionnelles dépendent crucialement des concepts utilisés pour les exprimer est loin d'être contre-intuitive.

Max Cresswell [Cre75] fut le premier a avoir développé cette idée dans un cadre formel. S'intéressant aux énoncés de croyance, il suggéra d'interpréter le verbe **croire** comme une expression dénotant une relation entre des agents et des structures intensionnelles ; formellement, c'est une fonction de $E \times \Sigma$ dans $\{\mathbf{0}, \mathbf{1}\}$, où E est l'ensemble des individus et Σ l'ensemble des structures intensionnelles. Malheureusement, cette caractérisation se heurte à un problème technique important, nommé « problème de la réitération ».

Le problème peut se présenter comme ceci. D'abord, tout énoncé de croyance est un énoncé et, à ce titre, il peut à l'occasion se trouver lui-même dans la portée du verbe de croyance, comme dans cet exemple :

(10) Paul croit que Marie croit que la Terre est ronde.

Or, l'énoncé **Marie croit que la Terre est ronde** doit aussi avoir une structure intensionnelle — désignons cette structure par x — et pour évaluer (**10**), il faut appliquer la fonction que dénote le verbe **croire** — désignons cette fonction par f — à la paire ordonnée formée de l'individu Paul et de x. Le problème, c'est que l'intension du verbe **croire** doit faire partie de x et cette intension doit être une fonction de mondes dont la valeur pour un certain monde est f ! Or, il est impossible de définir une telle fonction dans la théorie standard des ensembles[11].

Il n'y a pas de solution simple à ce problème. La moins compliquée, et en même temps la plus radicale, consisterait à interdire toute réitération du verbe de croyance. Mais cette solution n'est pas désirable si l'on veut rester dans un cadre linguistique véritablement général. Cresswell [Cre72], de son côté, préconise plutôt d'identifier la structure intensionnelle de tout énoncé de croyance à son intension. Cette solution ne comporte pas de défaut notable, mais on pourrait lui reprocher son manque de généralité, au niveau sémantique cette fois. John Bigelow [Big78a] a pour sa part suggéré une solution qui s'inspire de la théorie cumulative des types. Elle consiste à introduire une hiérarchie infinie d'instances du verbe **croire**, chacune de ces instances dénotant une fonction d'un degré supérieur à la fonction dénotée par l'instance qui la précède. Mais cette solution comporte plusieurs défauts importants. Premièrement, elle donne lieu à un système compliqué qui est très loin

11. L'impossibilité est exactement la même que pour une fonction $h : A \rightarrow A$ telle que $h \in A$.

d'être naturel : il n'y a pas de hiérarchie infinie d'instances du verbe de croyance dans les langues naturelles. Deuxièmement, et par conséquent, elle exclut que le cadre linguistique soit représentable de façon finie. Troisièmement, comme l'a souligné Cresswell [Cre85], elle ne permet pas d'analyser toutes les formes de quantification à l'intérieur des contextes de croyance. Par exemple, elle ne permet pas d'interpréter un énoncé du genre : **Certaines des choses que Marie croit sont vraies**, car il est impossible de déterminer une limite supérieure à la hiérarchie des instances du verbe **croire**. Une autre solution, encore suggérée par Bigelow [Big78b], consiste en gros à assigner aux structures intensionnelles des *ersatz* d'elles-mêmes et à définir le domaine de la fonction dénotée par le verbe de croyance comme le produit de E et de l'ensemble de ces *ersatz*. Mais le système qui en résulte est encore plus compliqué que le précédent.

De notre côté [Lap92a] [Lap94], nous avons montré que d'un point de vue logico-mathématique, le problème de la réitération est un problème de cardinalité. En conséquence, la solution que nous avons proposée et appliquée consiste à utiliser des *domaines de Scott*. Dana Scott [Sco72] a montré qu'il est possible de construire des domaines D pouvant satisfaire de nombreux homéomorphismes, comme ceux-ci :

$$D \cong [D \rightarrow D] \cong D \times [D \rightarrow D].$$

Ces homéomorphismes permettent de simuler l'auto-application fonctionnelle. Par exemple, étant donné un homéomorphisme (bijection continue) $f: D \rightarrow [D \rightarrow D]$ et un élément $x \in D$, $x(x)$ se calcul comme $(f(x))(x)$[12]. Mais l'application de la notion de domaine de Scott à l'analyse de notre problème donne lieu à un système très compliqué qui s'éloigne assez considérablement du cadre standard. En particulier, tous les domaines sémantiques doivent être partiellement ordonnés, toutes les fonctions doivent être continues et les constantes logiques ne peuvent plus se comporter de façon classique.

Indépendamment de cette fâcheuse difficulté, l'analyse en termes de structure intensionnelle est impuissante face au problème de la non-substituabilité des items lexicaux coïntensifs. La structure intensionnelle d'un item lexical coïncide avec son intension, car celle-ci n'est pas fonction d'intensions plus élémentaires. Il s'ensuit, par exemple, que si **Hespérus** et **Phosphorus** ont la même intension, alors les énoncés

---

12. On trouvera un exposé simplifié de la technique de construction dans [Sco73] ; un autre excellent exposé sur les domaines de Scott est [Bar81], chap. 18, sec. 2.

Hespérus est Hespérus et **Hespérus est Phosphorus** ont la même structure intensionnelle. Des inférences intuitivement non valides telle (**6**) sont donc quand même validées. La notion de structure intensionnelle n'apparaît donc pas assez discriminante dans certains cas.

À l'opposé, la notion de structure intensionnelle est *trop* discriminante dans certains autres cas ! En effet, la structure intensionnelle étant une suite, l'ordre de ses éléments est crucial. Par exemple, la structure intensionnelle de l'énoncé **Paris est la capitale de la France** est différente de celle de l'énoncé **La capitale de la France est Paris**. Or, on serait plutôt porté à attribuer le même sens à ces deux énoncés. Cela signifie que l'analyse en termes de structure intensionnelle n'est pas complètement exempte du même défaut que l'analyse citationnelle, car elle ne valide pas certaines inférences simples (comme l'inférence **Marie croit que Paris est la capitale de la France, donc Marie croit que la capitale de la France est Paris**)[13].

Plusieurs chercheurs ne désespèrent pas pour autant de réussir à formaliser la notion de signification de façon à éviter les précédentes imperfections. Parmi eux, signalons Daniel Vanderveken [Van90], qui propose une théorie de la proposition qui se veut adéquate pour traiter les raisonnements où interviennent des actes illocutoires. Notons que la caractérisation standard de la notion de proposition ne rend pas compte adéquatement des actes illocutoires. Par exemple, les énoncés **2 + 2 = 4** et **L'arithmétique est incomplète** sont tous les deux vrais dans tous les mondes possibles et expriment donc la même proposition selon l'analyse standard. Cependant, affirmer que 2 + 2 = 4 n'est pas affirmer que l'arithmétique est incomplète. Les difficultés de cette sorte sont évidemment très similaires, pour ne pas dire de même nature que celles rencontrées dans la sémantique des énoncés d'attitude propositionnelle.

À l'instar de la théorie de la signification qui est sous-jacente à l'analyse en termes de structure intensionnelle, la théorie de Vanderveken tient compte des valeurs sémantiques des expressions formant les énoncés. Toutefois, cette théorie ne tient pas compte de l'ordre de ces mêmes constituants sémantiques. Pour en donner une idée plus précise, résumons-en la partie traitant de la proposition élémentaire. Par *proposition élémentaire*, on entend le sens d'un énoncé atomique de

---

13. Cette critique est en un sens abusive. Comme nous l'avons fait remarquer dans [Lap94], l'analyse en termes de structure intensionnelle se veut une extension de l'analyse standard qui n'enlève rien à celle-ci. Cela signifie que l'on doit toujours pouvoir spécifier dans le formalisme que le contenu d'une attitude propositionnelle est une proposition (ensemble de mondes) et non une structure intensionnelle. Le formalisme de [Cre75] ainsi que celui que nous avons mis au point satisfont cette exigence.

la forme $\Phi\alpha_1 ... \alpha_n$, où Φ est un prédicat n-aire et $\alpha_1, ..., \alpha_n$ sont des noms d'individus. Φ a pour valeur sémantique un attribut n-aire (une fonction de l'ensemble I des mondes possibles dans le n-ième produit cartésien de l'ensemble E des individus) et chaque $\alpha_k (1 \leq k \leq n)$ a pour valeur sémantique un concept individuel (une fonction de I dans E). La proposition exprimée par $\Phi\alpha_1 ... \alpha_n$ est alors définie comme la paire ordonnée $\langle\{f, a_1, ..., a_n\}, g\rangle$, où f est l'attribut exprimé par Φ, chaque a_k est le concept individuel exprimé par α_k, et g est la *condition de vérité* de $\Phi\alpha_1 ... \alpha_n$, soit une fonction de I dans $\{\mathbf{0}, \mathbf{1}\}$ telle que pour tout $i \in I, g(i) = \mathbf{1}$ ssi $\langle a_1(i), ..., a_n(i)\rangle \in f(i)$. Cette caractérisation permet de considérer valides de nombreuses inférences qui le sont intuitivement mais que l'analyse en termes de structure intensionnelle interdit. Par exemple, en définissant l'attribut d'identité *id* comme ceci :

$$id : I \to E \times E$$
$$i \mapsto \{\langle x, x\rangle : x \in E\},$$

l'énoncé **Paris est la capitale de la France** exprime une proposition de la forme $\langle\{id, a, b\}, g\rangle$ qui est identique à la proposition exprimée par l'énoncé **La capitale de la France est Paris**. Il s'ensuit que l'inférence **Marie croit que Paris est la capitale de la France, donc Marie croit que la capitale de la France est Paris** est valide dans le cadre de cette théorie.

Vanderveken a pu mettre au point une généralisation de sa théorie des propositions élémentaires qui intègre, entre autres choses, les propositions complexes. Cependant, du point de vue de la sémantique des énoncés d'attitude propositionnelle, il y a encore des lacunes. En particulier, quel que soit son niveau de sophistication, cette théorie se heurte elle aussi au problème de la non-substituabilité des items lexicaux coïntensifs. En outre, il appert que le problème technique de la réitération des verbes d'attitude propositionnelle se pose toujours dans le cadre de cette théorie.

4.6 Conclusion

Pour résumer, la logique intensionnelle rend compte de manière satisfaisante de nombreux types de phénomènes non extensionnels, en particulier ceux qui sont induits par des expressions non intersectives et des contextes modaux. Elle s'avère cependant inadéquate lorsqu'elle est appliquée à l'analyse de certaines formes de raisonnement où figurent des énoncés d'attitude propositionnelle. En effet, si elle prédit correctement la validité de raisonnements qui sont intuitivement valides, elle prédit aussi la validité de certains qui ne le sont pas. Or nous avons examiné quelques tentatives ayant pour but de corriger cela, mais nous devons conclure qu'aucune d'entre elles n'est entièrement satisfaisante. En effet, la plupart ne corrigent qu'une partie des anomalies identifiées, tandis que les autres sont tellement restrictives qu'elles vont jusqu'à bloquer des inférences qui ne devraient pas l'être. Mais il y a une autre approche possible du problème.

La logique intensionnelle assigne aux expressions des valeurs sémantiques sans tenir compte de la connaissance que les agents ont de ces valeurs. On y voit en fait une sémantique valable seulement pour un agent omniscient, pouvant manipuler des objets infinis et qui déterminerait selon ses critères savants et absolus la validité ou la non-validité des inférences. Or, dans bien des cas, nous estimons qu'un énoncé d'attitude propositionnelle est faux sur la base du fait que l'agent à qui est attribuée l'attitude exprimée n'a qu'une représentation incomplète (mais non une représentation déviante, comme le suppose la sémantique des mondes impossibles) des significations des expressions utilisées. Par exemple, les Anciens, qui ignoraient la codénotativité des noms **Hespérus** et **Phosphorus**, utilisaient correctement ces deux noms dans la grande majorité des situations. Mais sur la question de savoir si Hespérus et Phosphorus sont le même astre, ils ne pouvaient pas se prononcer catégoriquement (ils pouvaient *croire* que non, mais sans preuve). En regard de la signification complète des noms **Hespérus** et **Phosphorus**, les Anciens n'en avaient qu'une *connaissance partielle*, due à une connaissance partielle de la réalité. Voilà pourquoi l'inférence (**6**) nous semble non-valide.

Nous partageons le jugement voulant que plusieurs aspects de la problématique des attitudes propositionnelles, et tout particulièrement la problématique de l'omniscience, peuvent être traités de manière plus naturelle en intégrant la notion de connaissance partielle dans la sémantique. Cela admis, la question est de savoir comment formaliser la notion de connaissance partielle dans le cadre de la logique intensionnelle. À cette question, nous répondons simplement ceci : en logique intensionnelle, les significations sont des fonctions ; or ces fonctions représentent la connaissance d'un agent omniscient ; par conséquent, la connaissance d'un agent non omniscient devrait être représentée par des *fonctions partielles*. Les chapitres suivants sont consacrés à une élaboration précise de cette idée et à l'examen de son adéquation face à la problématique de l'omniscience.

CHAPITRE V

La logique partielle : concepts généraux

5.1 La notion de logique partielle

La logique partielle tire son nom du fait qu'elle autorise des évaluations non définies pour certaines expressions. En particulier, contrairement à ce qui se passe en logique classique, où tout énoncé reçoit une valeur de vérité, soit le faux ou le vrai, elle rend possible l'existence d'énoncés qui n'ont pas de valeur de vérité définie. Cette possibilité signifie l'éclatement du cadre bivalent, offrant par le fait même de nouvelles perspectives d'analyse logique du discours.

Voici un exemple qui donne une idée de l'apport de la logique partielle dans le traitement de certains problèmes traditionnels. En vertu du principe de substituabilité des énoncés logiquement équivalents, tout agent qui croit que ξ, croit aussi que $\xi \wedge \neg(\zeta \wedge \neg\zeta)$. Mais un des arguments contre la validité de cette inférence est que l'agent qui ne sait ni ne croit que ζ ne saurait, pour des raisons sémantiques de compositionalité, tenir pour vrai $\xi \wedge \neg(\zeta \wedge \neg\zeta)$ même s'il tient pour vrai ξ. Or en logique partielle, ξ et $\xi \wedge \neg(\zeta \wedge \neg\zeta)$ ne sont justement pas logiquement équivalents, dans la mesure où il existe des modèles où ξ est vrai mais où ζ n'a pas de valeur définie — et si ζ n'a pas de valeur définie, il en va de même pour $\xi \wedge \neg(\zeta \wedge \neg\zeta)$, même si ξ est vrai. En général, les équivalents logiques classiques ne sont pas tous des équivalents dans le cadre partiel, si bien qu'ils ne sont pas intersubstituables partout. En généralisant la notion d'évaluation partielle à tous les types d'expressions, une analyse similaire peut être faite pour traiter le problème de la substitution des items lexicaux coïntensifs.

Cependant, toute tentative d'élaborer une théorie des types partiels soulève des difficultés théoriques particulières, dont la compréhension requiert la connaissance de certaines notions de base, de techniques élémentaires et de résultats propres à la logique partielle. Le but de ce chapitre est de présenter ces éléments, du moins ceux qui nous seront utiles dans les chapitres ultérieurs. Heureusement, cette présentation n'exige pas l'utilisation d'un cadre linguistique très élaboré ; en fait, le cadre du calcul propositionnel est suffisant pour exprimer la plupart des concepts importants dont nous aurons besoin.

Mais avant d'aborder la logique partielle proprement dite, il sera utile d'effectuer un bref survol historique.

L'histoire de la logique partielle se confond avec celle de la logique polyvalente. Une logique est dite polyvalente lorsque le nombre des valeurs possibles qui peuvent être attribuées aux énoncés est supérieur à deux. Depuis les années 1920 plusieurs logiques polyvalentes, aux motivations philosophiques très diverses, ont vu le jour. La première du genre fut la logique trivalente de Jan Łukasiewicz [Łuk20]. Celle-ci fut conçue pour rendre compte des énoncés portant sur le futur. Selon un argument d'Aristote, à moins de considérer qu'aucun événement futur n'est contingent, aucun énoncé prédictif n'est vrai ou faux. D'où l'idée d'introduire, à côté du faux et du vrai, une troisième valeur, destinée à être assignée aux énoncés portant sur le futur et que Łukasiewicz interprétait comme le « ni vrai ni faux » d'Aristote[1].

Un autre exemple de logique polyvalente bien connue est la logique trivalente, dite « forte », de Stephen Kleene [Kle52]. Cette logique a été suggérée pour rendre compte des énoncés mathématiques indécidables. Un énoncé mathématique est dit indécidable s'il n'existe pas une preuve de celui-ci ni de sa négation. Dans la logique de Kleene, l'interprétation de la troisième valeur est cette absence de preuve, le vrai et le faux signifiant respectivement l'existence d'une preuve de l'énoncé et l'existence d'une preuve de sa négation[2].

Comme l'a souligné Elias Thijsse [Thi92], plusieurs de ces logiques trivalentes peuvent être considérées comme des logiques partielles avant la lettre. Le cas paradigmatique est justement la logique trivalente forte

---

1. L'interprétation que fait Łukasiewicz d'Aristote est controversée (sur ce point, voir [Sor80]). Par ailleurs, la validité même du raisonnement que Łukasiewicz prête à Aristote est discutable (voir [Haa78]) : des prémisses « Il est nécessaire que s'il est vrai qu'il sera le cas que p, il sera le cas que p » et « Il est vrai qu'il sera le cas que p », la conclusion « Il est nécessaire qu'il sera le cas que p » *ne s'ensuit pas*.

2. Deux excellents tours d'horizon de la logique polyvalente sont [Res69] et [Urq86].

de Kleene. Non seulement celle-ci peut se paraphraser directement en termes d'évaluation partielle, mais sa troisième valeur s'identifie naturellement à l'indéfini et ses tables de vérité pour les connecteurs satisfont maximalement le cadre classique bivalent. (Cette notion de maximalité sera développée dans la prochaine section.)

La logique partielle proprement dite apparaît lorsque la notion d'évaluation partielle est explicitement utilisée[3]. Le traitement des paradoxes de Tarski par Kripke [Kri75] est sans aucun doute l'une des premières applications des évaluations partielles en logique. La sémantique situationnelle de John Barwise [Baw81], qui se veut une sémantique des verbes de perception et d'attitudes propositionnelles, a été réellement le point de départ de la recherche systématique en logique partielle. L'étude détaillée qu'en a fait Hans Kamp [Kam83], par exemple, est à la source d'une logique partielle très simple et intuitive, que nous étudierons plus loin dans ce chapitre.

5.2 La logique propositionnelle partielle

Pour débuter notre introduction aux notions de base de la logique partielle, nous allons considérer le cadre très simple du calcul propositionnel. Nous supposerons que nous avons un nombre dénombrable de symboles propositionnels, plus les connecteurs logiques primitifs que sont la négation « $\neg$ » et la conjonction « $\wedge$ », et enfin les parenthèses. Nous appellerons *LP* l'ensemble des formules générées par les règles habituelles de formation.

Notre sémantique partielle pour le calcul propositionnel repose essentiellement sur la notion de *modèle partiel.* Nous savons que, dans le cadre classique, un modèle pour le calcul propositionnel est simplement une fonction d'évaluation V qui assigne à chaque élément de *LP* un élément de l'ensemble $\mathbf{2}$ (= $\{\mathbf{0}, \mathbf{1}\}$) selon les règles que voici :

(i) si ξ est un symbole propositionnel, alors $V(\xi) \in \mathbf{2}$,

(ii) $V(\neg\xi) = \begin{cases} \mathbf{1} \text{ si } V(\xi) = \mathbf{0} \\ \mathbf{0} \text{ autrement,} \end{cases}$

(iii) $V(\xi \wedge \zeta) = \begin{cases} \mathbf{1} \text{ si } V(\xi) = V(\zeta) = \mathbf{1} \\ \mathbf{0} \text{ autrement.} \end{cases}$

Dans les termes de la théorie des ensembles, V est une fonction *totale* pour les formules du calcul propositionnel : son domaine $\mathfrak{D}(V)$ coïncide avec *LP*. Un modèle partiel sera alors toute fonction

3. [Bla86] et [Thi92] sont de très bonnes présentations générales de la logique partielle, qui contiennent aussi des résultats de recherches originales.

d'évaluation V qui est définie pour toute formule d'un *sous-ensemble* arbitraire de LP, ce sera donc toute fonction d'évaluation V telle que $\mathfrak{D}(V) \subseteq LP$.

Pour simplifier la notation, et aussi pour introduire un dispositif technique essentiel à l'intégration des fonctions partielles dans la théorie des types, considérons l'ensemble $\mathbf{3} = \mathbf{2} \cup \{\perp\}$. L'élément additionnel $\perp$ nous servira à représenter l'indéfini : pour une formule ξ quelconque de LP et un modèle partiel arbitraire V, $V(\xi) = \perp$ signifiera que V n'est pas définie pour ξ — ou en termes ensemblistes, que $\xi \notin \mathfrak{D}(V)$.

La question qui surgit immédiatement est la suivante : comment, dans un cadre partiel, définir les tables de vérité des connecteurs ? Les choses se compliquent car les possibilités sont nombreuses : pour un connecteur binaire quelconque, il y a $3^{(3^2)}$ possibilités. Bien sûr, parmi toutes ces possibilités, certaines sont plus intuitives que d'autres. Les définitions que nous allons donner forment ce qu'il est désormais convenu d'appeler la *sémantique standard* de la logique partielle propositionnelle (l'expression « standard » est de [Thi92]).

D'abord, une première contrainte, très naturelle, s'impose : lorsque toutes les composantes d'une formule ont la valeur **0** ou **1**, la formule reçoit tout simplement sa valeur classique. Le cadre classique est donc maintenu dans la mesure où toutes les données sont classiques. Restent donc les cas où les composantes de la formule ne reçoivent pas toutes la valeur **0** ou **1**. Or la décision à prendre ici dépend en grande partie de l'interprétation à donner au fait qu'une formule n'a pas de valeur définie. Une interprétation plausible et courante est que la valeur de vérité de la formule est *inconnue* (on dit aussi qu'elle est *indéterminée*). Sous cette interprétation, $\perp$ représente l'ignorance (*ignoratio*). Or il est naturel de stipuler que lorsque la valeur d'une des composantes d'une formule est connue et que cette valeur est *suffisante* pour déterminer la valeur de vérité de l'ensemble de la formule, alors cette dernière prend cette valeur de vérité. Par exemple, si je sais que ξ est faux mais que j'ignore la valeur de vérité de ζ, alors je sais néanmoins que $\xi \wedge \zeta$ est faux, car quelle que soit la valeur de ζ, $\xi \wedge \zeta$ est faux. En somme, le cadre classique est encore une fois conservé, mais seulement à titre « d'idéal régulateur » qui n'est parfois qu'approximativement réalisé. Ces considérations nous conduisent à la définition suivante.

DÉFINITION 5.2.1 (MODÈLE PARTIEL POUR LP*)*

Un *modèle partiel (standard)* pour le calcul propositionnel est une fonction $V : LP \rightarrow \mathbf{3}$ telle que :

(i) si ξ est un symbole propositionnel, alors $V(\xi) \in \mathbf{3}$,

(ii) $V(\neg\xi) = \begin{cases} \mathbf{1} \text{ si } V(\xi) = \mathbf{0} \\ \mathbf{0} \text{ si } V(\xi) = \mathbf{1} \\ \bot \text{ autrement,} \end{cases}$

(iii) $V(\xi \wedge \zeta) = \begin{cases} \mathbf{1} \text{ si } V(\xi) = V(\zeta) = \mathbf{1} \\ \mathbf{0} \text{ si } V(\xi) = \mathbf{0} \text{ ou } V(\zeta) = \mathbf{0} \\ \bot \text{ autrement.} \end{cases}$

•

Représentons sous forme de tableaux les conditions de vérité que nous venons d'énoncer :

$\neg$	
0	**1**
1	**0**
$\bot$	$\bot$

$\wedge$	**0**	**1**	$\bot$
0	**0**	**0**	**0**
1	**0**	**1**	$\bot$
$\bot$	**0**	$\bot$	$\bot$

Ces conditions de vérité sont précisément et respectivement celles de la négation et de la conjonction dans la logique trivalente forte de Kleene. Si on définit les autres connecteurs principaux de la façon habituelle :

$\xi \vee \zeta =_{\text{déf.}} \neg(\neg\xi \wedge \neg\zeta)$,

$\xi \supset \zeta =_{\text{déf.}} \neg\xi \vee \zeta$,

$\xi \equiv \zeta =_{\text{déf.}} (\xi \supset \zeta) \wedge (\zeta \supset \xi)$,

alors on obtient les tables que voici :

$\vee$	**0**	**1**	$\bot$
0	**0**	**1**	$\bot$
1	**1**	**1**	**1**
$\bot$	$\bot$	**1**	$\bot$

$\supset$	**0**	**1**	$\bot$
0	**1**	**1**	**1**
1	**0**	**1**	$\bot$
$\bot$	$\bot$	**1**	$\bot$

$\equiv$	**0**	**1**	$\bot$
0	**1**	**0**	$\bot$
1	**0**	**1**	$\bot$
$\bot$	$\bot$	$\bot$	$\bot$

Reconsidérons l'ensemble **3**. Celui-ci peut être naturellement ordonné selon une relation d'ordre partiel (relation réflexive, transitive et antisymétrique) « $\sqsubseteq$ », comme ceci : pour tout $x \in \mathbf{3}$, $\bot \sqsubseteq x$ et $x \sqsubseteq x$. Le système $\langle \mathbf{3}, \sqsubseteq \rangle$ est un inf-semi-treillis dont l'élément minimal est $\bot$ et où

0 et **1** sont incomparables. Sa structure se représente de la façon suivante[4] :

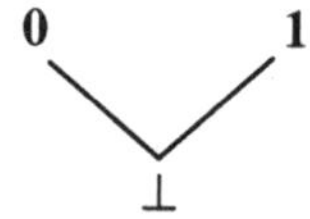

L'inf-semi-treillis $\langle \mathbf{3}, \sqsubseteq \rangle$

La relation $x \sqsubseteq y$ signifie intuitivement que x est une approximation de y, ou, ce qui est équivalent, que y est au moins aussi bien défini que x. L'élément $\bot$ — l'état d'ignorance — mérite donc son statut d'élément minimal : rien n'est plus « bas » que l'ignorance. Notons que les produits $\mathbf{3}^n (n \geq 1)$ s'ordonnent naturellement comme ceci : pour toutes suites $\vec{x}, \vec{y} \in \mathbf{3}^n$, $\vec{x} \sqsubseteq \vec{y}$ ssi $x_i \sqsubseteq y_i$ pour tout i tel que $1 \leq i \leq n$ ($\vec{x}$ est une abréviation de $\langle x_1, ..., x_n \rangle$).

Il apparaît plausible de stipuler que lorsque la valeur de vérité d'un énoncé est ignorée, un gain d'information peut conduire soit à la connaissance que l'énoncé est faux, soit à celle que l'énoncé est vrai ; mais en aucun cas un gain d'information ne peut mener à un état épistémique strictement *inférieur* à l'état initial, voire à un état *différent,* si l'état initial n'est pas l'ignorance : si je connais déjà la valeur de vérité d'un énoncé, alors aucune information additionnelle ne pourra me conduire à lui attribuer une valeur de vérité différente.

On peut facilement vérifier que notre sémantique partielle est conforme à cette stipulation. Cela est le cas, puisque relativement à la relation d'ordre partiel que nous avons définie sur **3**, les connecteurs de la logique trivalente forte de Kleene désignent tous des fonctions « monotones » : pour toute paire d'arguments dont le premier est une approximation du second, la valeur de la fonction lorsqu'elle prend le premier pour argument est aussi une approximation de la valeur de la fonction lorsqu'elle prend le second pour argument. Formellement :

DÉFINITION 5.2.2 (MONOTONIE)

Une fonction $f\colon \mathbf{3}^n \to \mathbf{3}$ est *monotone* ssi $\vec{x} \sqsubseteq \vec{y}$ implique $f(\vec{x}) \sqsubseteq f(\vec{y})$.

●

---

4. Pour tout $x, y \in \mathbf{3}$, l'infimum de x et y, noté $\mathbf{inf}(x, y)$, est donc défini comme suit : $\mathbf{inf}(x, y) = x$ si $x = y$; autrement, $\mathbf{inf}(x, y) = \bot$.

Les fonctions de vérité de la logique trivalente forte de Kleene ne sont évidemment pas les seules fonctions monotones possibles. Les fonctions constantes, entre autres, sont des cas triviaux de fonctions monotones. Un exemple moins trivial est la conjonction « faible », dont la valeur est **0** ou **1** seulement si tous ses arguments sont **0** ou **1** :

$\wedge$	**0**	**1**	$\bot$
0	**0**	**0**	$\bot$
1	**0**	**1**	$\bot$
$\bot$	$\bot$	$\bot$	$\bot$

La conjonction faible

Cette fonction n'est cependant pas vraiment intéressante dans la mesure où elle ne « tire » pas le maximum d'information de ses arguments, comme le permet la conjonction forte. En fait, on montre facilement que la conjonction et la négation de Kleene sont maximales : aucune fonction les dominant strictement n'est monotone.

Un exemple de fonction de vérité *non monotone* est le conditionnel de la logique trivalente de Łukasiewicz :

$\supset$	**0**	**1**	$\bot$
0	**1**	**1**	**1**
1	**0**	**1**	$\bot$
$\bot$	$\bot$	**1**	**1**

Le conditionnel de Łukasiewicz

La seule différence entre ce conditionnel et celui de la logique trivalente forte de Kleene réside dans le coin inférieur droit du tableau : lorsque les deux composantes sont indéfinies, le conditionnel est vrai. Ce conditionnel n'est donc pas monotone, car lorsque l'antécédent devient vrai, le conséquent restant indéfini, le conditionnel « descend » à l'indéfini.

Examinons maintenant les modèles partiels. Dans la perspective où nous nous plaçons, un modèle partiel peut être considéré comme une caractérisation formelle d'un *état épistémique*. L'idée de caractériser les états épistémiques par des modèles (partiels) sera développée au chapitre IX. Pour l'instant, contentons-nous de souligner que de la même façon que certains états épistémiques sont plus « informés » que d'autres, certains modèles partiels sont davantage définis que d'autres. Cela nous amène à définir la notion d'extension de modèles partiels.

DÉFINITION 5.2.3 (EXTENSION D'UN MODÈLE)

Soit V, V' deux modèles partiels ; V' est une *extension* de V (notation : $V \sqsubseteq V'$) ssi pour tout symbole propositionnel $\xi, V(\xi) \sqsubseteq V'(\xi)$.

●

La propriété de monotonie induit dans la classe des modèles une propriété intéressante appelée *persistance* : toute formule vraie (resp. fausse) dans un modèle arbitraire reste vraie (resp. fausse) dans toutes les extensions de ce modèle. En termes plus imagés, tout accroissement de la connaissance « préserve les acquis ». Cette propriété est formulée en corollaire de la prochaine proposition.

PROPOSITION 5.2.1

Soit V, V' deux modèles partiels tels que $V \sqsubseteq V'$; pour toute formule ξ de LP, $V(\xi) \sqsubseteq V'(\xi)$.

*EXERCICE 5.2.1**

Démontrez la proposition 5.2.1.

COROLLAIRE 5.2.1 (PERSISTANCE)

Soit V, V' deux modèles partiels tels que $V \sqsubseteq V'$; pour toute formule ξ de LP, si $V(\xi) = \mathbf{1}$ (resp. $\mathbf{0}$), alors $V'(\xi) = \mathbf{1}$ (resp. $\mathbf{0}$).

●

Parmi les modèles partiels, certains assignent une valeur de vérité à tous les symboles propositionnels. Or, la classe de ces modèles est exactement celle des modèles classiques. Nous allons qualifier ces modèles de totaux.

DÉFINITION 5.2.4 (MODÈLE TOTAL)

Un modèle (partiel) $V : LP \to \mathbf{3}$ est *total* ssi $V(\xi) \neq \bot$ pour tout symbole propositionnel ξ.

PROPOSITION 5.2.2

V est total ssi $\mathfrak{D}(V) = LP$ (autrement dit, ssi $V(\xi) \neq \bot$ pour toute formule ξ).

EXERCICE 5.2.2

Démontrez la proposition 5.2.2.

PROPOSITION 5.2.3

Pour tout modèle partiel V, il existe au moins un modèle total V' tel que $V \sqsubseteq V'$.

PREUVE

Soit V un modèle partiel et soit V' un modèle tel que pour tout symbole propositionnel ξ, $V'(\xi) = V(\xi)$ si $V(\xi) \in \{\mathbf{0}, \mathbf{1}\}$; autrement $V'(\xi) \in \{\mathbf{0}, \mathbf{1}\}$. V' est total par définition et il est nettement une extension de V.

●

Abordons maintenant la notion de *formule valide*. Comment définir cette notion dans le cadre partiel ? Comme la vérité dans tous les modèles ? Comme la fausseté dans aucun ? Dans le cadre classique, ces deux notions sont évidemment extensionnellement équivalentes — cela découle immédiatement de la bivalence. Mais, dans le cadre partiel, cette équivalence ne tient plus, comme le montrent les deux prochaines propositions. Considérons d'abord ces définitions (ξ est n'importe quelle formule de LP) :

DÉFINITION 5.2.5 (VALIDITÉ POSITIVE)

ξ est *positivement valide* ssi $V(\xi) = \mathbf{1}$ pour tout modèle partiel V.

DÉFINITION 5.2.6 (VALIDITÉ NÉGATIVE)

ξ est *négativement valide* ssi $V(\xi) \neq \mathbf{0}$ pour tout modèle partiel V.

PROPOSITION 5.2.4

Il n'y a aucune formule positivement valide.

*EXERCICE 5.2.3**

Démontrez la proposition 5.2.4.

PROPOSITION 5.2.5

La classe des formules négativement valides coïncide exactement avec la classe des formules classiquement valides (tautologies).

PREUVE

Soit ξ une tautologie et supposons qu'il existe un modèle partiel V tel que $V(\xi)=\mathbf{0}$. Selon la proposition 5.2.3, il existe un modèle total V' tel que $V \sqsubseteq V'$ et donc, selon le corollaire 5.2.1, tel que $V'(\xi)=\mathbf{0}$, ce qui contredit l'hypothèse que ξ est tautologique. Conversement, si ξ est négativement valide, alors il n'existe aucun modèle partiel tel que $V(\xi)=\mathbf{0}$ et donc, *a fortiori*, aucun modèle *total*. Donc $V(\xi)=\mathbf{1}$ pour tout modèle total V, ce qui signifie que ξ est une tautologie.

•

Les validités positive et négative forment donc ensemble une sorte de dilemme : ou bien aucune formule n'est valide — ce qui est peu intéressant pour une « logique » — ou bien les formules valides sont précisément les tautologies — mais alors à quoi bon passer par le partiel ? Cependant, cela ne signifie pas qu'il n'existe pas de notion propre de *conséquence valide*, plus faible que la notion classique mais néanmoins non triviale. Par exemple, bien que la formule conditionnelle $(p \wedge (p \supset q)) \supset q$ exprimant le *modus ponens* n'est pas positivement valide (elle n'a pas de valeur définie dans les modèles où ni p ni q n'ont une valeur définie), la *règle*, elle, l'est : si p et $p \supset q$ sont toutes les deux *vraies*, alors q est vraie. Définissons précisément cette notion.

DÉFINITION 5.2.7 (CONSÉQUENCE POSITIVEMENT VALIDE)

Soit $\Sigma \cup \{\xi\}$ un ensemble de formules de *LP*. ξ est une *conséquence positivement valide* de Σ (notation : $\Sigma \models \xi$) ssi $V(\xi)=\mathbf{1}$ pour tout modèle partiel V tel que $V(\zeta)=\mathbf{1}$ pour toute formule $\zeta \in \Sigma$. (Par convention, on écrira $\zeta_1,\ldots,\zeta_n \models \xi$ au lieu de $\{\zeta_1,\ldots,\zeta_n\} \models \xi$.)

•

Puisque la notion de validité positive n'est que le cas limite de cette notion de conséquence (ξ est positivement valide ssi $\models \xi$), cette dernière n'admet aucune formule valide. Toutefois, cette même notion capture plusieurs inférences classiquement valides, dont le *modus ponens* ($\zeta, \zeta \supset \xi \models \xi$) et le *ex falso sequitur quodlibet* ($\zeta \wedge \neg\zeta \models \xi$). Par contre, le théorème de déduction ne tient plus : si $\Sigma \cup \{\zeta\} \models \xi$, il ne s'ensuit pas en général que $\Sigma \models \zeta \supset \xi$. La classique règle de substitution des équivalents logiques n'est pas positivement valide non plus : $\zeta \mathrel{\models\!\dashv} \xi$ n'implique pas en général $\eta(\zeta) \mathrel{\models\!\dashv} \eta(\xi)$[5]. Par exemple, $p \wedge \neg p \mathrel{\models\!\dashv} q \wedge \neg q$, mais non $\neg(p \wedge \neg p) \mathrel{\models\!\dashv} \neg(q \wedge \neg q)$. [Kam83] toutefois a fait remarquer que la restriction de cette règle aux contextes positifs est positivement valide, c'est-à-dire que si $\zeta \mathrel{\models\!\dashv} \xi$, et si ni ζ ni ξ n'apparaissent dans η dans la portée d'une négation, alors $\eta(\zeta) \mathrel{\models\!\dashv} \eta(\xi)$.

Pour donner une meilleure idée de l'étendue de cette notion de conséquence, le plus simple est de fournir un ensemble complet de règles de dérivation. Les sept règles que nous présentons ci-dessous forment un système plus économique que celui présenté dans [Thi92] — ce dernier étant lui-même plus économique que celui présenté dans [Kam83]. Le fait que seule l'utilisation des connecteurs primitifs fasse l'objet de règles évite d'ajouter des règles spéciales pour les équivalences. Une *dérivation* de ξ à partir de Σ (on dira alors que ξ est *dérivable* à partir de Σ et on écrira $\Sigma \vdash \xi$) est une suite $\xi_0, \ldots, \xi_n$ de formules telle que $\xi_n = \xi$ et chaque ξ_i satisfait une des clauses suivantes :

- (i) $\xi_i \in \Sigma$;
- (ii) ξ_i est telle que $\xi_j \vdash \xi_i$ est une instance d'une des règles R1-R5 ci-dessous et $j < i$;
- (iii) ξ_i est telle que $\xi_j, \xi_k \vdash \xi_i$ est une instance de la règle R6 ci-dessous et $j, k < i$;
- (iv) ξ_i est obtenue par l'application de la règle structurale R7.

(Dans ce qui suit, la notation $\xi \dashv\vdash \zeta$ signifie $\xi \vdash \zeta$ et $\zeta \vdash \xi$, et la notation $\Sigma, \zeta \vdash \xi$ signifie $\Sigma \cup \{\zeta\} \vdash \xi$.)

R1	$\xi \wedge \neg\xi \vdash \zeta$	(ex falso)
R2	$\neg\neg\xi \dashv\vdash \xi$	(double négation)
R3	$\xi \wedge \zeta \vdash \xi \quad \xi \wedge \zeta \vdash \zeta$	(simplification)
R4	$\xi \vdash \neg(\neg\xi \wedge \neg\zeta) \quad \xi \vdash \neg(\neg\zeta \wedge \neg\xi)$	
R5	$\neg(\neg\neg\xi \wedge \neg\neg\zeta) \dashv\vdash \neg(\xi \wedge \zeta)$	
R6	$\xi, \zeta \vdash \xi \wedge \zeta$	(conjonction)

5. $\zeta \mathrel{\models\!\dashv} \xi$ est une abréviation pour $\zeta \models \xi$ et $\xi \models \zeta$.

R7 si $\Sigma, \xi \vdash \eta$ et $\Sigma, \zeta \vdash \eta$, alors $\Sigma, \neg(\neg\xi \wedge \neg\zeta) \vdash \eta$

On aura remarqué qu'en vertu de la définition de la disjonction, R4 équivaut à la règle $\vee$-introduction : $\xi \vdash \xi \vee \zeta$, $\xi \vdash \zeta \vee \xi$. La règle R5 équivaut à la première loi de De Morgan : $\neg(\xi \wedge \zeta) \dashv\vdash (\neg\xi \vee \neg\zeta)$. Enfin, R7 est l'équivalent de la règle d'élimination de la disjonction.

Soit *SPP* le système déductif généré par les règles R1-R7. Avant de démontrer que ce système est adéquat, certaines règles dérivées nous seront utiles.

DR1 si $\Sigma \vdash \xi$ et $\Sigma, \xi \vdash \eta$, alors $\Sigma \vdash \eta$ (coupure)
DR2 si $\Sigma \vdash \xi$ et $\Sigma \subseteq \Sigma'$, alors $\Sigma' \vdash \xi$ (monotonie à gauche)

On remarquera que le système ainsi défini possède la propriété de *finitude* : si $\Sigma \vdash \eta$, alors il existe un $\Delta \subseteq \Sigma$, Δ fini, tel que $\Delta \vdash \eta$.

PROPOSITION 5.2.6 (FIABILITÉ ET COMPLÉTUDE DE SPP*)*

$\Sigma \vdash \xi$ dans *SPP* ssi $\Sigma \models\!\!\!\equiv \xi$.

PREUVE

On vérifie facilement que chacune des règles R1-R6 est positivement valide et que la règle R7 préserve la validité. Par conséquent, $\Sigma \vdash \xi$ implique $\Sigma \models\!\!\!\equiv \xi$.

Pour la converse, on raisonne par contraposition. Supposons donc que $\Sigma \nvdash \xi$ dans *SPP*. Il s'agit alors de construire un sur-ensemble $\Delta \supseteq \Sigma$ tel que $\xi \notin \Delta$ et pour lequel nous pouvons démontrer le lemme de vérité suivant : il existe un modèle partiel *V* tel que pour toute formule η, $V(\eta) = \mathbf{1}$ ssi $\eta \in \Delta$. (En fait, pour permettre sa démonstration, le lemme 5.2.2 ci-dessous est une proposition plus forte, mais seulement la partie que nous venons d'énoncer est utile pour le reste du raisonnement.) De cela, il s'ensuit évidemment que $\Delta \not\models\!\!\!\equiv \xi$ et donc (puisque $\Sigma \subseteq \Delta$) que $\Sigma \not\models\!\!\!\equiv \xi$.

●

Si l'on suivait la méthode traditionnelle de preuve à la Henkin, toute extension Δ de Σ serait *maximalement consistante* : elle contiendrait toutes les formules qui en dérivent et toutes les négations de celles qui n'en dérivent pas. Or cette approche ne fonctionne pas dans le cadre partiel. Par exemple, $p \nvdash \neg(q \wedge \neg q)$, mais $\{p, \neg\neg(q \wedge \neg q)\}$ *n'est pas* consistant. Il faut donc y aller plus prudemment. Suivant [Thi92], nous allons utiliser la notion d'*ensemble consistant, déductivement fermé et saturé* (CFS). Cette notion est analogue à celle d'ensemble maximalement consistant, mais elle est adaptée pour le cadre partiel. Définissons d'abord précisément cette notion pour un ensemble arbitraire Σ de formules et une relation de conséquence $\vdash$.

- Σ est *consistant* ssi pour toute formule ξ, $\Sigma \nvdash \xi \wedge \neg\xi$.
- Σ est *déductivement fermé* ssi pour toute formule ξ, $\Sigma \vdash \xi$ implique $\xi \in \Sigma$.
- Σ est *saturé* ssi $\Sigma \vdash \neg(\neg\xi \wedge \neg\zeta)$ implique $\Sigma \vdash \xi$ ou $\Sigma \vdash \zeta$.

Notons, toujours en vertu de la définition de la disjonction, que la saturation est une $\vee$-*saturation* : si $\Sigma \vdash (\xi \vee \zeta)$, alors $\Sigma \vdash \xi$ ou $\Sigma \vdash \zeta$.

Nous pouvons maintenant poursuivre la preuve.

LEMME 5.2.1 (LEMME DE LINDENBAUM ADAPTÉ)

Si $\Sigma \nvdash \xi$ dans *SPP*, alors il existe un sur-ensemble CFS $\Delta \supseteq \Sigma$ tel que $\xi \notin \Delta$.

PREUVE

Supposons que $\Sigma \nvdash \xi$ dans *SPP* et soit $\langle \xi_n \rangle_{n \in \mathrm{IN}}$ une énumération complète de toutes les formules de *LP* dans laquelle chaque formule apparaît un nombre dénombrable de fois[6]. Nous définissons inductivement une suite $\langle \Delta_n \rangle_{n \in \mathrm{IN}}$ d'ensembles de formules comme ceci :

- $\Delta_0 = \Sigma$;
- si $\Delta_{2n} \nvdash \xi_n$, alors $\Delta_{2n+1} = \Delta_{2n+2} = \Delta_{2n}$;
- si $\Delta_{2n} \vdash \xi_n$, alors $\Delta_{2n+1} = \Delta_{2n} \cup \{\xi_n\}$ et

– si $\xi_n \neq \neg(\neg\eta \wedge \neg\zeta)$, alors $\Delta_{2n+2} = \Delta_{2n+1}$;

6. Toute énumération de formules $\zeta_0, \zeta_1, \zeta_2, \zeta_3, \ldots$, dans laquelle chaque formule apparaît une seule fois, peut se transformer en une énumération où chaque formule apparaît un nombre dénombrable de fois ; il suffit, par exemple, de faire succéder de façon croissante tous les segments initiaux de la suite, comme ceci : $\zeta_0 | \zeta_0, \zeta_1, | \zeta_0, \zeta_1, \zeta_2, | \zeta_0, \zeta_1, \zeta_2, \zeta_3, | \ldots$, ce qui correspond exactement à la suite $\langle \xi_n \rangle_{n \in \mathrm{IN}}$ où pour tout $n \in \mathrm{IN}$, $\xi_{2n+(n-1)+(n-2)+\ldots+(n-(n-1))} = \zeta_n$.

– si $\xi_n = \neg(\neg\eta \wedge \neg\zeta)$, alors $\Delta_{2n+2} = \Delta_{2n+1} \cup \{\eta\}$ si $\Delta_{2n+1}, \eta \nvdash \xi$, autrement $\Delta_{2n+2} = \Delta_{2n+1} \cup \{\zeta\}$.

L'ensemble $\Delta = \cup_n \Delta_n$ a toutes les propriétés désirées. En effet :

1. Δ est évidemment une extension de Σ.
2. $\Delta \nvdash \xi$, car $\Delta_n \nvdash \xi$ pour tout n. Cela se démontre par induction comme ceci :

• $\Delta_0 \nvdash \xi$, puisque par hypothèse, $\Delta_0 = \Sigma \nvdash \xi$.

• Par hypothèse d'induction (HI), supposons que $\Delta_{2n} \nvdash \xi$. Alors :

– si $\Delta_{2n} \nvdash \xi_n$, alors $\Delta_{2n+1} = \Delta_{2n+2} = \Delta_{2n} \nvdash \xi$;

– si $\Delta_{2n} \vdash \xi_n$, alors $\Delta_{2n+1} = \Delta_{2n} \cup \{\xi_n\}$; donc si $\Delta_{2n+1} \vdash \xi$, alors (DR1) $\Delta_{2n} \vdash \xi$, ce qui contredit HI, et donc $\Delta_{2n+1} \nvdash \xi$;

– si $\xi_n \neq \neg(\neg\eta \wedge \neg\zeta)$, alors $\Delta_{2n+2} = \Delta_{2n+1} \nvdash \xi$;

– si $\xi_n = \neg(\neg\eta \wedge \neg\zeta)$ et $\Delta_{2n+1}, \eta \nvdash \xi$, alors $\Delta_{2n+2} = \Delta_{2n+1} \cup \{\eta\} \nvdash \xi$;

– si $\xi_n = \neg(\neg\eta \wedge \neg\zeta)$ et $\Delta_{2n+1}, \eta \vdash \xi$, alors $\Delta_{2n+2} = \Delta_{2n+1} \cup \{\zeta\}$; donc si $\Delta_{2n+2} \vdash \xi$, alors (R7) $\Delta_{2n+1}, \xi_n \vdash \xi$; or $\Delta_{2n+1} = \Delta_{2n} \cup \{\xi_n\}$ et donc $\Delta_{2n+1} \vdash \xi$: une contradiction ; donc $\Delta_{2n+2} \nvdash \xi$.

Supposons, par ailleurs, que $\Delta \vdash \xi$. Par la propriété de finitude, il existe un sous-ensemble fini $\Delta' \subseteq \Delta$ tel que $\Delta' \vdash \xi$. Soit n l'indice le plus élevé des formules ayant une occurrence dans Δ' selon l'énumération qui a servi à construire Δ. Comme $\Delta' \subseteq \Delta$, $\Delta' \subseteq \Delta_{2n+2}$ et donc $\Delta_{2n+2} \vdash \xi$, ce qui contredit ce que nous venons de montrer.

3. Puisque $\Delta \nvdash \xi$, nous avons $\xi \notin \Delta$.
4. Puisque $\Delta \nvdash \xi$, Δ est *consistant* (autrement, nous aurions $\Delta \vdash \zeta \wedge \neg\zeta$; or (R1) $\zeta \wedge \neg\zeta \vdash \xi$ et donc (DR1) $\Delta \vdash \xi$: une contradiction).
5. Δ est également *déductivement fermé*. En effet, si $\Delta \vdash \eta$, alors il existe un l multiple de 2 ou égal à zéro tel que $\Delta_l \vdash \eta$. Or étant donné la nature de l'énumération des formules, il existe un n tel que $2n = l$ et $\xi_n = \eta$. Par conséquent $\Delta_{2n} \vdash \xi_n$, et donc $\eta \in \Delta_{2n+1} \subseteq \Delta$.

6. Enfin, Δ est *saturé*. En effet, supposons que $\Delta \vdash \neg(\neg\eta \wedge \neg\zeta)$. Donc pour un certain n, $\xi_n = \neg(\neg\eta \wedge \neg\zeta)$ et $\Delta_{2n} \vdash \xi_n$. Donc $\Delta_{2n+2} = \Delta_{2n+1} \cup \{\eta\} \subseteq \Delta \vdash \eta$ ou $\Delta_{2n+2} = \Delta_{2n+1} \cup \{\zeta\} \subseteq \Delta \vdash \zeta$.

LEMME 5.2.2 (LEMME DE VÉRITÉ)

Soit Δ un ensemble CFS ; il existe un modèle partiel V tel que pour toute formule $\eta, V(\eta) = \mathbf{1}$ ssi $\eta \in \Delta$, et $V(\eta) = \mathbf{0}$ ssi $\neg\eta \in \Delta$.

PREUVE

Soit Δ un ensemble CFS.

Nous définissons le modèle $V^{\Delta} : LP \to \mathbf{3}$ comme ceci : pour tout symbole propositionnel ζ,

$$V^{\Delta}(\zeta) = \begin{cases} \mathbf{1} \text{ si } \zeta \in \Delta \\ \mathbf{0} \text{ si } \neg\zeta \in \Delta \\ \perp \text{ autrement.} \end{cases}$$

Il reste à vérifier, puisque Δ est consistant, que V^{Δ} est un modèle partiel bien défini.
Nous allons démontrer que pour toute formule η, $V^{\Delta}(\eta) = \mathbf{1}$ ssi $\eta \in \Delta$, et $V^{\Delta}(\eta) = \mathbf{0}$ ssi $\neg\eta \in \Delta$. D'abord, si η est un symbole propositionnel, alors la proposition est satisfaite par la définition de V^{Δ}. Supposons, par hypothèse d'induction (HI), que la proposition est satisfaite pour η, ζ. Nous avons donc :

- $V^{\Delta}(\neg\eta) = \mathbf{1}$ ssi $V^{\Delta}(\eta) = \mathbf{0}$ ssi (HI) $\neg\eta \in \Delta$;
  $V^{\Delta}(\neg\eta) = \mathbf{0}$ ssi $V^{\Delta}(\eta) = \mathbf{1}$ ssi (HI) $\eta \in \Delta$ ssi (R2) $\neg\neg\eta \in \Delta$;

- $V^{\Delta}(\eta \wedge \zeta) = \mathbf{1}$ ssi $V^{\Delta}(\eta) = V^{\Delta}(\zeta) = \mathbf{1}$
  ssi (HI) $\eta, \zeta \in \Delta$ ssi (R3, R6) $\eta \wedge \zeta \in \Delta$;
  $V^{\Delta}(\eta \wedge \zeta) = \mathbf{0}$ ssi $V^{\Delta}(\eta) = \mathbf{0}$ ou $V^{\Delta}(\zeta) = \mathbf{0}$ ssi (HI) $\neg\eta \in \Delta$ ou $\neg\zeta \in \Delta$ ssi (R4, saturation) $\neg(\neg\neg\eta \wedge \neg\neg\zeta) \in \Delta$ ssi (R5) $\neg(\eta \wedge \zeta) \in \Delta$.

Cela complète la preuve.

Ce théorème de complétude peut également être interprété comme un *théorème de représentation*. En effet, ce que nous avons montré est que sous l'hypothèse qu'une fonction de vérité partielle peut être assimilée à une fonction monotone, la simple donnée des énoncés tenus pour vrais, tenus pour faux et tenus pour indéfinis permet de caractériser de manière univoque la totalité de l'espace sémantique. Dans le cadre du calcul propositionnel, ce résultat est relativement trivial. Nous verrons qu'il peut être étendu à des langages beaucoup plus complexes.

*EXERCICE 5.2.4**

Définissons d'abord les notions suivantes : ξ est une conséquence *classiquement valide* de Σ (notation : $\Sigma \models \xi$) ssi $V(\xi)=\mathbf{1}$ pour tout modèle *total* V tel que $V(\zeta)=\mathbf{1}$ pour toute formule $\zeta \in \Sigma$; ξ est une conséquence *négativement valide* de Σ (notation : $\Sigma \mathrel{\not{=}\!\!|} \xi$) ssi $V(\xi)\neq\mathbf{0}$ pour tout modèle partiel V tel que $V(\zeta)=\mathbf{1}$ pour toute formule $\zeta \in \Sigma$.

Démontrez que

(i) $\Sigma \models \xi$ ssi $\Sigma \mathrel{\not{=}\!\!|} \xi$;

(ii) si $\Sigma \mathrel{|\!\!\equiv} \xi$, alors $\Sigma \models \xi$.

*EXERCICE 5.2.5**

Démontrez dans *SPP* la règle du *modus ponens*, c'est-à-dire que $\xi,\ \xi \supset \zeta \vdash \zeta$. On convient que $\xi \supset \zeta$ est équivalente à $\neg(\xi \wedge \neg\zeta)$.

●

5.3 Enrichissons le langage

Le pouvoir expressif du calcul propositionnel peut être augmenté de manière significative en ajoutant à la liste des symboles propositionnels deux nouveaux symboles spéciaux, soit **V** et ★, pour désigner le vrai et l'indéfini respectivement. Désignons par LP^+ ($\supseteq LP$) l'ensemble des formules obtenues à la suite de cet enrichissement. Un modèle partiel (standard) pour LP^+ est alors tout modèle partiel pour le calcul propositionnel qui assigne **1** à **V** et $\perp$ à ★. Le symbole **V** et la négation nous permettent de définir le symbole du faux :

$\mathbf{F} =_{\text{déf.}} \neg\mathbf{V}$

L'application à LP^+ de la notion de validité positive (définition 5.2.5) engendre maintenant une classe non vide de formules valides (**V** est évidemment positivement valide, de même que $\neg\mathbf{F}$, $\neg(\xi \wedge \mathbf{F})$, etc.). Quant à la relation de conséquence positivement valide (définition 5.2.7), elle est caractérisable syntaxiquement par l'ensemble des règles de dérivation R1-R7 de *SPP*, plus les règles additionnelles suivantes :

R8+ $\vdash \mathbf{V}$

R9+ $\neg(\neg\bigstar \wedge \bigstar) \vdash \mathbf{F}$

Il est à noter que R9+ est bel et bien positivement valide : puisque $\bigstar$ et $\neg\bigstar$ ne sont fausses dans aucun modèle, il n'y a aucun modèle où $\neg(\neg\bigstar \wedge \bigstar)$ est vraie ; donc *a fortiori* il n'y a aucun modèle où $\neg(\neg\bigstar \wedge \bigstar)$ est vraie et **F** est fausse, ce qui signifie que $\neg(\neg\bigstar \wedge \bigstar) \models$ **F**.

Soit *SPP*+ le système généré par les règles R1-R7, R8+ et R9+. Ce système a une particularité intéressante, à savoir : les formules $\bigstar$, $\neg\bigstar$ et **F** sont *déductivement équivalentes*, car l'ajout de n'importe quelle de celles-ci dans tout ensemble consistant de formules crée un ensemble inconsistant. Cela découle immédiatement des trois règles dérivées que voici.

DR3+ $\mathbf{F} \dashv\vdash \xi \wedge \neg\xi$

Preuve.

1.	$\xi \wedge \neg\xi \vdash \mathbf{F}$	[R1]
2.	$\mathbf{V}, \neg\mathbf{V} \vdash \mathbf{V} \wedge \neg\mathbf{V}$	[R6]
3.	$\vdash \mathbf{V}$	[R8+]
4.	$\neg\mathbf{V} \vdash \mathbf{V}$	[3, DR2]
5.	$\neg\mathbf{V} \vdash \mathbf{V} \wedge \neg\mathbf{V}$	[2, 4, DR1]
6.	$\mathbf{V} \wedge \neg\mathbf{V} \vdash \xi \wedge \neg\xi$	[R1]
7.	$\neg\mathbf{V}, \mathbf{V} \wedge \neg\mathbf{V} \vdash \xi \wedge \neg\xi$	[6, DR2]
8.	$\neg\mathbf{V} \vdash \xi \wedge \neg\xi$	[5,7, DR1]
9.	$\mathbf{F} \vdash \xi \wedge \neg\xi$	[8, Déf. de **F**]
10.	$\mathbf{F} \dashv\vdash \xi \wedge \neg\xi$	[1, 9]

DR4+ $\bigstar \dashv\vdash \xi \wedge \neg\xi$

Preuve.

1.	$\xi \wedge \neg\xi \vdash \bigstar$	[R1]
2.	$\bigstar \vdash \neg\neg\bigstar$	[R2]
3.	$\neg\neg\bigstar \vdash \neg(\neg\neg\neg\bigstar \wedge \neg\neg\bigstar)$	[R4]
4.	$\bigstar, \neg\neg\bigstar \vdash \neg(\neg\neg\neg\bigstar \wedge \neg\neg\bigstar)$	[3, DR2]
5.	$\bigstar \vdash \neg(\neg\neg\neg\bigstar \wedge \neg\neg\bigstar)$	[2, 4, DR1]
6.	$\neg(\neg\neg\neg\bigstar \wedge \neg\neg\bigstar) \vdash \neg(\neg\bigstar \wedge \bigstar)$	[R5]
7.	$\bigstar, \neg(\neg\neg\neg\bigstar \wedge \neg\neg\bigstar) \vdash \neg(\neg\bigstar \wedge \bigstar)$	[6, DR2]
8.	$\bigstar \vdash \neg(\neg\bigstar \wedge \bigstar)$	[5, 7, DR1]
9.	$\neg(\neg\bigstar \wedge \bigstar) \vdash \mathbf{F}$	[R9+]

10. $\bigstar, \neg(\neg\bigstar \wedge \bigstar) \vdash \mathbf{F}$	[9, DR2]
11. $\bigstar \vdash \mathbf{F}$	[8, 10, DR1]
12. $\mathbf{F} \vdash \xi \wedge \neg\xi$	[DR3+]
13. $\bigstar, \mathbf{F} \vdash \xi \wedge \neg\xi$	[12, DR2]
14. $\bigstar \vdash \xi \wedge \neg\xi$	[11, 13, DR1]
15. $\bigstar \dashv\vdash \xi \wedge \neg\xi$	[1, 14]

DR5+ $\neg\bigstar \dashv\vdash \xi \wedge \neg\xi$

Preuve.

1. $\xi \wedge \neg\xi \vdash \neg\bigstar$	[R1]
2. $\neg\bigstar \vdash \neg(\neg\neg\neg\bigstar \wedge \neg\neg\bigstar)$	[R4]
3. $\neg(\neg\neg\neg\bigstar \wedge \neg\neg\bigstar) \vdash \neg(\neg\bigstar \wedge \bigstar)$	[R5]
4. $\neg\bigstar, \neg(\neg\neg\neg\bigstar \wedge \neg\neg\bigstar) \vdash \neg(\neg\bigstar \wedge \bigstar)$	[3, DR2]
5. $\neg\bigstar \vdash \neg(\neg\bigstar \wedge \bigstar)$	[2, 4, DR1]
6. $\neg(\neg\bigstar \wedge \bigstar) \vdash \mathbf{F}$	[R9+]
7. $\neg\bigstar, \neg(\neg\bigstar \wedge \bigstar) \vdash \mathbf{F}$	[6, DR2]
8. $\neg\bigstar \vdash \mathbf{F}$	[5, 7, DR1]
9. $\mathbf{F} \dashv\vdash \xi \wedge \neg\xi$	[DR3+]
10. $\neg\bigstar, \mathbf{F} \dashv\vdash \xi \wedge \neg\xi$	[9, DR2]
11. $\neg\bigstar \vdash \xi \wedge \neg\xi$	[8, 10, DR1]
12. $\neg\bigstar \dashv\vdash \xi \wedge \neg\xi$	[1, 11]

PROPOSITION 5.3.1 (FIABILITÉ ET COMPLÉTUDE DE SPP+*)*

$\Sigma \vdash \xi$ dans *SPP*+ ssi $\Sigma \models\!\!\!= \xi$.

PREUVE

Puisque R8+ et R9+ sont positivement valides, et puisque R1-R6 sont aussi positivement valides et R7 préserve la validité, nous avons que $\Sigma \vdash \xi$ dans *SPP*+ seulement si $\Sigma \models\!\!\!= \xi$. Pour démontrer la converse, on n'a qu'à appliquer intégralement les lemmes 5.2.1 et 5.2.2 à *SPP*+. La définition de V^{Δ} étant la même, la seule chose à vérifier est que $V^{\Delta}(\mathbf{V}) = \mathbf{1}$ et $V^{\Delta}(\bigstar) = \bot$. Or cela est le cas puisque par R8+, $\mathbf{V} \in \Delta$ et, étant donné que Δ est consistant (DR3+, DR4+, DR5+), $\neg\mathbf{V} \notin \Delta$, $\bigstar \notin \Delta$ et $\neg\bigstar \notin \Delta$.

●

5.4 La complétude fonctionnelle du calcul propositionnel partiel

Une notion qui nous sera utile, lorsque nous aborderons la théorie des types booléens partiels (ou protothétique partielle), est celle de complétude fonctionnelle. Nous allons ici restreindre l'examen de cette notion au cadre propositionnel. Les résultats dont nous faisons état dans cette section seront appliqués à la protothétique partielle au chapitre VII.

On sait depuis la thèse de Emil Post [Pos20] que le calcul propositionnel classique est fonctionnellement complet au sens suivant : pour toute fonction de vérité f: $\mathbf{2}^n \to \mathbf{2}$, il existe une formule de *LP* dont la table de vérité caractérise exactement f — plus précisément, il existe une formule ξ contenant n symboles propositionnels distincts $p_1,...,p_n$ et telle que, pour tout modèle classique V, $V(\xi) = f(\langle V(p_1),...,V(p_n)\rangle)$.

D'abord, on peut vérifier que la valeur d'une fonction arbitraire f: $\mathbf{2}^n \to \mathbf{2}$ pour une suite quelconque $\vec{x} \in \mathbf{2}^n$ est exactement celle de la conjonction $\bigwedge_i \delta_f(x_i)$ des expressions $\delta_f(x_i)$ de tous les x_i de la suite, où

$$\delta_f(x_i) = \begin{cases} p_i \text{ si } x_i = \mathbf{1} \text{ et } f(\vec{x}) = \mathbf{1} \\ \neg p_i \text{ si } x_i = \mathbf{0} \text{ et } f(\vec{x}) = \mathbf{1} \\ \mathbf{F} \text{ autrement,} \end{cases}$$

où $\mathbf{F}$ est $p_j \wedge \neg p_j$ pour un certain j. On peut ainsi conclure que la formule dont la table caractérise f est la disjonction des conjonctions $\bigwedge_i \delta_f(x_i)$ pour tous les arguments $\vec{x}$ possibles ($\wedge$ et $\vee$ étant les connecteurs forts de Kleene) :

$$\bigvee \vec{x} \bigwedge_i \delta_f(x_i).$$

On aura reconnu dans cette formule une sorte de forme normale disjonctive, c'est-à-dire une formule qui décrit les lignes de la table où l'énoncé est vrai, le faux étant la valeur par défaut. Par exemple, la formule $(\mathbf{F} \wedge \mathbf{F}) \vee (p_1 \wedge \neg p_2) \vee (\neg p_1 \wedge p_2) \vee (\mathbf{F} \wedge \mathbf{F})$ caractérise la fonction de vérité de la disjonction exclusive. Dans chaque cas, on peut éliminer les éléments redondants ou inutiles. En outre, la disjonction étant éliminable, il s'ensuit que l'ensemble $\{\neg, \wedge\}$ de connecteurs est suffisant pour caractériser toutes les fonctions de vérité classiques.

*EXERCICE 5.4.1**

Trouvez la formule qui caractérise l'implication matérielle.

●

Dans le cadre partiel, il n'y pas de complétude fonctionnelle, du moins si nos ressources se limitent aux symboles propositionnels et aux connecteurs classiques. Par exemple, les fonctions constantes ne sont pas caractérisables avec les moyens classiques. Il faut donc enrichir le langage de nouvelles expressions.

Si l'on veut pouvoir caractériser *toutes* les fonctions possibles, il nous faut ajouter au langage le symbole ★ (pour désigner ⊥) comme en 5.3 et au moins un connecteur unaire non monotone, tel $\#_1$, dont voici la table :

$\#_1$	
0	**0**
1	**1**
⊥	**0**

Cet opérateur non monotone peut s'interpréter comme signifiant « il est vrai que », donc comme un opérateur d'assertion. Avec l'aide de la négation et de la conjonction, il nous permet de définir les autres opérateurs unaires non monotones $\#_0$ (« il est faux que ») et $\#_\perp$ (« il n'est ni vrai ni faux que ») :

$$\#_0\,\xi =_{\text{déf.}} \#_1 \neg\xi \ ;$$

$$\#_\perp\,\xi =_{\text{déf.}} \neg\#_1\,\xi \wedge \neg\#_0\,\xi.$$

PROPOSITION 5.4.1

Toute fonction f: $\mathbf{3}^n \rightarrow \mathbf{3}$ est caractérisable dans *LP* enrichi de ★ et de $\#_1$.

PREUVE

Il est à noter que **V** (le symbole du vrai) n'a pas besoin d'être primitif puisqu'il est définissable par $\#_\perp \bigstar$. **F** (le symbole du faux) est défini comme précédemment par ¬**V**. Soit f: $\mathbf{3}^n \rightarrow \mathbf{3}$ et $\vec{x} \in \mathbf{3}^n$. On peut vérifier que la valeur de f pour $\vec{x}$ est exactement la valeur de $\bigwedge_i \delta_f(x_i)$, où :

$$\delta_f(x_i) = \begin{cases} \#_1\, p_i \text{ si } x_i = \mathbf{1} \text{ et } f(\vec{x}) = \mathbf{1} \\ \#_0\, p_i \text{ si } x_i = \mathbf{0} \text{ et } f(\vec{x}) = \mathbf{1} \\ \#_\perp\, p_i \text{ si } x_i = \perp \text{ et } f(\vec{x}) = \mathbf{1} \\ (\#_1\, p_i \wedge \bigstar) \text{ si } x_i = \mathbf{1} \text{ et } f(\vec{x}) = \perp \\ (\#_0\, p_i \wedge \bigstar) \text{ si } x_i = \mathbf{0} \text{ et } f(\vec{x}) = \perp \\ (\#_\perp\, p_i \wedge \bigstar) \text{ si } x_i = \perp \text{ et } f(\vec{x}) = \perp \\ \mathbf{F} \text{ autrement.} \end{cases}$$

La formule dont la table caractérise f est alors :

$$\vee\vec{x} \wedge_i \delta_f(x_i).$$

●

Tout intéressant qu'il soit, ce dernier résultat signifie la perte de la propriété de persistance pour les modèles partiels. En effet, dès que l'on utilise des opérateurs non monotones, la persistance ne tient plus. Par exemple, si V, V' sont deux modèles partiels tels que $V(p)=\bot \sqsubseteq V'(p)=\mathbf{0}$, toutes choses étant égales par ailleurs, alors $V \sqsubseteq V'$ mais $V(\#_\bot p)=\mathbf{1} \not\sqsubseteq V'(\#_\bot p)=\mathbf{0}$. En somme, la persistance requiert la monotonie de toutes les opérations, mais cette contrainte implique l'incomplétude fonctionnelle. Cependant, si l'on s'intéresse seulement à une sous-classe particulière de fonctions, à savoir précisément la classe des fonctions *monotones* (monotones relativement à $\sqsubseteq$ sur $\mathbf{3}$), alors la complétude fonctionnelle peut être recouvrée, sans perdre la persistance. Le résultat suivant est de [Bla86].

PROPOSITION 5.4.2

Toute fonction monotone f: $\mathbf{3}^n \rightarrow \mathbf{3}$ est caractérisable dans LP^+ (= LP enrichi de $\mathbf{V}$ et $\bigstar$).

PREUVE

Voici la version simplifiée de [Thi92]. D'abord, on définit

$$\xi \downarrow \zeta =_{\text{déf.}} (\xi \wedge \bigstar) \vee (\xi \wedge \zeta) \vee (\zeta \wedge \bigstar).$$

Le connecteur « $\downarrow$ » s'appelle l'*interjection* (le $\wedge$ et le $\vee$ sont les connecteurs forts de Kleene) ; sa condition de vérité est celle de la conjonction et sa condition de fausseté, celle de la disjonction. Sa table de vérité est donc :

$\downarrow$	**0**	**1**	$\bot$
0	**0**	$\bot$	$\bot$
1	$\bot$	**1**	$\bot$
$\bot$	$\bot$	$\bot$	$\bot$

Cette table correspond en fait à l'opération infimum sur $\langle \mathbf{3}, \sqsubseteq \rangle$.

Soit f: $\mathbf{3}^n \to \mathbf{3}$ une fonction monotone et $\vec{x} \in \mathbf{3}^n$, pour n'importe quel i $(1 \leq i \leq n)$, définissons :

$$\delta_f(x_i) = \begin{cases} p_i \text{ si } x_i = \mathbf{1} \\ \neg p_i \text{ si } x_i = \mathbf{0}. \end{cases}$$

La formule suivante caractérise exactement f[7] :

$$(\vee_{\vec{x}}^{f(\vec{x})=\mathbf{1}} \wedge_i^{x_i \neq \perp} \delta_f(x_i)) \downarrow \neg(\vee_{\vec{x}}^{f(\vec{x})=\mathbf{0}} \wedge_i^{x_i \neq \perp} \delta_f(x_i))$$

où les valeurs par défaut des disjonctions (à gauche lorsque $f(\vec{x}) = \mathbf{1}$ pour tout $\vec{x}$, à droite lorsque $f(\vec{x}) = \mathbf{0}$ pour tout $\vec{x}$) est **F** et celle par défaut des conjonctions est **V**. On constate que la valeur de cette formule est l'infimum des valeurs de deux formules. La formule de gauche est la disjonction des conjonctions des expressions des arguments (**0** ou **1**) pour lesquels la fonction est vraie. C'est une forme normale disjonctive qui donne le vrai lorsque la formule est vraie et le faux dans les autres cas. La formule de droite est la négation de la disjonction des conjonctions des expressions des arguments (**0** ou **1**) pour lesquels la fonction est fausse. C'est une négation d'une forme normale disjonctive décrivant les lignes ou la formule est fausse, le vrai étant la valeur par défaut. Lorsque les deux côtés divergent, c'est que les valeurs divergent. La valeur de la formule est $\perp$. Par exemple, la fonction f: $\mathbf{3} \to \mathbf{3}$ définie par ce tableau :

x	$f(x)$
0	$\perp$
1	**0**
$\perp$	$\perp$

est caractérisée par la formule $\mathbf{F} \downarrow \neg p$.

●

7. $\vee_{\vec{x}}^{f(\vec{x})=\mathbf{1}} \wedge_i^{x_i \neq \perp}$ désigne la disjonction de tous les termes $\wedge_i^{x_i \neq \perp}$ pour les $\vec{x}$ tels que $f(\vec{x}) = \mathbf{1}$. $\wedge_i^{x_i \neq \perp} \delta_f(x_i)$ est la conjonction de tous les $\delta_f(x_i)$ tels que $x_i \neq \perp$.

CHAPITRE VI

Fonctions partielles et théorie des types

6.1 Qu'est-ce qu'une fonction partielle ?

Dans le chapitre précédent, nous avons présenté les concepts généraux de la logique partielle propositionnelle. Pour intégrer ces concepts à la logique intensionnelle, nous devons d'abord généraliser la notion de fonction partielle. Ce chapitre sera ainsi consacré à la présentation de la hiérarchie des fonctions partielles en théorie des types et à la définition générale d'une interprétation utilisant ces fonctions partielles.

Une première tentative de définition d'une fonction partielle est celle présentée en 5.2 ; on pourrait la résumer comme suit :

DÉFINITION 6.1.1

Soit A et B deux ensembles. Une fonction partielle de A dans B est une fonction d'un sous-ensemble de A dans B.

●

Cette définition d'une fonction partielle — malgré sa simplicité et son côté intuitif — n'est pas très heureuse. Elle ne permet pas, en général, de distinguer une fonction partielle de A dans B d'une fonction partielle d'un sous-ensemble strict de A dans B. Une des caractéristiques d'une fonction partielle que cette définition n'arrive pas à capturer est tout simplement que le domaine de la fonction est bien défini mais que pour certains arguments de ce domaine, la fonction n'est tout simplement *pas définie*. Cela nous conduit à la définition suivante.

DÉFINITION 6.1.2

Une fonction partielle de A dans B est une fonction de A dans B qui n'est pas définie pour certains arguments.

•

Bien que l'intuition que cette définition tente de formaliser soit relativement claire, la définition elle-même demeure très problématique.

Tout d'abord, elle est littéralement contradictoire. En effet, la seconde occurrence de l'expression « fonction » renvoie à la définition habituelle de fonction, donc à la définition d'une fonction totale !

Ce petit problème peut être réglé très facilement. Il suffit de remplacer cette seconde occurrence de l'expression « fonction » par la définition d'un triplet $\langle A, B, G \rangle$ où G est le graphe d'une fonction d'un sous-ensemble de A dans B. Supposons alors que l'on prête cette interprétation à la définition 6.1.1. Soit f une fonction partielle de A dans B, et $a \in A$ un objet pour lequel f n'est justement pas définie. Quel est le statut d'une expression du langage objet comme « $f(a)$ » ? Par exemple, si b est n'importe quel élément de A, quelle est la valeur de vérité de « $f(a) = f(b)$ » ou encore de « $f(a) = f(a)$ » ? La réponse à cette question n'est pas simple. On pourrait être tenté d'y répondre en adoptant la maxime suivante : « Toute expression contenant une sous-expression non définie est elle-même non définie. » L'adoption de cette solution ne conduit pas à une contradiction mais constitue une contrainte difficilement acceptable, celle de ne pas pouvoir exprimer dans le langage objet qu'une fonction n'est pas définie.

En effet, suivant cette maxime, une telle expression ne serait pas définie et une expression non définie ne peut signifier que certains objets possèdent la propriété de ne pas être définis ! Une conséquence plus désagréable encore est que cette approche impose des restrictions graves sur l'admissibilité de certaines expressions. Considérons l'exemple suivant. Soit A, B, C trois ensembles quelconques et $f: A \rightarrow B$, $g: B \rightarrow C$ des fonctions partielles. Supposons que $f(a)$ ne soit pas définie. Dans ce cas, quel est le statut d'une expression du genre de « $g(f(a))$ » ? Toujours suivant la maxime, cette expression n'est pas définie ; mais intuitivement cela n'est pas satisfaisant. $f(a)$ n'étant pas définie, « $g(f(a))$ » serait plutôt une expression mal formée. Une expression de la forme « $g(x)$ » pour être définie ou non définie doit être telle que « x » dénote un élément de B. Or ce n'est pas le cas dans « $g(f(a))$ » puisque $f(a)$ n'étant pas définie, nous n'avons pas $f(a) \in B$ (ni $f(a) \notin B$ d'ailleurs), c'est-à-dire que « $f(a)$ » ne dénote pas un objet du discours.

Cet exemple très élémentaire illustre un problème très général. Si la notion d'être défini ou de ne pas être défini est relativement claire lorsqu'elle s'applique aux expressions d'un langage — elle signifie alors avoir une valeur sémantique ou ne pas avoir de valeur sémantique —, il en va tout autrement lorsqu'il s'agit de la définition ou de la non-définition des objets ensemblistes du discours. Dans ce cas, être ou ne pas être défini signifie être ou ne pas être un objet du discours. La non-existence de $f(a)$ ne peut être assimilée à une non-définition de l'expression « $f(a)$ » : c'est ce qu'illustre la distinction entre $g(f(a))$ et $g(b)$ même lorsque $g(b)$ n'est pas définie.

Il existe une façon simple et élégante de mettre un peu d'ordre dans tout cela. Elle consiste tout simplement à généraliser le dispositif technique de la section 5.2, à savoir d'introduire l'objet indéfini que nous noterons comme précédemment $\bot$.

DÉFINITION 6.1.3

Une fonction partielle de A dans B est une fonction $f{:}A \to B \cup \{\bot\}$.

●

Grâce à cette astuce nous avons un objet ensembliste qui possède toutes les propriétés d'une fonction partielle : $f(a) = \bot$ sera simplement interprété comme signifiant que f n'est pas définie pour l'argument a. Qu'arrive-t-il maintenant au problème soulevé par la composition des fonctions ? Cette question est celle de la possibilité pour une fonction d'avoir un argument indéfini. La définition suivante adapte la maxime donnée ci-haut.

DÉFINITION 6.1.4

Une fonction partielle de A dans B est une fonction $f{:}A \cup \{\bot\} \to B \cup \{\bot\}$ ayant $\bot$ pour point fixe (c'est-à-dire que $f(\bot) = \bot$).

●

En clair : par convention, si a n'est pas défini, $f(a)$ ne l'est pas non plus.

L'adoption de la définition 6.1.4 permet par ailleurs de formuler la plupart des propriétés intuitives des fonctions partielles. Prenons par exemple une fonction $f{:}A \to B$. On peut assimiler f à une fonction partielle h telle que $h(x) = f(x)$ pour tout $x \in A$ et $h(\bot) = \bot$. On notera cette fonction $f_{\bot}$. Soit maintenant l'ensemble des fonctions partielles de A dans B. Ces fonctions partielles sont de deux types. Celles qui sont compatibles avec f, c'est-à-dire que lorsqu'elles sont définies pour un argument x elles prennent la valeur $f(x)$, et celles qui sont incompatibles avec f, c'est-à-dire que pour au moins un argument x, elles sont définies et prennent une valeur différente de $f(x)$.

Intuitivement, les fonctions du premier type peuvent être considérées comme des approximations de f, approximations plus ou moins précises selon le degré de définition. La proposition 6.1.3 caractérise cette propriété d'une manière élégante et précise.

DÉFINITION 6.1.5

Soit $\sqsubseteq_A$ la relation sur $A \cup \{\perp\}$ telle que $a \sqsubseteq_A a$ et $\perp \sqsubseteq_A a$ pour tout $a \in A$ et non $a \sqsubseteq_A b$ dans les autres cas. (Nous laissons tomber l'indice là où il n'y a pas d'ambiguïté et écrirons $a \sqsubseteq b$.)

●

On aura reconnu ici une généralisation de l'inf-semi-treillis $\langle \mathbf{3}, \sqsubseteq \rangle$ de la section 5.2.1.

PROPOSITION 6.1.1

$\sqsubseteq$ est une relation d'ordre et $A \cup \{\perp\}$ est un inf-semi-treillis plat pour $\sqsubseteq$.

●

Cette relation induit une relation similaire dans l'espace fonctionnel.

DÉFINITION 6.1.6

Soit $(A \to B)$ l'ensemble des fonctions partielles de A dans B et $\sqsubseteq_{(A \to B)}$ la relation sur $(A \to B)$ telle que $f \sqsubseteq g$ ssi pour tout $x \in A, f(x) \sqsubseteq g(x)$.

PROPOSITION 6.1.2

$(A \to B)$ est un inf-semi-treillis.

EXERCICE 6.1.1

Démontrez la proposition 6.1.2.

PROPOSITION 6.1.3

Soit $f : A \to B$. L'ensemble $\{g : g \in (A \to B) \text{ et } g \sqsubseteq f_\perp\}$ est un treillis complet.

●

La fonction qui domine ce treillis est donc $f_\perp$ et l'élément minimal est la fonction totalement indéfinie, c'est-à-dire celle dont la valeur est $\perp$ pour tout $x \in A \cup \{\perp\}$.

La question qui se pose maintenant est celle de la généralisation de cette « définition » des fonctions partielles à toute la hiérarchie des types. Nous allons constater que cette tâche exige quelques réaménagements.

6.2 La hiérarchie des fonctions partielles en théorie des types

Avant d'aborder cette section, le lecteur devrait relire la section 1.3.2.

La définition de l'ensemble des fonctions partielles en théorie des types, suivant la procédure donnée ci-haut, est presque immédiate.

DÉFINITION 6.2.1

Pour chaque type σ, l'ensemble DP_σ des *dénotations partielles* de ce type est :

(1) $DP_e = E \cup \{\perp\}$

(2) $DP_t = \{\mathbf{0}, \mathbf{1}, \perp\}$

(3) $DP_{\langle\sigma,\tau\rangle} = (DP_\sigma \rightarrow DP_\tau)$

(4) $DP_{\langle s,\tau\rangle} = DP_\tau^I$

où $(DP_\sigma \rightarrow DP_\tau)$ est l'ensemble des *fonctions monotones* de DP_σ dans DP_τ, la monotonie étant relative à l'ordre suivant :

(1) pour tout $x \in DP_e, x \sqsubseteq x$ et $\perp \sqsubseteq x$;

(2) pour tout $x \in DP_t, x \sqsubseteq x$ et $\perp \sqsubseteq x$;

(3) pour tout $f, g \in DP_{\langle\sigma,\tau\rangle}, f \sqsubseteq g$ ssi pour tout $x \in DP_\sigma, f(x) \sqsubseteq g(x)$;

(4) pour tout $f, g \in DP_{\langle s,\tau\rangle}, f \sqsubseteq g$ ssi pour tout $i \in I, f(i) \sqsubseteq g(i)$.

●

La contrainte de monotonie n'est pas vraiment une généralisation de la contrainte du point fixe. En effet, pour les fonctions du premier ordre telles que présentées dans la section précédente, les objets qui servent d'arguments ou de valeurs des fonctions sont soit $\perp$, soit totalement définis. Les choses sont un peu plus complexes dans la hiérarchie des fonctions. En effet, être totalement défini ou totalement indéfini ne sont que des cas limites : en général un argument est *plus ou moins* défini. La définition 6.1.4 ne peut donc pas s'appliquer directement pour définir la hiérarchie des fonctions partielles. On ne peut, par exemple, définir

$DP_{\langle\sigma,\tau\rangle}$ comme l'ensemble des fonctions de $D_\sigma \cup \{\bot\}$ dans $D_\tau \cup \{\bot\}$ ayant $\bot$ comme point fixe. Une telle définition ne serait pas récursive car un élément de $DP_{\langle\sigma,\tau\rangle}$ ne prendrait pas pour arguments des éléments de DP_σ mais des éléments de $D_\sigma \cup \{\bot\}$.

La définition 6.2.1 diverge de la définition 6.1.4 sur un autre point. En effet, considérons le cas limite d'une fonction constante $f : A \to B$ telle que pour tout $x \in A$, $f(x) = b$. Dans ce cas précis, la fonction $h: A \cup \{\bot\} \to B \cup \{\bot\}$ telle que $h(x) = b$ pour tout $x \in A$ est une fonction monotone et donc admissible au sens de la définition 6.2.1 bien que $h(\bot) \neq \bot$.

La définition 6.2.1 n'est probablement pas la seule possible, mais elle est certainement la plus générale. Par exemple, n'importe quel élément de $D_\sigma \cup \{\bot\}$ peut être « assimilé » à un certain élément de DP_σ alors que l'inverse n'est pas vrai. Examinons cela plus en détail.

Nous allons, en fait, montrer qu'il existe un épimorphisme entre un certain sous-ensemble de $DP_{\langle\sigma,\tau\rangle}$ et l'ensemble des fonctions classiques $D_{\langle\sigma,\tau\rangle}$ et que ce sous-ensemble est constitué de fonctions *totales*, c'est-à-dire de fonctions qui sont définies quand leurs arguments le sont. Mais pour parvenir à ce résultat, nous aurons besoin d'établir plusieurs propriétés de l'ensemble des fonctions partielles.

PROPOSITION 6.2.1

Pour tout type σ, DP_σ est un inf-semi-treillis pour **sup** et **inf** définis de la façon suivante.

(1) Pour $a, b \in DP_e$:

$$\mathbf{sup}(a,b) = \begin{cases} a \text{ si } b = \bot \text{ ou } a = b \\ b \text{ si } a = \bot \\ \text{n'existe pas dans les autres cas} \end{cases}$$

$$\mathbf{inf}(a,b) = \begin{cases} a \text{ si } a = b \\ \bot \text{ autrement} \end{cases}$$

(2) Pour $a, b \in DP_t$:

$$\mathbf{sup}(a,b) = \begin{cases} a \text{ si } b = \bot \text{ ou } a = b \\ b \text{ si } a = \bot \\ \text{n'existe pas dans les autres cas} \end{cases}$$

$$\mathbf{inf}(a,b) = \begin{cases} a \text{ si } a = b \\ \bot \text{ autrement} \end{cases}$$

(3) Pour $f, g \in DP_{\langle\sigma,\tau\rangle}$:

sup(f, g) est la fonction $h \in DP_{\langle\sigma,\tau\rangle}$ telle quc pour tout $x \in DP_\sigma$, $h(x) = \mathbf{sup}(f(x), g(x))$ s'il existe, sinon h n'existe pas ;

inf(f, g) est la fonction $h \in DP_{\langle\sigma,\tau\rangle}$ telle que pour tout $x \in DP_\sigma$, $h(x) = \mathbf{inf}(f(x), g(x))$.

(4) Pour $f, g \in DP_{\langle s,\tau\rangle}$, **sup**$(f, g)$ est la fonction h telle que pour tout $i \in I$, $h(i) = \mathbf{sup}(f(i), g(i))$.

EXERCICE 6.2.1

Vérifiez que pour tout $A \subseteq DP_\sigma$, **inf**(A) existe toujours.

●

Nous pouvons maintenant identifier un sous-ensemble de fonctions partielles qui se « comportent » comme des fonctions classiques lorsque leurs arguments eux-mêmes possèdent cette propriété.

DÉFINITION 6.2.2

On appelle ensemble des fonctions partielles *totales* de type σ l'ensemble $DPT_\sigma \subseteq DP_\sigma$ telle que

(1) $DPT_e = E$;

(2) $DPT_t = \{\mathbf{0}, \mathbf{1}\}$;

(3) $DPT_{\langle\sigma,\tau\rangle}$ est l'ensemble des $f \in DP_{\langle\sigma,\tau\rangle}$ telles que pour tout $x \in DPT_\sigma$, $f(x) \in DPT_\tau$;

(4) $DPT_{\langle s,\tau\rangle}$ est l'ensemble des $f \in DP_{\langle s,\tau\rangle}$ telles que pour tout $i \in I$, $f(i) \in DPT_\tau$.

DÉFINITION 6.2.3

Soit $\neq_*$ la relation suivante sur DP_σ.

(1) Pour $a, b \in DP_e$, $a \neq_* b$ ssi $a \neq b$, $a \neq \bot$ et $b \neq \bot$;

(2) Pour $a, b \in DP_t$, $a \neq_* b$ ssi $a \neq b$, $a \neq \bot$ et $b \neq \bot$;

(3) Pour $f, g \in DP_{\langle\sigma,\tau\rangle}$, $f \neq_* g$ ssi il y a un $a \in DP_\sigma$ tel que $f(a) \neq_* g(a)$;

(4) Pour $f, g \in DP_{\langle s,\tau\rangle}$, $f \neq_* g$ ssi il y a un $i \in I$ tel que $f(i) \neq_* g(i)$.

●

La relation « $\neq_*$ » est très utile. « $a \neq_* b$ » doit se lire « a est fortement différent de b » ou encore « a est incompatible avec b ». L'introduction de cette relation est nécessaire afin d'exprimer que deux fonctions diffèrent de façon essentielle. Par exemple, au niveau le plus bas, **1** et $\bot$ ne diffèrent pas de manière essentielle, alors que **1** et **0**, eux, diffèrent de façon essentielle. Une autre façon de comprendre cette relation est donnée par la proposition suivante :

PROPOSITION 6.2.2

Pour tout $a,b \in DP_\sigma$, $a \neq_* b$ ssi $\mathbf{sup}(a,b)$ n'existe pas.

EXERCICE 6.2.2

Démontrez la proposition 6.2.2.

•

Une conséquence triviale de la proposition 6.2.2 est que si $a \neq_* b$, alors pour tout a',b' tels que $a \sqsubseteq a'$ et $b \sqsubseteq b'$, $a' \neq_* b'$.

Tout comme pour les fonctions classiques, les fonctions partielles sont extensionnelles. Tout comme les fonctions classiques en théorie des types, si deux objets du même type sont différents, cette différence peut se manifester au niveau le plus bas. Voyons comment. Remarquons tout d'abord que pour n'importe quel objet partiel f de type σ il existe une suite de types[1] $\langle \sigma_0,\ldots,\sigma_{n-1}\rangle$ telle que, pour toute suite $\langle a_{\sigma_i}\rangle_{i<n} \in DP_{\sigma_0}\times\ldots\times DP_{\sigma_{n-1}}$,

$$f(a_0)(a_1)\ldots(a_{n-1}) \in DP_t \text{ ou } f(a_0)(a_1)\ldots(a_{n-1}) \in DP_e,$$

car tout type est de la forme

$$\langle\sigma_0,\langle\sigma_1,\langle\ldots\langle\sigma_{n-1},t\rangle\ldots\rangle\rangle\rangle \text{ ou } \langle\sigma_0,\langle\sigma_1,\langle\ldots\langle\sigma_{n-1},e\rangle\ldots\rangle\rangle\rangle.$$

EXERCICE 6.2.3

Montrez que tout type est bien de cette forme.

DÉFINITION 6.2.4

Soit $f \in DP_\sigma$. On appelle *projecteur* de f toute suite $\langle a_0,\ldots,a_{n-1}\rangle$ avec $a_i \in DP_{\sigma_i}$ et telle que $f(a_0)\ldots(a_{n-1}) \in DP_e$ ou $f(a_0)\ldots(a_{n-1}) \in DP_t$.

---

1. Il s'agit ici d'un abus de langage inoffensif car certains σ_i peuvent être s qui, à strictement parler, n'est pas un type.

On notera $\vec{a}_{0,n-1} = \langle a_0,\ldots,a_{n-1}\rangle$ et $f(\vec{a}_{0,n-1}) = f(a_0)\ldots f(a_{n-1})$.

●

Pour les objets de type *e* ou *t*, on dira que les projecteurs sont vides. On dira que $\vec{a}_{0,n-1}$ est un projecteur *total*, lorsque, pour tout i, $a_i \in DPT_{\sigma_i}$. On notera $Pr(\sigma)$ la classe des projecteurs d'un objet de type σ.

PROPOSITION 6.2.3

Pour tout $f,g \in DP_\sigma$, $f \neq_* g$ (resp. $f \neq g$) ssi il existe un projecteur $\vec{a}_{0,n-1} \in Pr(\sigma)$ tel que $f(\vec{a}_{0,n-1}) \neq_* g(\vec{a}_{0,n-1})$ (resp. $f(\vec{a}_{0,n-1}) \neq g(\vec{a}_{0,n-1})$).

●

Nous pouvons préciser formellement une caractéristique importante des fonctions totales que nous avons déjà évoquée : pour des arguments eux-mêmes totaux, les fonctions totales se comportent comme des fonctions classiques.

PROPOSITION 6.2.4

Soit $f \in DPT_\sigma$. Pour tout projecteur total $\vec{a}_{0,n-1} \in Pr(\sigma)$, $f(\vec{a}_{0,n-1}) \neq \bot$.

EXERCICE 6.2.4

Démontrez la proposition 6.2.4.

●

À cause de la monotonie, le comportement d'une fonction pour les arguments totaux caractérise cette fonction de manière relativement fine.

DÉFINITION 6.2.5

Soit $=_*$ la relation sur DP_σ définie par :

(1) pour $a,b \in DP_e$, $a =_* b$ ssi $a = b$;

(2) pour $a,b \in DP_t$, $a =_* b$ ssi $a = b$;

(3) pour $f,g \in DP_{\langle\sigma,\tau\rangle}$, $f =_* g$ ssi pour tout $x \in DPT_\sigma$, $f(x) =_* g(x)$;

(4) pour $f,g \in DP_{\langle s,\tau\rangle}$, $f =_* g$ ssi pour tout $i \in I$, $f(i) =_* g(i)$.

PROPOSITION 6.2.5

Pour tout $f, g \in DP_\sigma$, $f =_* g$ ssi pour tout projecteur total $\vec{a}_{0,n-1} \in Pr(\sigma)$, $f(\vec{a}_{0,n-1}) = g(\vec{a}_{0,n-1})$.

PROPOSITION 6.2.6

« $=_*$ » est une relation d'équivalence.

Nous noterons $<f>$ la classe d'équivalence de f.

EXERCICE 6.2.5

Démontrez les propositions 6.2.5 et 6.2.6.

●

On pourrait croire à l'existence d'une relation bi-univoque entre l'ensemble des fonctions classiques et celui des fonctions partielles totales. Or il n'en est rien car deux fonctions totales équivalentes selon $=_*$ peuvent avoir des comportements différents pour un même argument non total. La pertinence de la définition 6.2.1 semble sérieusement mise en cause. L'idée d'assimiler des fonctions partielles à des fonctions monotones suppose que les mieux définies de ces fonctions monotones doivent correspondre aux fonctions classiques qui sont en quelque sorte les cas limites des fonctions partielles. En fait, la situation est un peu plus complexe. Plusieurs fonctions partielles totales correspondent à une même fonction classique mais elles sont toutes équivalentes selon $=_*$.

Formellement, nous allons montrer qu'il existe un épimorphisme $\Psi: \bigcup_{\sigma \in T} DPT_\sigma \to \bigcup_{\sigma \in T} D_\sigma$ tel que

(1) si $a \in DPT_\sigma$, alors $\Psi(a) \in D_\sigma$;

(2) si $f \in DPT_{\langle \sigma, \tau \rangle}$ et $a \in DPT_\sigma$, alors $\Psi(f(a)) = \Psi(f)(\Psi(a))$;

(3) pour tout $x \in DPT_\sigma$, $<x> = \{y \in DPT_\sigma : \Psi(y) = \Psi(x)\}$ (autrement dit, Ψ prend la même valeur pour les objets équivalents selon $=_*$).

Nous noterons $\Psi^*(x)$ l'ensemble image inverse de x par Ψ, c'est-à-dire $\{y \in DPT_\sigma : \Psi(y) = \Psi(x)\}$. (3) affirme donc que $\Psi^*(x) = <x>$.

L'établissement d'un tel épimorphisme ne va pas de soi : si à chaque fonction totale correspond une fonction classique, il en va tout autrement des arguments de ces fonctions totales. Une fonction totale prend une valeur totale pour les arguments totaux, mais peut être quand même définie pour les arguments qui ne sont pas totaux. Comme à ces arguments ne correspond aucune fonction classique, il n'est pas possible de donner une définition récursive directe de Ψ.

Nous allons procéder de la façon suivante.

DÉFINITION 6.2.6

Soit la fonction $\Phi\colon \bigcup_{\sigma\in T} D_\sigma \to \bigcup_{\sigma\in T} DP_\sigma$ telle que

(1) pour tout $x \in D_e$, $\Phi(x) = x$;

(2) pour tout $x \in D_t$, $\Phi(x) = x$;

(3) soit $\sigma = \langle\sigma_0, \langle\sigma_1, \langle\ldots\langle\sigma_{n-1}, t\rangle\ldots\rangle\rangle\rangle$ ou $\sigma = \langle\sigma_0, \langle\sigma_1, \langle\ldots\langle\sigma_{n-1}, e\rangle\ldots\rangle\rangle\rangle$, $f \in D_\sigma$, $\vec{a}_{0,n-1} \in D_{\sigma_0} \times\ldots\times D_{\sigma_{n-1}}$ et $\vec{b}_{0,n-1} \in DP_{\sigma_0} \times\ldots\times DP_{\sigma_{n-1}}$ [2].

$$\Phi(f)(\vec{b}_{0,n-1}) = \begin{cases} \Phi(f(\vec{a}_{0,n-1})) \text{ si } b_i = \Phi(a_i) \\ \qquad\qquad\qquad \text{pour tout } i \text{ tel que } 0 \le i < n \\ \bot \text{ autrement.} \end{cases}$$

PROPOSITION 6.2.7

Pour tout $x \in D_\sigma$,

(1) $\Phi(x)$ existe et est unique ;

(2) $\Phi(x) \in DPT_\sigma$;

(3) $\Phi(x) = \mathbf{inf}(\langle\Phi(x)\rangle)$.

PREUVE

(1) L'existence de Φ est une conséquence directe de la définition 6.2.6.

On montre l'unicité par induction.

(i) Pour tout $x \in D_e$, $\Phi(x) = x$, et donc Φ est unique.

(ii) Pour tout $x \in D_t$, $\Phi(x) = x$, et donc Φ est unique.

(iii) Montrons tout d'abord que si $\Phi(x) = \Phi(y)$, alors $x = y$.

(i') Pour tout $x, y \in D_e$, c'est trivial.

(ii') Pour tout $x, y \in D_t$, c'est trivial.

(iii') Pour tout $x, y \in D_{\langle\sigma,\tau\rangle}$, si $x \neq y$, alors il existe un $z \in D_\sigma$ tel que $x(z) \neq y(z)$. Par hypothèse d'induction, $x(z) \neq y(z)$ entraîne que $\Phi(x(z)) \neq \Phi(y(z))$ et donc, par la définition de Φ, que $\Phi(x) \neq \Phi(y)$.

---

2. Ici encore nous commettons l'abus de langage déjà signalé, car σ_i peut être s. On suppose que $\Phi(k) = k$ pour tout $k \in I$.

Supposons maintenant que
$\Phi(f(\vec{a}'_{0,n-1}))$ et $\Phi(f(\vec{a}''_{0,n-1}))$ ne soient pas uniques,
c'est-à-dire que deux valeurs différentes
$\Phi(f(\vec{a}'_{0,n-1}))$ et $\Phi(f(\vec{a}''_{0,n-1}))$ satisfassent la définition.
Dans ce cas, toujours par la définition de Φ, pour tout $0 \leq i < n$, $b_i = \Phi(a'_i) = \Phi(a''_i)$ (par (i')-(iii')) et donc $\vec{a}'_{0,n-1} = \vec{a}''_{0,n-1}$.

(2) Cela suit immédiatement du fait que si une fonction prend des valeurs totales pour tous les arguments totaux, elle est totale.

(3) (i) Pour $a \in D_e$, $\Phi(a) = a$ et $a = \mathbf{inf}(< a >)$ (car $< a > = \{a\}$).
(ii) Comme en (i).
(iii) Soit $f \in D_\sigma$ et supposons que $\mathbf{inf}(< \Phi(f) >) \neq \Phi(f)$.
Il existe donc un projecteur $\vec{b}_{0,n-1}$ tel que $\Phi(f)(\vec{b})$ domine strictement $\mathbf{inf}(< \Phi(f) >)(\vec{b})$, c'est-à-dire que $\mathbf{inf}(< \Phi(f) >)(\vec{b}) = \bot$ et $\Phi(f)(\vec{b}) \neq \bot$.
Mais $\Phi(f)(\vec{b}) \neq \bot$ entraîne que, pour tout i, $b_i = \Phi(a_i)$ pour un certain a_i. Comme tous les éléments de $< \Phi(f) >$ sont totaux, $\mathbf{inf}(< \Phi(f) >)$ l'est également et donc $\mathbf{inf}(< \Phi(f) >)(\vec{b}) \neq \bot$, ce qui contredit que $\mathbf{inf}(< \Phi(f) >)(\vec{b}) = \bot$.

•

Nous avons donc réussi à montrer qu'un certain sous-ensemble de fonctions partielles se comporte comme l'ensemble des fonctions classiques. Notre construction de Φ nous a donné l'ensemble des fonctions les moins définies — les **inf** de fonctions totales.

Il nous reste à montrer que les fonctions totales ont *toutes* cette propriété de ressembler à des fonctions classiques. Nous arrivons à notre proposition principale.

PROPOSITION 6.2.8

La fonction $\Psi : \bigcup_{\sigma \in T} DPT_\sigma \rightarrow \bigcup_{\sigma \in T} D_\sigma$ telle que

(1) pour tout $x \in DPT_e$, $\Psi(x) = x$;

(2) pour tout $x \in DPT_t$, $\Psi(x) = x$;

(3) pour tout $f \in DPT_\sigma$ et pour tout $\vec{a} \in Pr(\sigma)$ tel que

$a_i \in \Psi^*(b_i)$, $\Psi(f)(\vec{b}) = \Psi(f(\vec{a}))$,

est un épimorphisme tel que, pour tout

$x \in \bigcup_{\sigma \in T} DPT_\sigma$, $\langle x \rangle = \Psi^*(\Psi(x))$.

PREUVE

(1)-(2) Pour tout $x \in DPT_e \cup DPT_t$, il est clair que Ψ est un isomorphisme. D'autre part, pour tout $x \in DPT_e \cup DPT_t$, $x \in \{\Psi^*(y)\} = \{x\}$ pour un et un seul y, nommément x.

(3) Soit $f \in DPT_\sigma$. Par hypothèse d'induction, tout projecteur total $\vec{a}_{0,n-1}$ de f est tel que $a_i \in \Psi^*(b_i)$ pour un et un seul b_i.

Donc Ψ est une fonction. Comme $\Psi(f(\vec{a})) = \Psi(f)(\vec{b})$ et que $a_i \in \Psi^*(b_i)$, on a $\Psi(a_i) = b_i$ et donc $\Psi(f(\vec{a})) = \Psi(f)(\Psi(a_0)\ldots\Psi(a_{n-1}))$, donc Ψ est un morphisme.

Si $f =_* g$, alors $\Psi(f) = \Psi(g)$. En effet, supposons que $\Psi(f) \neq \Psi(g)$. Alors il existe $\vec{b}$ telle que $\Psi(f)(\vec{b}) \neq \Psi(g)(\vec{b})$ avec $b_i \in D_{\sigma_i}$.

Cela signifie que, par hypothèse d'induction, il existe un projecteur total $\vec{a}$ tel que $\Psi(a_i) = b_i$ pour tout i tel que $0 \leq i < n$ et $\Psi(f(\vec{a})) \neq \Psi(g(\vec{a}))$. Comme Ψ est fonctionnelle, $f(\vec{a}) \neq g(\vec{a})$, ce qui contredit la définition de $=_*$ (car $f, g \in DPT_\sigma$).

Il reste à montrer que Ψ est un épimorphisme, c'est-à-dire que Ψ est surjective.

Nous allons montrer que, pour tout $g \in D_\sigma$, $\Psi(\Phi(g)) = g$ et donc que Ψ a un inverse à droite.

Pour les types e et t, c'est immédiat. Soit g une fonction d'un type fonctionnel quelconque. Pour tout projecteur $\vec{a}$ de g :

$\Psi(\Phi(g))(\vec{a})$

$= \Psi(\Phi(g))(a_0)\ldots(a_{n-1})$

$= \Psi(\Phi(g))(\Psi(\Phi(a_0)))\ldots(\Psi(\Phi(a_{n-1})))$

par hypothèse d'induction

$= \Psi(\Phi(g)(\Phi(a_0))\ldots(\Phi(a_{n-1})))$ car Ψ est un morphisme

$= \Psi(\Phi(g(a_0)\ldots(a_{n-1})))$ définition 6.2.6

$= \Psi(g(a_0)\ldots(a_{n-1}))$ car $\Phi(x) = x$ si $x \in D_e \cup D_t$

$= g(a_0)\ldots g(a_{n-1})$ car $\Psi(x) = x$ si $x \in D_e \cup D_t$
$= g(\vec{a})$
Donc $\Psi(\Phi(g)) = g$.

●

Nous avons donc montré qu'à chaque fonction classique correspond une classe particulière de fonctions partielles qui se comportent exactement comme cette fonction classique, cette identité de comportement étant exprimée par un épimorphisme préservant l'application fonctionnelle. Nous allons examiner une propriété supplémentaire très intéressante et assez intuitive : chaque ensemble $< f >$ de fonctions équivalentes forme un treillis complet.

On pourrait croire cette proposition facile à démontrer. Malheureusement, la seule démonstration que nous ayons trouvée est longue et laborieuse. Nous nous contentons de l'énoncer[3].

PROPOSITION 6.2.9

Pour tout $f \in DP_\sigma$, **sup**$(< f >)$ existe et il existe un $g \in DPT_\sigma$ tel que $f \sqsubseteq g$.

●

La démonstration de cette proposition, qui est une conjonction, implique une double induction croisée : la démonstration de chaque membre ne fait appel qu'à la démonstration de l'autre membre pour les types inférieurs.

Terminons en soulignant l'existence de deux cas particuliers de fonctions partielles totales : celles qui sont le moins définies et celles qui le sont le plus.

DÉFINITION 6.2.7

Soit $f \in DP_\sigma$. **sup**$(< f >)$ sera dite *maximale* et **inf**$(< f >)$ sera dite *minimale*.

PROPOSITION 6.2.10

L'ensemble des fonctions maximales totales et l'ensemble des fonctions minimales totales de type σ sont tous deux isomorphes à l'ensemble D_σ des fonctions classiques.

●

3. Voir [Lep92] pour une démonstration.

6.3 Quelques propriétés des fonctions partielles

L'ordre jouant un rôle fondamental dans l'espace des fonctions partielles, il est intéressant d'examiner de plus près les structures d'inf-semi-treillis de ces fonctions. La plupart de ces structures étant infinies, nous ne pouvons bien sûr en avoir une représentation directe. Il existe cependant une partie de la hiérarchie où chaque classe DP_σ est finie. Il s'agit bien sûr de la hiérarchie construite en n'utilisant pas le type de base *e* ni l'ensemble *I* des mondes possibles. La hiérarchie qui en résulte est celle des types propositionnels basés sur *t*. Une logique basée sur cette hiérarchie sera systématiquement étudiée au chapitre suivant.

Le domaine de base est DP_t et peut être représenté par

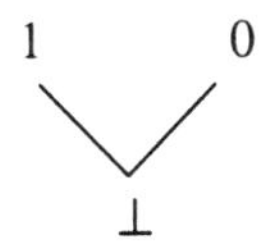

Un élément de DP_{tt} peut être représenté par :

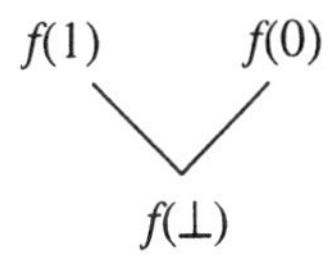

ou plus simplement par :

$f(1)$ $f(0)$

$f(\bot)$

Généralisant l'idée, on peut représenter la totalité du treillis DP_{tt} de la façon suivante :

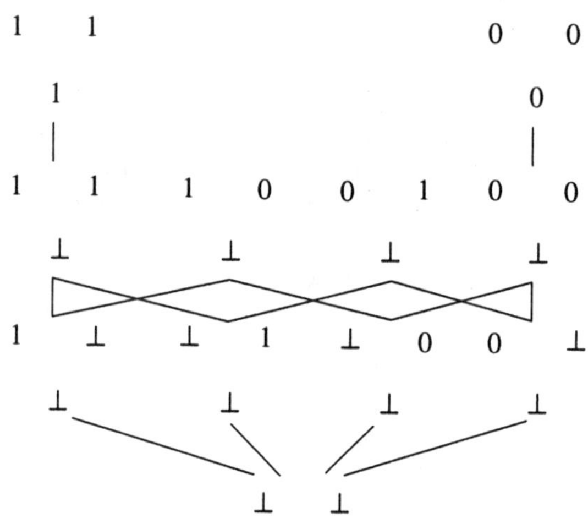

Les fonctions totales sont les suivantes :

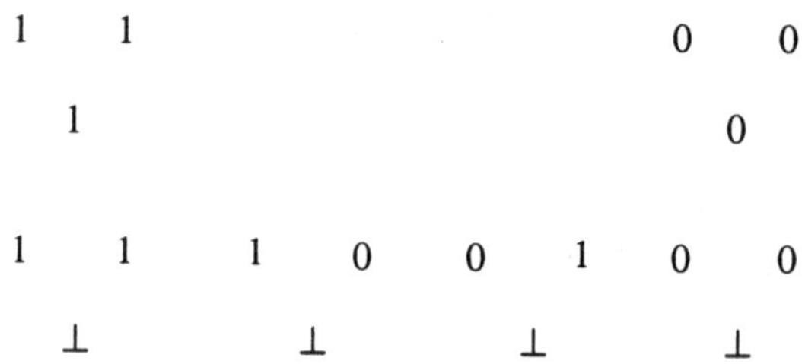

Comme on pouvait s'y attendre, plusieurs fonctions totales peuvent correspondre à une même fonction classique. Par exemple, les fonctions

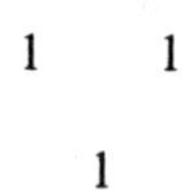

et

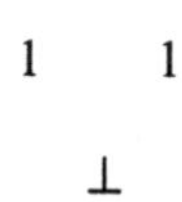

correspondent toutes deux à la fonction classique qui donne le vrai que l'argument soit vrai ou faux. La première donne le vrai lorsque l'argument est $\bot$ alors que la seconde donne $\bot$ dans ce cas. On a ici un exemple simple de cette propriété qu'ont certaines fonctions partielles, celle d'être maximale ou minimale. La proposition suivante caractérise les fonctions maximales : parmi les fonctions équivalentes, les fonctions maximales sont celles qui prennent les plus grandes valeurs.

PROPOSITION 6.3.1

Une fonction f est *maximale* au sens de la définition 6.2.7 ssi pour toute fonction g telle que $g =_* f$, il n'existe pas de projecteur $\vec{a}$ tel que $f(\vec{a}) = \bot$ et $g(\vec{a}) \neq \bot$.

EXERCICE 6.3.1

Démontrez la proposition 6.3.1.

●

D'une manière similaire, une fonction est minimale si elle est la moins définie de sa classe d'équivalence.

PROPOSITION 6.3.2

Une fonction f est *minimale*, toujours au sens de la définition 6.2.7, ssi pour toute fonction g telle que $g =_* f$ et pour tout projecteur $\vec{a}$, si $g(\vec{a}) = \bot$, alors $f(\vec{a}) = \bot$.

●

Il existe d'autres propriétés intéressantes et pas toujours intuitives des fonctions partielles. Nous renvoyons le lecteur à [Lep92].

6.4 Fonctions et relations partielles

6.4.1 Un problème

Un des reproches qui a été fait à la théorie des types partiels qui se restreint à la hiérarchie des fonctions est de ne pas pouvoir rendre compte des relations. Dans le cas classique, on sait que la notion de relation est éliminable au profit de la notion de fonction. Rappelons brièvement comment. D'abord, on sait qu'il existe un isomorphisme naturel entre les fonctions n-aires et les fonctions unaires : pour tous ensembles $A_0, \ldots, A_n$,

$$A_0^{A_1 \times \ldots \times A_n} \cong (\ldots(A_0)^{A_1} \ldots)^{A_n}.$$

C'est ce qu'on appelle le *théorème de Schönfinkel*. Par ailleurs, une relation n-aire peut être identifiée à sa fonction caractéristique. En effet, si $r \subseteq B_1 \times \ldots \times B_m$, alors il existe une et une seule fonction $f_r \in \{\mathbf{0},\mathbf{1}\}^{B_1 \times \ldots \times B_m}$ telle que $f_r(\langle b_1,\ldots,b_m\rangle) = \mathbf{1}$ si et seulement si $\langle b_1,\ldots,b_m\rangle \in r$. Nous avons donc une réduction :

relations n-aires $\rightarrow$ fonctions n-aires $\rightarrow$ fonctions unaires.

Plusieurs ont prétendu que cette réduction n'était pas possible pour les fonctions partielles. Pavel Tichỳ [Tic82], puis Reinhard Muskens [Mus89] ont « montré » qu'à une même relation pouvait correspondre deux fonctions univoques distinctes. Examinons cela dans le détail. Soit

$$f_r : \{\mathbf{0},\mathbf{1}\} \times \{\mathbf{0},\mathbf{1}\} \rightarrow \{\mathbf{0},\mathbf{1}\}$$
$$\langle x, y\rangle \mapsto \begin{cases} y \text{ si } x = \mathbf{0} \\ \text{indéfini autrement} \end{cases}$$

f_r est bien la fonction caractéristique d'une relation partielle : certains objets sont en relation, d'autres ne sont pas en relation, et, pour les autres, la relation n'est pas définie. Une relation partielle [Mus89] peut donc être définie comme une paire $r = \langle r^+, r^- \rangle$, r^+ étant le *graphe* (c'est-à-dire l'ensemble des couples d'objets qui sont en relation) et r^- l'*antigraphe* (c'est-à-dire l'ensemble des couples d'objets qui ne sont pas en relation). Dans le cas classique, on ne donne que le graphe, l'antigraphe étant, bien sûr, le complément. Pour notre exemple, nous avons $r^+ = \{\langle \mathbf{0},\mathbf{1}\rangle\}$ et $r^- = \{\langle \mathbf{0},\mathbf{0}\rangle\}$, r n'étant pas définie pour $\langle \mathbf{1},\mathbf{0}\rangle$ et $\langle \mathbf{1},\mathbf{1}\rangle$.

Selon Tichỳ, les deux fonctions unaires h et g suivantes correspondraient à r :

$$h : \{\mathbf{0},\mathbf{1}\} \rightarrow \{\mathbf{0},\mathbf{1}\}^{\{\mathbf{0},\mathbf{1}\}}$$
$$\mathbf{0} \mapsto h_0 : \{\mathbf{0},\mathbf{1}\} \rightarrow \{\mathbf{0},\mathbf{1}\}$$
$$\mathbf{0} \mapsto \mathbf{0}$$
$$\mathbf{1} \mapsto \mathbf{1}$$

h est indéfinie pour $\mathbf{1}$.

$$g : \{\mathbf{0},\mathbf{1}\} \rightarrow \{\mathbf{0},\mathbf{1}\}^{\{\mathbf{0},\mathbf{1}\}}$$
$$\mathbf{0} \mapsto g_0 : \{\mathbf{0},\mathbf{1}\} \rightarrow \{\mathbf{0},\mathbf{1}\}$$
$$\mathbf{0} \mapsto \mathbf{0}$$
$$\mathbf{1} \mapsto \mathbf{1}$$
$$\mathbf{1} \mapsto g_1 : \{\mathbf{0},\mathbf{1}\} \rightarrow \{\mathbf{0},\mathbf{1}\}$$

g_1 est indéfinie pour $\mathbf{0}$ et $\mathbf{1}$.

Il semble bien que h et g soient deux fonctions différentes : elles ont bien le même domaine et le même codomaine mais diffèrent pour l'argument **1**. Elles correspondent cependant à la même relation car, pour les cas où les fonctions et relations sont définies :

$f_r(\langle x,y\rangle) = \mathbf{0}$ ssi $h(x)(y) = \mathbf{0}$

$f_r(\langle x,y\rangle) = \mathbf{1}$ ssi $h(x)(y) = \mathbf{1}$

$f_r(\langle x,y\rangle) = \mathbf{0}$ ssi $g(x)(y) = \mathbf{0}$

$f_r(\langle x,y\rangle) = \mathbf{1}$ ssi $g(x)(y) = \mathbf{1}$

Par ailleurs, $f_r(\langle x,y\rangle)$, $h(x)(y)$ et $g(x)(y)$ sont indéfinies dans les autres cas.

Nous retrouvons ici le problème dont l'analyse nous a conduits, à la section 6.1, à adopter notre définition des fonctions partielles en termes de fonctions monotones. En effet, l'expression « $g(\mathbf{1})(\mathbf{1})$ » a un sens car $g(\mathbf{1})(\mathbf{1})$ n'est pas définie. Or, il n'en est pas de même de l'expression « $h(\mathbf{1})(\mathbf{1})$ » : $h(\mathbf{1})$ n'étant pas définie, « $h(\mathbf{1})(\mathbf{1})$ » n'a pas de sens. Pouvons-nous appliquer aux relations la même médecine qu'aux fonctions pour définir la propriété d'être partiel ? Oui, et nous allons voir que, dans ce cas, le parallélisme fonctions/relations est retrouvé.

6.4.2 *Une définition adéquate des relations partielles*

Par souci de simplicité, nous allons nous restreindre aux relations extensionnelles, c'est-à-dire que nous allons ignorer les mondes possibles. Commençons par définir les types de fonctions n-aires.

DÉFINITION 6.4.2.1

L'ensemble TN de types de fonctions n-aires est le plus petit ensemble tel que

(i) $t, e \in TN$

(ii) si $\sigma_0,\ldots,\sigma_n \in TN$, alors $\langle\langle\sigma_0,\ldots,\sigma_{n-1}\rangle,\sigma_n\rangle \in TN$.

DÉFINITION 6.4.2.2

L'ensemble F_σ des fonctions n-aires de type σ est

(i) $F_t = \{\mathbf{0},\mathbf{1}\}$

(ii) $F_e = E$ (un ensemble non vide quelconque)

(iii) $F_{\langle\langle\sigma_0,\ldots,\sigma_{n-1}\rangle,\sigma_n\rangle} = F_{\sigma_n}{}^{F_{\sigma_0}\times\ldots\times F_{\sigma_{n-1}}}$

●

Comme d'habitude, les relations sont les fonctions pour lesquelles $\sigma_n = t$. La version partielle sera la suivante.

DÉFINITION 6.4.2.3

L'ensemble FP_σ des fonctions partielles n-aires de type σ est

(i) $FP_t = \{\mathbf{0},\mathbf{1},\bot\}$

(ii) $FP_e = E \cup \{\bot\}$

(iii) $FP_{\langle\langle\sigma_0,\ldots,\sigma_{n-1}\rangle,\sigma_n\rangle} = (FP_{\sigma_0} \times \ldots \times FP_{\sigma_{n-1}} \rightarrow FP_{\sigma_n})$, c'est-à-dire l'ensemble des fonctions monotones de $FP_{\sigma_0} \times \ldots \times FP_{\sigma_{n-1}}$ dans FP_{σ_n}.

●

À chaque type de fonction n-aire correspond un type de fonction unaire.

PROPOSITION 6.4.2.1

À chaque type $\sigma \in TN$ correspond un et un seul type $\tau \in T$ par le morphisme $\rho : TN \rightarrow T$ tel que

(i) $\rho(t) = t$

(ii) $\rho(e) = e$

(iii) $\rho(\langle\langle\sigma_0,\sigma_1,\ldots,\sigma_{n-1}\rangle,\sigma_n\rangle) = \langle\rho(\sigma_0),\langle\rho(\sigma_1),\langle\ldots\langle\rho(\sigma_{n-1}),\rho(\sigma_n)\rangle\ldots\rangle\rangle\rangle$.

PROPOSITION 6.4.2.2

Il y a un monomorphisme $\kappa: FP_\sigma \rightarrow DP_{\rho(\sigma)}$ tel que, pour tout $f \in FP_\sigma$,

(i) si $\sigma = t$ ou e, $\kappa(f) = f$

(ii) si $\sigma = \langle\langle\sigma_0,\ldots,\sigma_{n-1}\rangle,\sigma_n\rangle$, $\kappa(f)$ est cette fonction telle que pour tout projecteur $\vec{a} = \langle a_{\sigma_0},\ldots,a_{\sigma_{n-1}}\rangle$, $\kappa(f)(\kappa(a_{\sigma_0}))\ldots(\kappa(a_{\sigma_{n-1}})) = \kappa(f(\vec{a}))$.

EXERCICE 6.4.2.1

Démontrez la proposition 6.4.2.2.

●

Venons-en maintenant aux relations proprement dites. Nous devons d'abord définir les types des fonctions qui correspondent aux relations.

DÉFINITION 6.4.2.4

L'ensemble TR des *types de fonctions correspondant à une relation* est le plus petit ensemble tel que

(i) $\langle t,t\rangle \in TR$
(ii) $\langle e,t\rangle \in TR$
(iii) si $\sigma_0,\ldots,\sigma_{n-1} \in TR$, alors $\langle\langle\sigma_0,\ldots,\sigma_{n-1}\rangle,t\rangle \in TR$.

DÉFINITION 6.4.2.5

Pour chaque $\sigma \in TR$, l'ensemble FR_σ des *fonctions correspondant à une relation* est le plus petit ensemble tel que
(i) $FR_{\langle t,t\rangle} = (\{\mathbf{0},\mathbf{1},\bot\} \to \{\mathbf{0},\mathbf{1},\bot\})$
(ii) $FR_{\langle e,t\rangle} = (E \cup \{\bot\} \to \{\mathbf{0},\mathbf{1},\bot\})$
(iii) $FR_{\langle\langle\sigma_0,\ldots,\sigma_{n-1}\rangle,t\rangle} = (FR_{\sigma_0} \times \ldots \times FR_{\sigma_{n-1}} \to \{\mathbf{0},\mathbf{1},\bot\})$.

DÉFINITION 6.4.2.6

Soit $f \in FR_\sigma$. La relation $r_f = \langle r_f^+, r_f^- \rangle$ à laquelle correspond f est
(i) si $\sigma = \langle t,t\rangle$, $r_f^+ = f^{-1}(\mathbf{1})$ et $r_f^- = f^{-1}(\mathbf{0})$
(ii) si $\sigma = \langle e,t\rangle$, $r_f^+ = f^{-1}(\mathbf{1})$ et $r_f^- = f^{-1}(\mathbf{0})$
(iii) si $\sigma = \langle\langle\sigma_0,\ldots\sigma_{n-1}\rangle,t\rangle$, alors

$$r_f^+ = \{\langle r_{x_{\sigma_0}},\ldots,r_{x_{\sigma_{n-1}}}\rangle : \langle x_{\sigma_0},\ldots,x_{\sigma_{n-1}}\rangle \in f^{-1}(\mathbf{1})\}$$
$$r_f^- = \{\langle r_{x_{\sigma_0}},\ldots,r_{x_{\sigma_{n-1}}}\rangle : \langle x_{\sigma_0},\ldots,x_{\sigma_{n-1}}\rangle \in f^{-1}(\mathbf{0})\}.$$

Soit R_σ l'ensemble des relations r_f avec $f \in FR_\sigma$.

PROPOSITION 6.4.2.3

Pour tout $f,g \in FR_\sigma$, $f \sqsubseteq g$ ssi $r_f^+ \subseteq r_g^+$ et $r_f^- \subseteq r_g^-$.

PROPOSITION 6.4.2.4

Il existe un isomorphisme $X: FR_\sigma \xrightarrow{\sim} R_\sigma$ tel que $f \sqsubseteq g$ ssi $r_f^+ \subseteq r_g^+$ et $r_f^- \subseteq r_g^-$.

●

Ceci montre donc que moyennant l'adoption d'une définition intuitivement claire et formellement adéquate de la notion vague d'indéfinie, fonction et relation demeurent deux façons équivalentes de décrire le même objet.

6.5 La notion d'interprétation partielle pour la logique intensionnelle

Considérons à nouveau le langage *LI* de la logique intensionnelle tel que présenté en 2.2. Nous allons décrire pour ce langage une interprétation basée non pas sur la hiérarchie des fonctions classiques, mais sur celle des fonctions partielles que nous venons d'élaborer. L'essentiel de l'appareil logico-mathématique du chapitre I reste valable. Les modifications suivantes sont cependant nécessaires.

DÉFINITION 6.5.1

Pour chaque type τ, l'ensemble DP_τ des dénotations partielles est

(1) $DP_e = E \cup \{\bot\}$

(2) $DP_t = \{\mathbf{0}, \mathbf{1}, \bot\}$

(3) $DP_{\langle \sigma, \tau \rangle} = (DP_\sigma \rightarrow DP_\tau)$

(4) $DP_{\langle s, \tau \rangle} = DP_\tau^I$.

DÉFINITION 6.5.2

Pour chaque type τ, l'ensemble des *significations partielles* de ce type est $PM_{\tau,E,I,J} = DP_\tau{}^{I \times J}$.

●

Une *interprétation frégéenne partielle* est tout simplement une interprétation frégéenne basée sur l'ensemble des significations partielles (voir la définition 1.3.2.2.1). On remarquera que cette définition n'a pas besoin d'ajustement parce que les ensembles de fonctions partielles sont fermés pour l'application fonctionnelle, tout comme c'est le cas pour les fonctions classiques. On peut donc utiliser la notion d'algèbre polynomiale comme dans le cas classique.

DÉFINITION 6.5.3

Un *modèle partiel* pour un langage quelconque $L = \langle A, (F_\gamma)_{\gamma \in \Gamma}, (X_\delta)_{\delta \in \Delta}, S, 0 \rangle$ est une paire $\langle \mathcal{B}, \langle i, j \rangle \rangle$, où $\mathcal{B}$ est une interprétation frégéenne partielle et $\langle i, j \rangle$ un point de référence.

DÉFINITION 6.5.4

Soit $\langle \mathcal{B}, \langle i, j \rangle \rangle$ un modèle partiel. L'assignation de dénotation partielle déterminée par ce modèle est l'unique fonction h

telle que quel que soit $\zeta \in A$, $h(\zeta) = g(\zeta)(i, j)$, où g est l'assignation de signification déterminée par $\mathcal{B}$ (c'est-à-dire l'unique morphisme qui prolonge f).

●

Les notions de vérité relativement à un modèle et de conséquence valide seront définies et discutées à la section 7.

Venons-en aux interprétations partielles de la logique intensionnelle.

DÉFINITION 6.5.5

Une assignation de *valeurs partielles* (ou *contexte partiel*) est une fonction $j : \mathbb{N} \times T \to \bigcup_{\tau \in T} DP_\tau$ telle que pour tout $\tau \in T$, $j(\langle n, \tau \rangle) \in DP_\tau$. Comme précédemment $j_x^{n,\tau}$ désignera le contexte qui diffère au plus de j par le fait que $j_x^{n,\tau}(\langle n, \tau \rangle) = x$.

DÉFINITION 6.5.6

La classe des *modèles partiels logiquement possibles* pour *LI* et pour l'assignation du type σ_0 est la classe des modèles partiels $\langle\langle B, (G_\gamma)_{\gamma\in\Gamma}, f\rangle, \langle i, j\rangle\rangle$ pour *LI* tels que :

(1) $\langle B, (G_\gamma)_{\gamma\in\Gamma}, f\rangle$ est une interprétation frégéenne partielle relativement à E, I, J et σ_0, où $\sigma_0(\tau) = \tau$ (nous avons donc que $B = \bigcup_{\tau\in T} PM_{\tau,E,I,J}$);

(2) J est l'ensemble des assignations de valeurs partielles relativement à E et I ;

(3) pour toute constante $\zeta \in \bigcup_{\tau\in T} Con_\tau$, pour tout $i \in I$ et pour tout $j, j' \in J$, $f(\zeta)(i, j) = f(\zeta)(i, j')$;

(4) pour tout $n \in \mathbb{N}$, $\tau \in T$, $i \in I$ et $j \in J$, $f(v_{n,\tau})(i, j) = j(\langle n, \tau \rangle)$;

(5) pour tout $a, b \in B$, $i \in I$, $j \in J$, $\sigma, \tau \in T$ et $n \in \mathbb{N}$ (les G_i sont, comme précédemment, les opérations sémantiques correspondant aux F_i) :

  (a) $G_0(a, b)(i, j) = a(i, j)(b(i, j))$, si $a \in PM_{\langle\sigma,\tau\rangle,E,I,J}$ et $b \in PM_{\sigma,E,I,J}$.

  (b) si $a, b \in PM_{\tau,E,I,J}$, alors

$$G_1(a,b)(i,j) = \begin{cases} \mathbf{1} \text{ ssi } a(i,j) =_* b(i,j) \text{ et } a(i,j) \in DPT_\tau \\ \mathbf{0} \text{ ssi } a(i,j) \neq_* b(i,j) \\ \bot \text{ autrement.} \end{cases}$$

(c) $G_2(a)(i,j)$ est la fonction de domaine I telle que pour tout $k \in I$, $G_2(a)(i,j)(k) = a(k,j)$.

(d) $G_3(a)(i,j) = a(i,j)(i)$ ssi $a \in PM_{\langle s,\tau\rangle,E,I,J}$.

(e) $G_{\langle n,\tau\rangle}(a)(i,j)$ est cette fonction de domaine DP_τ telle que pour tout $x \in DP_\tau$, $G_{\langle n,\tau\rangle}(a)(i,j)(x) = a(i,j_x^{n,\tau})$.

•

Remarquons qu'une interprétation partielle induit sur I et sur J un ordre partiel.

DÉFINITION 6.5.7

Soit $\sqsubseteq_I$ la relation sur I définie comme ceci : $i \sqsubseteq_I k$ ssi pour toute constante $\zeta \in Con_\tau$, $f(\zeta)(i,j) \sqsubseteq f(\zeta)(k,j)$ (à cause de la définition 6.5.6 (3), la valeur de j n'importe pas).

DÉFINITION 6.5.8

Soit $\sqsubseteq_J$ la relation sur J définie comme ceci : $j \sqsubseteq_J j'$ ssi pour tout $\langle n,\tau\rangle \in \mathbb{N} \times T$, $j(\langle n,\tau\rangle) \sqsubseteq j'(\langle n,\tau\rangle)$.

•

Une propriété hautement souhaitable serait que les opérations G_i introduites par la définition 6.5.6 soient monotones. Examinons cela de plus près.

La définition 6.5.6 ne diffère de la définition classique 2.3.2 que par la clause (5)(b). En effet, l'application fonctionnelle et son inverse, l'abstraction, préservent la monotonie ; la définition la plus naturelle demeure donc la définition classique.

Pour l'identité, la situation est plus complexe. Remarquons tout d'abord qu'on ne peut tout simplement pas conserver la définition classique, celle-ci n'étant pas monotone. Supposons, par exemple, que, pour des constantes $\zeta, \eta \in Con_t$, $f(\zeta)(i,j) = \bot = f(\eta)(i,j)$. Peut-on avoir $g([\zeta \equiv \eta])(i,j) = \mathbf{1}$? Non, car si pour deux autres constantes $\xi, \gamma \in Con_t$, $f(\xi)(i,j) = \mathbf{1}$ et $f(\gamma)(i,j) = \mathbf{0}$, on a bien $f(\zeta)(i,j) \sqsubseteq f(\xi)(i,j)$ et

$f(\eta)(i,j) \sqsubseteq f(\gamma)(i,j)$; on devrait alors avoir, par monotonie, $g([\zeta \equiv \eta])(i,j) \sqsubseteq g([\xi \equiv \gamma])(i,j)$, et donc $g([\xi \equiv \gamma])(i,j) - \mathbf{1}$!

La définition 6.5.6(5)(b) est la plus forte possible, au sens où il n'existe pas de relation *monotone* qui domine strictement G_1 et qui respecte les postulats de signification de l'identité pour les cas totaux. En fait, cette définition est relativement intuitive : deux fonctions partielles sont considérées comme *égales* lorsqu'aucune information nouvelle concernant les cas où elles ne sont pas définies ne pourra introduire une divergence de valeur, ce qui est bien le cas des fonctions totales ; par ailleurs, deux fonctions partielles sont considérées comme *différentes* lorsque l'information concernant les cas où elles sont définies montre qu'elles sont incompatibles.

La définition 6.5.6(5)(b) ne détermine cependant pas toujours une fonction maximale au sens de la définition 6.2.7 et de la proposition 6.3.1. Bien sûr, on vérifie sans peine que pour les types de base e et t, la définition est maximale au sens où les fonctions qu'elle détermine sont maximales. Toutefois, rien ne garantit que cela est vrai en général. En fait, nous avons montré dans [Lep92] qu'il existe des fonctions non totales qui ne sont pas dominées par des paires de fonctions incompatibles. On pourrait donc concevoir une fonction qui assignerait le vrai à des couples d'objets de ce genre, sans rupture de monotonie.

Cependant, la définition 6.5.6(5)(b) semble bel et bien la seule qui soit à la fois respectueuse des postulats de signification de l'identité habituelle et analytique au sens où l'évaluation de la fonction ne demande que de considérer les objets à comparer.

Une autre question intéressante est celle des postulats de signification que l'adoption de cette définition induit sur les fonctions syncatégorématiques introduites par les définitions 2.3.3 à 2.3.9.

Débutons par le quantificateur universel qui selon la définition 2.3.3 est introduit par la définition contextuelle suivante :

$$\bigwedge \alpha\varphi =_{\text{déf.}} [\lambda\alpha\varphi \equiv \lambda\alpha[\alpha \equiv \alpha]].$$

PROPOSITION 6.5.1

Selon les définitions 2.3.3 et 6.5.6(5), les conditions de vérité de $\bigwedge v_{n,\tau}\varphi$ sont les suivantes :

$$g(\bigwedge v_{n,\tau}\varphi)(i,j) = \begin{cases} \mathbf{1} \text{ si pour tout } a \in DPT_\tau, g(\varphi)(i, j_a^{n,\tau}) = \mathbf{1} \\ \mathbf{0} \text{ s'il existe un } a \in DP_\tau \text{ tel que } g(\varphi)(i, j_a^{n,\tau}) = \mathbf{0} \\ \bot \text{ autrement.} \end{cases}$$

*EXERCICE 6.5.1**

Démontrez la proposition 6.5.1.

•

Considérons la négation. Ici encore, tout va bien.

EXERCICE 6.5.2

Montrez que $g(\neg\varphi)(i,j) = \begin{cases} \mathbf{1} \text{ si } g(\varphi)(i,j) = \mathbf{0} \\ \mathbf{0} \text{ si } g(\varphi)(i,j) = \mathbf{1} \\ \bot \text{ autrement.} \end{cases}$

•

Cette négation est bien celle introduite en 5.2.1. Aussi on vérifie immédiatement qu'elle est maximale.

Pour la conjonction, ça ne marche pas aussi bien : les postulats de signification induits par la définition 2.3.5 bis nous donnent une conjonction asymétrique.

*EXERCICE 6.5.3**

Vérifiez que la table de vérité de la conjonction de la définition 2.3.5 bis est la suivante :

	φ	ψ	$\varphi \wedge \psi$
1	**1**	**1**	**1**
2	**1**	**0**	**0**
3	**1**	$\bot$	$\bot$
4	**0**	**1**	**0**
5	**0**	**0**	**0**
6	**0**	$\bot$	$\bot$
7	$\bot$	**1**	$\bot$
8	$\bot$	**0**	**0**
9	$\bot$	$\bot$	$\bot$

•

Cette table de vérité est problématique. D'abord elle est asymétrique : elle ne donne pas la même valeur aux lignes 6 et 8, c'est-à-dire lorsque φ est indéfini et ψ faux et lorsque φ est faux et ψ est indéfini.

Le lecteur se convaincra facilement qu'il n'y a que quatre conjonctions totales monotones.

	φ	ψ	$\varphi \wedge_1 \psi$	$\varphi \wedge_2 \psi$	$\varphi \wedge_3 \psi$	$\varphi \wedge_4 \psi$
1	**1**	**1**	**1**	**1**	**1**	**1**
2	**1**	**0**	**0**	**0**	**0**	**0**
3	**1**	$\perp$	$\perp$	$\perp$	$\perp$	$\perp$
4	**0**	**1**	**0**	**0**	**0**	**0**
5	**0**	**0**	**0**	**0**	**0**	**0**
6	**0**	$\perp$	$\perp$	$\perp$	**0**	**0**
7	$\perp$	**1**	$\perp$	$\perp$	$\perp$	$\perp$
8	$\perp$	**0**	$\perp$	**0**	$\perp$	**0**
9	$\perp$	$\perp$	$\perp$	$\perp$	$\perp$	$\perp$

Puisque ces conjonctions sont totales, elles doivent avoir un **1** sur la ligne 1 et un **0** sur les lignes 2, 4 et 5. Pour des raisons de monotonie, on doit mettre un $\perp$ sur les lignes 3, 7 et 9. Restent les lignes 6 et 8 sur lesquelles on peut mettre $\perp$ ou **0**, d'où les quatre tables possibles.

$\wedge_1$ est la conjonction faible : la conjonction est indéfinie aussitôt qu'un des conjoints est indéfini.

$\wedge_4$ est la conjonction forte de Kleene, c'est la conjonction monotone maximale.

$\wedge_2$ est forte à droite et faible à gauche.

$\wedge_3$ est faible à droite et forte à gauche.

La définition de Montague nous donne $\wedge_2$. Ces conjonctions forment bien un treillis.

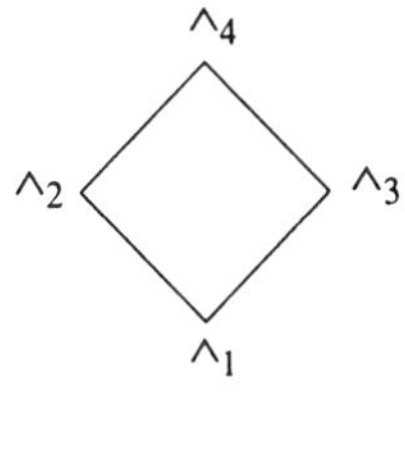

Existe-t-il une formule de *LI* dont la valeur est $\wedge_4$? La définition suivante de la conjonction[4] nous donne la conjonction forte de Kleene.

4. Cette définition, beaucoup plus élégante, est due à Andrews [And86]. Remarquons qu'elle est symétrique.

DÉFINITION 6.5.9

Soit $\mathbf{V} =_{\text{déf.}} [\lambda\beta\beta \equiv \lambda\beta\beta]$ avec $\beta = v_{0,t}$ (définition 2.3.12) ; $(\varphi \wedge \psi) =_{\text{déf.}} [\lambda\gamma[[\gamma\varphi]\psi] \equiv \lambda\gamma[[\gamma\mathbf{V}]\mathbf{V}]]$, où $\gamma = v_{n,\langle t,\langle t,t\rangle\rangle}$ est la variable de type $\langle t,\langle t,t\rangle\rangle$ de plus petit indice n'ayant pas d'occurrence libre dans φ ni dans ψ.

*EXERCICE 6.5.4**

Vérifiez que la conjonction de la définition 6.5.9 est la conjonction forte de Kleene, c'est-à-dire $\wedge_4$.

•

Les autres connecteurs, définis par $\wedge$ et $\neg$, ont bien les propriétés de maximalité attendues.

EXERCICE 6.5.5

Vérifiez qu'en utilisant les définitions 2.3.6 et 2.3.7 pour introduire $\supset$ et $\vee$, et les définitions ci-dessus pour $\wedge$ et $\neg$, les connecteurs $\supset$ et $\vee$ sont bien ceux de la logique trivalente forte de Kleene (c'est-à-dire des opérateurs maximaux).

EXERCICE 6.5.6

Montrez qu'en utilisant la définition 2.3.8, soit $\bigvee\alpha\varphi =_{\text{déf.}} \neg\bigwedge\alpha\neg\varphi$, les conditions de vérité sont les suivantes :

$$g(\bigvee\alpha\varphi)(i,j) = \begin{cases} \mathbf{1} \text{ s'il existe un } a \in DP_\tau \text{ tel que } g(\varphi)(i, j_a^{n,\tau}) = \mathbf{1} \\ \mathbf{0} \text{ ssi pour tout } a \in DPT_\tau,\ g(\varphi)(i, j_a^{n,\tau}) = \mathbf{0} \\ \bot \text{ autrement.} \end{cases}$$

•

Qu'en est-il maintenant des modalités ? Selon la définition 2.3.9, $\Box\varphi =_{\text{déf.}} [{}^\frown\varphi \equiv {}^\frown\bigwedge v[v \equiv v]]$. On vérifie facilement que le membre de droite est une expression dont la valeur est une fonction qui associe à chaque (i,j) la valeur $\mathbf{1}$. Donc selon cette définition, φ est nécessaire si et seulement si φ est vrai dans tous les mondes possibles (indépendamment du contexte). Or puisque les mondes peuvent être plus ou moins définis, une première conséquence de l'adoption de cette définition est que certaines formules qui sont nécessaires dans le cadre classique pourront ne pas être nécessaires dans le cadre partiel. Par exemple, si ζ est une constante qui n'est pas définie, la formule $[\zeta \equiv \zeta]$ ne l'est pas non plus et comme on s'attend à ce que ce qui est nécessaire soit vrai, $[\zeta \equiv \zeta]$ ne doit pas être nécessaire. Cette propriété et sa pertinence seront discutées au chapitre X. On peut cependant déjà remarquer que cette propriété est incontournable. Bien que la nécessité consiste en une quantification sur les mondes possibles, on ne peut pas développer une tactique, comme pour la quantification habituelle, qui consisterait à ne parcourir que les mondes totaux. En effet, l'ordre défini sur les mondes à la définition 6.5.7 est basé sur le degré de définition des constantes dans ces mondes. Mais même si on fait fi de cette contrainte, il n'est pas possible de concevoir une formule $[\zeta \equiv \zeta]$ dont les conditions de vérité seraient qu'elle est nécessaire si et seulement si dans tous les mondes où ζ est totale, $[\zeta \equiv \zeta]$ est vraie. En effet, une formule qui serait vraie si ζ est totale et fausse sinon ne serait pas monotone.

Remarquons toutefois qu'il est possible, étant donné une expression ζ quelconque, d'élaborer une formule qui est vraie si ζ est totale et indéfinie sinon.

DÉFINITION 6.5.10

$\Im(\zeta) =_{\text{déf.}} \bigvee v_{n,\sigma}[\zeta \equiv v_{n,\sigma}]$, où $\zeta \in C_\sigma$ et $v_{n,\sigma}$ n'a pas d'occurrence libre dans ζ.

EXERCICE 6.5.7

Montrez que

$$g(\Im(\zeta))(i,j) = \begin{cases} \mathbf{1} \text{ ssi } g(\zeta)(i,j) \in DPT_\sigma \\ \bot \text{ autrement.} \end{cases}$$

●

Muni d'un tel opérateur, on pourrait penser en arriver à $\Box\varphi =_{\text{déf.}} [\ulcorner(\Im(\varphi) \supset \varphi) \equiv \ulcorner\mathbf{V}]$, mais les conditions de vérité ne sont pas celles attendues : $g(\Box\varphi)(i,j) = \bot$ s'il y a des mondes où φ n'est pas définie même si φ est vraie pour tous les i totaux, car $\Im(\varphi) \supset \varphi$ a la même table de vérité que φ.

6.6 Modèles partiels, modèles totaux et modèles classiques

Examinons de plus près les modèles partiels pour *LI*, ainsi que certaines des relations qui existent entre ceux-ci et les modèles classiques. Notre intention est ici de montrer que certaines des notions que nous avons définies dans le précédent chapitre sont généralisables au cadre de la logique intensionnelle. Les résultats que nous en tirerons s'avéreront utiles lorsque nous aborderons la question de la validité.

Dans ce qui suit, nous restreindrons notre analyse à la classe des modèles partiels logiquement possibles pour *LI* (voir la définition 6.5.6), classe que nous désignerons par K_0^{P}. Pour des modèles arbitraires $\mathcal{M}$ et $\mathcal{M}'$, nous noterons h et h' les assignations de dénotation déterminées par $\mathcal{M}$ et $\mathcal{M}'$ respectivement (voir la définition 6.5.4).

Une première notion que nous pouvons généraliser immédiatement est celle d'extension d'un modèle partiel.

DÉFINITION 6.6.1

Soit $\mathcal{M} = \langle\langle B,(G_\gamma)_{\gamma\in\Gamma},f\rangle,\langle i,j\rangle\rangle$ et $\mathcal{M}' = \langle\langle B',(G_\gamma)_{\gamma\in\Gamma},f'\rangle,\langle i',j'\rangle\rangle$ deux modèles K_0^{P}. Nous dirons que $\mathcal{M}'$ est une *extension* de $\mathcal{M}$ (notation : $\mathcal{M} \sqsubseteq_{K_0^{\mathrm{P}}} \mathcal{M}'$) ssi : (1) $B = B'$; (2) $i = i'$; (3) $j \sqsubseteq_J j'$ (définition 6.5.8) ; (4) pour toute constante $\zeta \in Con_\tau$ et pour tout $k \in I$, $f(\zeta)(\langle k,j\rangle) \sqsubseteq f'(\zeta)(\langle k,j\rangle)$.

●

Notons que la clause (1) de cette définition implique que $\mathcal{M} \sqsubseteq_{K_0^{\mathrm{P}}} \mathcal{M}'$ seulement si $\mathcal{M}$ et $\mathcal{M}'$ sont basés sur les mêmes ensembles E et I, car $B = \bigcup_{\tau\in T} DP_\tau^{I\times J}$.

La prochaine proposition se démontre facilement par induction. Elle entraîne, comme corollaire, la propriété de persistance.

PROPOSITION 6.6.1

Soit $\mathcal{M}$ et $\mathcal{M}'$ deux modèles K_0^{P} tels que $\mathcal{M} \sqsubseteq_{K_0^{\mathrm{P}}} \mathcal{M}'$. Pour tout $\tau \in T$ et pour toute expression ζ de type τ, $h(\zeta) \sqsubseteq h'(\zeta)$.

PROPOSITION 6.6.2

Soit $\mathcal{M}$ et $\mathcal{M}'$ deux modèles K_0^{P} tels que $\mathcal{M} \sqsubseteq_{K_0^{\mathrm{P}}} \mathcal{M}'$. Pour tout énoncé φ, si $h(\varphi) = \mathbf{1}$ (resp. $\mathbf{0}$), alors $h'(\varphi) = \mathbf{1}$ (resp. $\mathbf{0}$).

●

Certains modèles partiels ont la propriété d'assigner une dénotation totale à toute expression de tout type. Il est alors naturel de qualifier ces modèles de totaux. Définissons plus précisément l'ensemble des modèles de cette espèce.

DÉFINITION 6.6.2

L'ensemble des *modèles totaux* pour *LI* est l'ensemble K_0^{PT} des modèles $\langle \mathcal{B}, \langle i,j\rangle\rangle \in K_0^{\mathrm{P}}$ tels que pour tout $\tau \in T$, tout $n \in \mathrm{IN}$, tout $k \in I$ et toute constante $\zeta \in Con_\tau$, $j(\langle n,\tau\rangle) \in DPT_\tau$ et $f(\zeta)(\langle k,j\rangle) \in DPT_\tau$.

PROPOSITION 6.6.3

Soit $\mathcal{M} = \langle \mathcal{B}, \langle i,j\rangle\rangle \in K_0^{\mathrm{PT}}$. Pour tout $\tau \in T$ et pour toute expression ζ de type τ, $h(\zeta) \in DPT_\tau$.

PROPOSITION 6.6.4

Pour tout $\mathcal{M} \in K_0^{\mathrm{P}}$, il existe au moins un $\mathcal{M}' \in K_0^{\mathrm{PT}}$ tel que $\mathcal{M} \sqsubseteq_{K_0^{\mathrm{P}}} \mathcal{M}'$.

PREUVE

Soit $\mathcal{M} = \langle\langle B,(G_\gamma)_{\gamma\in\Gamma}, f\rangle, \langle i,j\rangle\rangle$ un modèle K_0^{P}. La proposition 6.2.9 garantit l'existence d'au moins un modèle K_0^{P} $\mathcal{M}' = \langle\langle B,(G_\gamma)_{\gamma\in\Gamma}, f'\rangle, \langle i,j'\rangle\rangle$ tel que, pour tout $\tau \in T$, tout $n \in \mathrm{IN}$, tout $k \in I$ et toute constante $\zeta \in Con_\tau$:

(i) $j'(\langle n,\tau\rangle) = j(\langle n,\tau\rangle)$ si $j(\langle n,\tau\rangle) \in DPT_\tau$, sinon $j(\langle n,\tau\rangle) \sqsubseteq j'(\langle n,\tau\rangle) \in DPT_\tau$;

(ii) $f'(\zeta)(\langle k,j\rangle) = f(\zeta)(\langle k,j\rangle)$ si $f(\zeta)(\langle k,j\rangle) \in DPT_\tau$, sinon $f(\zeta)(\langle k,j\rangle) \sqsubseteq f'(\zeta)(\langle k,j\rangle) \in DPT_\tau$.

On vérifie alors facilement que $\mathcal{M}' \in K_0^{\mathrm{PT}}$ et $\mathcal{M} \sqsubseteq_{K_0^{\mathrm{P}}} \mathcal{M}'$.

●

Dans le cadre propositionnel, la classe des modèles totaux est exactement celle des modèles classiques. Or il n'en va pas de même dans le cadre de la logique intensionnelle, puisque la classe K_0^{PT} est disjointe de la classe K_0 des modèles classiques logiquement possibles (définition 2.3.2). Cela découle du fait que, pour des ensembles de base E et I quelconques, chaque domaine DP_τ est disjoint du domaine D_τ. Cependant, nous avons vu à la section 6.2 qu'il existe une correspondance étroite entre les objets totaux et les objets classiques. En particulier, pour chaque type τ, correspond à chaque objet total

$x \in DPT_\tau$ exactement un objet classique dans D_τ, soit $\Psi(x)$ (proposition 6.2.8). Cela nous permet donc d'associer à chaque modèle K_0^{PT} un modèle K_0.

DÉFINITION 6.6.3

Soit $\mathcal{M} = \langle\langle B, (G_\gamma)_{\gamma\in\Gamma}, f\rangle, \langle i, j\rangle\rangle$ un modèle K_0^{PT}. On définit le *correspondant classique* $CC(\mathcal{M})$ de $\mathcal{M}$ comme le modèle $\langle\langle B', (G_\gamma)_{\gamma\in\Gamma}, f'\rangle, \langle i', j'\rangle\rangle \in K_0$ tel que :

(1) les ensembles E et I sur lesquels est basé $CC(\mathcal{M})$ sont les mêmes que ceux sur lesquels est basé $\mathcal{M}$;
(2) $i = i'$;
(3) pour tout $\tau \in T$, tout $n \in$ IN, tout $k \in I$ et toute constante $\zeta \in Con_\tau$, $j'(\langle n, \tau\rangle) = \Psi(j(\langle n, \tau\rangle))$ et $f'(\zeta)(\langle k, j\rangle) = \Psi(f(\zeta)(\langle k, j\rangle))$.

PROPOSITION 6.6.5

Soit $\mathcal{M}$ un modèle K_0^{PT}. $CC(\mathcal{M})$ existe, est unique et est tel que pour tout $\tau \in T$ et pour toute expression ζ de type τ, $h'(\zeta) = \Psi(h(\zeta))$ (h' et h étant les assignations de dénotation déterminées par $CC(\mathcal{M})$ et $\mathcal{M}$ respectivement).

●

Notons que l'existence et l'unicité de $CC(\mathcal{M})$ sont garanties, d'abord par le fait que $\bigcup_{\tau\in T} D_\tau^{I\times J}$ est entièrement déterminé par E et I, puis par le fait que les fonctions f' et j' sont bien définies. Quant à la seconde partie de la proposition, elle se démontre aisément par induction.

Remarquons cependant qu'il n'y a pas de correspondance *injective* entre les modèles totaux et les modèles classiques, puisque Ψ assigne la même valeur classique aux objets totaux qui sont équivalents selon « $=_*$ » (définition 6.2.5). Cela implique qu'aux modèles totaux équivalents correspond un même correspondant classique, la notion d'équivalence entre modèles totaux étant définie comme suit.

DÉFINITION 6.6.4

Soit $\mathcal{M} = \langle\langle B, (G_\gamma)_{\gamma\in\Gamma}, f\rangle, \langle i, j\rangle\rangle$ et $\mathcal{M}' = \langle\langle B', (G_\gamma)_{\gamma\in\Gamma}, f'\rangle, \langle i', j'\rangle\rangle$ deux modèles K_0^{PT}. Nous dirons que $\mathcal{M}$ et $\mathcal{M}'$ sont *équivalents* (notation : $\mathcal{M} =_* \mathcal{M}'$) ssi :

(1) $B = B'$;

(2) $i = i'$;

(3) pour tout $\tau \in T$, tout $n \in$ IN, tout $k \in I$ et toute constante $\zeta \in Con_\tau$, $j(\langle n, \tau \rangle) =_* j'(\langle n, \tau \rangle)$ et $f(\zeta)(\langle k, j \rangle) =_* f'(\zeta)(\langle k, j \rangle)$.

Nous noterons $\langle \mathcal{M} \rangle$ la classe des $\mathcal{M}' \in K_0^{\mathrm{PT}}$ tels que $\mathcal{M}' =_* \mathcal{M}$.

PROPOSITION 6.6.6

Soit $\mathcal{M} = \langle \mathcal{B}, \langle i, j \rangle \rangle$ un modèle K_0^{PT}. Pour tout $\mathcal{M}' \in \langle \mathcal{M} \rangle$, $CC(\mathcal{M}') = CC(\mathcal{M})$.

●

À chaque modèle K_0^{PT} correspond donc exactement un modèle K_0. Inversement, nous pouvons associer à chaque modèle K_0 exactement un modèle K_0^{PT}. Nous savons en effet que pour chaque type τ, on peut faire correspondre à chaque objet classique $x \in D_\tau$ un unique objet total de DPT_τ, soit $\Phi(x)$, qui est l'objet minimal de sa classe d'équivalence (proposition 6.2.7). Cette fois, la correspondance sera injective.

DÉFINITION 6.6.5

Soit $\mathcal{M} = \langle \langle B, (G_\gamma)_{\gamma \in \Gamma}, f \rangle, \langle i, j \rangle \rangle$ un modèle K_0. On définit le *correspondant partiel* $CP(\mathcal{M})$ de $\mathcal{M}$ comme le modèle $\langle \langle B', (G_\gamma)_{\gamma \in \Gamma}, f' \rangle, \langle i', j' \rangle \rangle \in K_0^{\mathrm{PT}}$ tel que :

(1) les ensembles E et I sur lesquels est basé $CP(\mathcal{M})$ sont les mêmes que ceux sur lesquels est basé $\mathcal{M}$;

(2) $i = i'$;

(3) pour tout $\tau \in T$, tout $n \in$ IN, tout $k \in I$ et toute constante $\zeta \in Con_\tau$, $j'(\langle n, \tau \rangle) = \Phi(j(\langle n, \tau \rangle))$ et $f'(\zeta)(\langle k, j \rangle) = \Phi(f(\zeta)(\langle k, j \rangle))$.

PROPOSITION 6.6.7

Soit $\mathcal{M}$ un modèle K_0. $CP(\mathcal{M})$ existe, est unique et est tel que pour tout $\tau \in T$ et pour toute expression ζ de type τ, $h'(\zeta) = \Phi(h(\zeta))$ (h' et h étant les assignations de dénotation déterminées par $CP(\mathcal{M})$ et $\mathcal{M}$ respectivement).

●

Nous pouvons maintenant aborder les questions ayant trait à la validité.

6.7 Conséquence logique et validité

Comme pour le calcul propositionnel partiel, il existe pour la logique intensionnelle partielle une variété de notions de conséquence valide. Dans cette section, nous présenterons et commenterons trois notions : validité positive forte, validité négative et validité positive.

DÉFINITION 6.7.1

Soit φ un énoncé (expression de type *t*) de *LI* et soit $\mathcal{M} = \langle \mathcal{B}, \langle i, j \rangle \rangle$ un modèle K_0^{P}. Nous dirons que $\mathcal{M}$ *vérifie* (resp. *réfute*) φ ssi $h(\varphi) = \mathbf{1}$ (resp. $h(\varphi) = \mathbf{0}$) (*h* est l'assignation de dénotation déterminée par $\mathcal{M}$).

DÉFINITION 6.7.2

Soit $\Sigma \cup \{\varphi\}$ un ensemble d'énoncés de *LI*. φ est une *conséquence positivement valide au sens fort* de Σ (notation : $\Sigma \models_{K_0^{\mathrm{PT}}} \varphi$) ssi pour tout $\mathcal{M} \in K_0^{\mathrm{PT}}$, si $\mathcal{M}$ vérifie chaque énoncé dans Σ, alors $\mathcal{M}$ vérifie φ. Si $\varnothing \models_{K_0^{\mathrm{PT}}} \varphi$, nous dirons que φ est *positivement valide au sens fort* (notation : $\models_{K_0^{\mathrm{PT}}} \varphi$).

PROPOSITION 6.7.1

$\Sigma \models_{K_0^{\mathrm{PT}}} \varphi$ ssi $\Sigma \models_{K_0} \varphi$.

PREUVE

Supposons d'abord que $\Sigma \not\models_{K_0} \varphi$. Il existe donc un $\mathcal{M} \in K_0$ vérifiant chaque énoncé dans Σ mais qui réfute φ. Donc, selon la proposition 6.6.7, il existe un $CP(\mathcal{M}) \in K_0^{\mathrm{PT}}$ qui vérifie chaque énoncé dans Σ mais réfute φ. Donc $\Sigma \not\models_{K_0^{\mathrm{PT}}} \varphi$. Conversement, supposons que $\Sigma \not\models_{K_0^{\mathrm{PT}}} \varphi$. Il existe donc un $\mathcal{M} \in K_0^{\mathrm{PT}}$ vérifiant chaque énoncé dans Σ mais qui réfute φ. Donc, selon la proposition 6.6.5, il existe un $CC(\mathcal{M}) \in K_0$ qui vérifie chaque énoncé dans Σ mais réfute φ. Donc $\Sigma \not\models_{K_0} \varphi$.

DÉFINITION 6.7.3

Soit $\Sigma \cup \{\varphi\}$ un ensemble d'énoncés de *LI*. Nous dirons que φ est une *conséquence négativement valide* de Σ (notation :

$\Sigma \not\mathrel{=\!\!\!|}_{K_0^{\mathrm{P}}} \varphi$) ssi pour tout $\mathcal{M} \in K_0^{\mathrm{P}}$, si $\mathcal{M}$ vérifie chaque énoncé dans Σ, alors $\mathcal{M}$ ne réfute pas φ. Si $\varnothing \not\mathrel{=\!\!\!|}_{K_0^{\mathrm{P}}} \varphi$, nous dirons que φ est *négativement valide* (notation : $\not\mathrel{=\!\!\!|}_{K_0^{\mathrm{P}}} \varphi$).

•

Cette dernière notion a déjà fait l'objet d'une étude dans [Lap92a]. Nous présentons ici le résultat principal.

PROPOSITION 6.7.2

$\Sigma \not\mathrel{=\!\!\!|}_{K_0^{\mathrm{P}}} \varphi$ ssi $\Sigma \models_{K_0} \varphi$.

PREUVE

Supposons d'abord que $\Sigma \not\models_{K_0} \varphi$. Donc, selon la proposition 6.7.1, $\Sigma \not\models_{K_0^{\mathrm{PT}}} \varphi$. Il existe donc un $\mathcal{M} \in K_0^{\mathrm{PT}}$ qui vérifie chaque énoncé dans Σ mais réfute φ. Or $K_0^{\mathrm{PT}} \subseteq K_0^{\mathrm{P}}$ et donc non $\Sigma \not\mathrel{=\!\!\!|}_{K_0^{\mathrm{P}}} \varphi$.

Conversement, supposons que non $\Sigma \not\mathrel{=\!\!\!|}_{K_0^{\mathrm{P}}} \varphi$. Il existe donc un $\mathcal{M} \in K_0^{\mathrm{P}}$ qui vérifie chaque énoncé dans Σ mais réfute φ. Or selon la proposition 6.6.4, il existe un $\mathcal{M}' \in K_0^{\mathrm{PT}}$ tel que $\mathcal{M} \sqsubseteq_{K_0^{\mathrm{P}}} \mathcal{M}'$ et qui vérifie chaque énoncé dans Σ mais réfute φ (proposition 6.6.2). Donc $\Sigma \not\models_{K_0^{\mathrm{PT}}} \varphi$, ce qui implique $\Sigma \not\models_{K_0} \varphi$ (proposition 6.7.1).

•

Introduisons maintenant notre troisième notion de validité.

DÉFINITION 6.7.4

Soit $\Sigma \cup \{\varphi\}$ un ensemble d'énoncés de *LI*. Nous dirons que φ est une *conséquence positivement valide* de Σ (notation : $\Sigma \mathrel{|\!\!\!\equiv}_{K_0^{\mathrm{P}}} \varphi$) ssi pour tout $\mathcal{M} \in K_0^{\mathrm{P}}$, si $\mathcal{M}$ vérifie chaque énoncé dans Σ, alors $\mathcal{M}$ vérifie φ. Si $\varnothing \mathrel{|\!\!\!\equiv}_{K_0^{\mathrm{P}}} \varphi$, nous dirons que φ est *positivement valide* (notation : $\mathrel{|\!\!\!\equiv}_{K_0^{\mathrm{P}}} \varphi$).

•

Quelle est l'étendue de cette notion ? L'idéal serait bien sûr de formuler un système complet de règles, mais, malheureusement, un théorème de complétude, même généralisé au sens de Henkin, semble exclu. Nous n'avons donc pas d'autre choix que de comparer cette notion avec la notion classique $\models_{K_0}$.

PROPOSITION 6.7.3

Si $\Sigma \mathrel{|}\!\!\equiv_{K_0^{\mathrm{P}}} \varphi$, alors $\Sigma \models_{K_0} \varphi$.

PREUVE

Supposons que $\Sigma \not\models_{K_0} \varphi$. Donc, selon la proposition 6.7.1, $\Sigma \not\models_{K_0^{\mathrm{PT}}} \varphi$. Il existe donc un $\mathcal{M} \in K_0^{\mathrm{PT}}$ qui vérifie chaque énoncé dans Σ mais réfute φ. Or $K_0^{\mathrm{PT}} \subseteq K_0^{\mathrm{P}}$ et donc $\Sigma \mathrel{|}\!\!\not\equiv_{K_0^{\mathrm{P}}} \varphi$.

●

Ce dernier résultat ne devrait pas nous surprendre. Il n'est que la généralisation de celui que nous avons obtenu pour le cadre propositionnel : tout ce qui est positivement valide est classiquement valide. Évidemment, la converse n'est pas vraie. En particulier, toute inférence qui est classiquement valide en logique propositionnelle, mais non positivement valide en logique propositionnelle partielle (par exemple, le théorème de déduction), n'est pas non plus positivement valide en logique intensionnelle partielle.

Considérons un autre exemple. Il est évident que

$$\bigwedge v_{0,t}[v_{0,\langle t,t\rangle} v_{0,t}] \models_{K_0} [v_{0,\langle t,t\rangle} v_{0,t}],$$

cependant :

$$\bigwedge v_{0,t}[v_{0,\langle t,t\rangle} v_{0,t}] \mathrel{|}\!\!\not\equiv_{K_0^{\mathrm{P}}} [v_{0,\langle t,t\rangle} v_{0,t}].$$

En effet, soit $\langle \mathcal{B}, \langle i,j\rangle\rangle \in K_0^{\mathrm{P}}$ tel que $j(v_{0,\langle t,t\rangle})(\bot) = \bot$, $j(v_{0,\langle t,t\rangle})(\mathbf{0}) = j(v_{0,\langle t,t\rangle})(\mathbf{1}) = \mathbf{1}$ et $j(v_{0,t}) = \bot$. Nous avons donc $h(\bigwedge v_{0,t}[v_{0,\langle t,t\rangle} v_{0,t}]) = \mathbf{1}$ (proposition 6.5.1) et $h([v_{0,\langle t,t\rangle} v_{0,t}]) = \bot$. Soulignons toutefois qu'il est possible de « valider positivement » l'inférence de $[v_{0,\langle t,t\rangle}v_{0,t}]$ à partir de $\bigwedge v_{0,t}[v_{0,\langle t,t\rangle}v_{0,t}]$ en spécifiant que la valeur de $v_{0,t}$ n'est pas $\perp$. On vérifiera ainsi sans peine que $\bigwedge v_{0,t}[v_{0,\langle t,t\rangle}v_{0,t}]$, $\mathfrak{I}(v_{0,t}) \models\!\!\!\equiv_{K_0^{\mathrm{P}}} [v_{0,\langle t,t\rangle}v_{0,t}]$.

Il est aussi intéressant de noter qu'*il existe* des énoncés de *LI* qui sont positivement valides. Par exemple, nous avons déjà souligné que l'énoncé $[\lambda v_{0,t}v_{0,t} \equiv \lambda v_{0,t}v_{0,t}]$, qui définit le symbole **V** du vrai, désigne **1** dans tous les modèles partiels, et est donc positivement valide. En fait, nous avons le résultat général suivant.

PROPOSITION 6.7.4

Soit φ un énoncé de *LI* qui ne contient aucune variable libre ni constante. Si $\models_{K_0} \varphi$, alors $\models\!\!\!\equiv_{K_0^{\mathrm{P}}} \varphi$.

PREUVE

Soit φ un énoncé de *LI* qui ne contient aucune variable libre ni constante. Supposons que $\models_{K_0} \varphi$. Donc, selon la proposition 6.7.1, $\models_{K_0^{\mathrm{PT}}} \varphi$. Supposons aussi que $\not\models\!\!\!\equiv_{K_0^{\mathrm{P}}} \varphi$. Il existe donc un modèle K_0^{P} $\mathcal{M} = \langle\langle B, (G_\gamma)_{\gamma\in\Gamma}, f\rangle, \langle i, j\rangle\rangle$ qui ne vérifie pas φ, c'est-à-dire $h(\varphi) \neq \mathbf{1}$. Or, φ ne contenant aucune variable libre, $h(\varphi)$ est indépendant de j. En outre, φ ne contenant aucune constante, $h(\varphi)$ $(= g(\varphi)(\langle i, j\rangle))$ est indépendant de f. Par conséquent, pour tout $\mathcal{M}' = \langle\langle B, (G_\gamma)_{\gamma\in\Gamma}, f'\rangle, \langle i, j'\rangle\rangle \in K_0^{\mathrm{PT}}$ tel que $\mathcal{M} \sqsubseteq_{K_0^{\mathrm{P}}} \mathcal{M}'$ (la proposition 6.6.4 garantit l'existence d'au moins un modèle de cette espèce) :

$h'(\varphi) = g'(\varphi)(\langle i, j'\rangle)$	définition de h'
$= g(\varphi)(\langle i, j\rangle)$	car $g(\varphi)(\langle i, j'\rangle)$ est indépendant de g' et j'
$= h(\varphi)$	définition de h
$= \mathbf{0}$	puisque $\mathbf{1} \neq h(\varphi) = h'(\varphi) \in \{\mathbf{0}, \mathbf{1}\}$

Donc $\not\models_{K_0^{\mathrm{PT}}} \varphi$: une contradiction.

●

Il est facile de démontrer que la fermeture universelle de tout énoncé classiquement valide est classiquement valide. Cela, conjointement à la proposition 6.7.4, implique la proposition suivante.

PROPOSITION 6.7.5

Soit φ un énoncé de *LI* qui contient *n* variables libres $\alpha_1,\ldots,\alpha_n$ mais aucune constante. Si $\models_{K_0} \varphi$, alors $\models_{K_0^{\mathrm{P}}} \bigwedge\alpha_1\ldots\bigwedge\alpha_n\varphi$.

●

Par exemple, $v_{0,t} \vee \neg v_{0,t}$ est évidemment classiquement valide mais non positivement valide. Sa fermeture universelle $\bigwedge v_{0,t}(v_{0,t} \vee \neg v_{0,t})$ est donc positivement valide. Considérons les axiomes de Gallin (section 2.3). Aucun d'eux ne contient de constante, mais tous contiennent des variables libres. Tous sont classiquement valides, mais aucun n'est positivement valide. Donc, leurs fermetures universelles sont positivement valides. Ainsi, la fermeture universelle de (A1) est :

$$\bigwedge\beta[([\beta\mathbf{V}] \wedge [\beta\mathbf{F}]) \equiv \bigwedge\alpha[\beta\alpha]], \text{ où } \beta = v_{0,\langle t,t\rangle} \text{ et } \alpha = v_{0,t},$$

et cet énoncé est bel et bien positivement valide.

Dans les deux prochains chapitres, nous étudierons de manière systématique deux logiques, plus simples que la logique intensionnelle mais plus fortes que la logique propositionnelle, pour lesquelles il est possible de fournir un ensemble complet de règles positivement valides, soit la théorie des types propositionnels (ou protothétique) et le calcul des prédicats du premier ordre.

CHAPITRE VII

La protothétique partielle

7.1 La hiérarchie des types propositionnels

Le langage de la logique intensionnelle est extrêmement puissant. Le prix à payer pour obtenir un tel pouvoir expressif est énorme d'un point de vue ontologique. D'une part, sa sémantique fait intervenir un nombre infini d'individus. D'autre part, il utilise la notion de monde possible qui est loin d'être transparente.

Dans ce chapitre, nous allons présenter un calcul très simple qui fait l'économie des individus et des mondes possibles : c'est la *théorie des types propositionnels* ou *protothétique*. L'idée de base, due à Leśniewski[1], est très simple. Il s'agit d'élaborer un calcul logique ne faisant intervenir que des expressions du type t et des types que l'on peut construire à partir de ce type de base. Malgré sa simplicité, ce calcul joue un rôle fondamental. Il occupe, envers la logique intensionnelle, une place similaire à celle qu'occupe le calcul des propositions envers la logique modale et le calcul des prédicats : celle d'un « noyau logique dur ».

Dans un premier temps, nous allons présenter la protothétique et sa sémantique. Dans un deuxième temps, nous montrerons comment on peut, de manière élégante, en donner une version partielle.

Nous supposerons que les définitions des chapitres I et II ont été adaptées au fait qu'il n'y a pas de mondes possibles (ou plutôt qu'il n'y en a qu'un, le monde actuel). Nous devons également adapter la définition des types.

1. Voir [Grz55] et [Słu53].

DÉFINITION 7.1.1

L'ensemble des *types propositionnels* est le plus petit ensemble T° tel que :

(1) $t \in T^\circ$,

(2) si $\sigma, \tau \in T^\circ$, alors $\langle \sigma, \tau \rangle \in T^\circ$.

DÉFINITION 7.1.2

L'ensemble D°_τ des *objets de type* τ est défini de la façon suivante :

(1) $D^\circ_\tau = \{\mathbf{0}, \mathbf{1}\}$,

(2) $D^\circ_{\langle \sigma, \tau \rangle} = D^{\circ D^\circ_\sigma}_\tau$.

•

7.2 La syntaxe de la protothétique

Nous présentons la syntaxe de la protothétique en adaptant celle de la logique intensionnelle du chapitre II.

DÉFINITION 7.2.1

L'alphabet de la protothétique est l'ensemble $\{[,], \lambda, \equiv, v_{n,\tau}\}_{n \in \mathrm{N}, \tau \in T^\circ}$. Comme précédemment, nous écrirons $Var_\tau = \{v_{n,\tau}\}_{n \in \mathrm{IN}, \tau \in T^\circ}$.

DÉFINITION 7.2.2

Le langage *LPR* de la protothétique est le quintuplet $\langle A, (F_\gamma)_{\gamma \in \Gamma}, (X_\delta)_{\delta \in \Delta}, S, t \rangle$, où

(1) A est la fermeture de $\bigcup_{\tau \in T^\circ} Var_\tau$ par les opérations F_γ ;

(2) $\Gamma = \{0, 1, \langle n, \tau \rangle_{n \in \mathrm{IN}, \tau \in T^\circ}\}$, où
$F_0(x, y) = [xy]$,
$F_1(x, y) = [x \equiv y]$,
$F_{\langle n, \tau \rangle}(x) = \lambda v_{n,\tau} x$;

(3) $\Delta = T^\circ$ et $X_t = Var_t$;

(4) S est l'ensemble des règles de grammaire suivantes :
$\langle F_0, \langle \langle \sigma, \tau \rangle, \sigma \rangle, \tau \rangle$,
$\langle F_1, \langle \tau, \tau \rangle, t \rangle$,
$\langle F_{\langle n, \tau \rangle}, \langle \sigma \rangle, \langle \tau, \sigma \rangle \rangle$.

•

Le langage de la protothétique est donc un langage très simple : il contient un nombre infini de variables de chaque type propositionnel et toutes les expressions que l'on peut construire en utilisant λ, l'application fonctionnelle et l'identité en respectant les contraintes exprimées par les règles de S.

Avant de présenter la sémantique, nous allons introduire quelques abréviations qui nous seront très utiles par la suite.

DÉFINITION 7.2.3

Nous omettrons les types lorsqu'il n'y a pas d'ambiguïté.

(1) $\mathbf{V} =_{\text{déf.}} [\lambda v_{n,t} v \equiv \lambda v v]$.

(2) $\mathbf{F} =_{\text{déf.}} [\lambda v_{n,t} v \equiv \lambda v \mathbf{V}]$.

(3) $\bigwedge v_{n,\tau} \varphi_t =_{\text{déf.}} [\lambda v \varphi \equiv \lambda v \mathbf{V}]$.

(4) $\neg \varphi_t =_{\text{déf.}} [\varphi \equiv \mathbf{F}]$.

(5) $\bigvee v_{n,\tau} \varphi_t =_{\text{déf.}} \neg \bigwedge v \neg \varphi$.

(6) $(\varphi \wedge \psi) =_{\text{déf.}} [\lambda \gamma [[\gamma \varphi] \psi] \equiv \lambda \gamma [[\gamma \mathbf{V}] \mathbf{V}]]$, où $\gamma = v_{n,\langle t,\langle t,t\rangle\rangle}$ est la variable de type $\langle t,\langle t,t\rangle\rangle$ de plus petit indice n'ayant pas d'occurrence libre dans φ ni dans ψ.

●

Les autres connecteurs sont introduits comme au chapitre II.

7.3 La sémantique de la protothétique

DÉFINITION 7.3.1

Une assignation de valeur (ou contexte) est une fonction j : $\mathbb{N} \times T^\circ \to \bigcup_{\tau \in T^\circ} D^\circ_\tau$, telle que $j(\langle n, \tau\rangle) \in D^\circ_\tau$.

Comme précédemment, on notera $j^{n,\tau}_x$ le contexte qui diffère au plus de j par le fait que $j^{n,\tau}_x(\langle n, \tau\rangle) = x$.

DÉFINITION 7.3.2

Pour chaque $\tau \in T^\circ$, l'ensemble des significations de type τ de la protothétique est $M^\circ_{\tau,J} = D^{\circ J}_\tau$, où J est l'ensemble des contextes.

●

Nous pouvons maintenant définir la classe des modèles logiquement possibles pour *LPR*

DÉFINITION 7.3.3

Soit $\sigma_0:\Delta \to T^\circ$ la fonction identité. La classe K_0° des *modèles logiquement possibles* pour *LPR* et pour l'assignation de type σ_0 est la classe des modèles $\langle \mathcal{B}, j_0 \rangle$ telle que :

(1) $\mathcal{B} = \langle B, (G_\gamma)_{\gamma \in \Gamma}, f \rangle$ est une interprétation frégéenne relativement à J (c'est-à-dire que $B = \bigcup_{\tau \in T^\circ} M^\circ_{\tau,J}$) et σ_0.

(2) J est l'ensemble des assignations de valeurs.

(3) Pour tout $n \in \mathbb{N}$, $\tau \in T^\circ$ et $j \in J$, $f(v_{n,\tau})(j) = j(\langle n, \tau \rangle)$.

(4) Pour tout $a, b \in B$, $j \in J$, $\sigma, \tau \in T^\circ$ et $n \in \mathbb{N}$:

(a) $G_0(a,b)(j) = a(j)(b(j))$ si $a \in M^\circ_{\langle \sigma,\tau \rangle,J}$ et $b \in M^\circ_{\sigma,J}$;

(b) si $a, b \in M^\circ_{\tau,J}$, alors

$$G_1(a,b)(j) = \begin{cases} \mathbf{1} \text{ ssi } a(j) = b(j), \\ \mathbf{0} \text{ autrement;} \end{cases}$$

(c) $G_{\langle n,\tau \rangle}(b)(j)$ est cette fonction de domaine D°_τ telle que $G_{\langle n,\tau \rangle}(b)(j)(x) = b(j_x^{n,\tau})$.

●

On remarquera que la protothétique n'admettant pas de constantes, la valeur des expressions closes est la même pour tous les *f* et celle des autres ne dépend que de *j*. Un point de référence est donc ici identique à un contexte.

EXERCICE 7.3.1

Vérifiez que tous les termes introduits par la définition 7.2.3 (1) à (6) ont bien leur valeur habituelle.

●

7.4 Un système formel pour la protothétique

Henkin [Hen63] a proposé un système formel complet pour la protothétique. Ce système comprend sept axiomes et une règle (les symboles avec indice désignent des expressions de *LPR* du type de leur indice) :

H1 : $[\zeta_\sigma \equiv \zeta]$

H2 : $[\lfloor \varphi_t \equiv \mathbf{V} \rfloor \equiv \varphi]$

H3 : $[(\mathbf{V} \wedge \mathbf{F}) \equiv \mathbf{F}]$

H4 : $[([\zeta_{tt}\mathbf{V}] \wedge [\zeta\mathbf{F}]) \equiv \bigwedge \alpha[\zeta\alpha]]$, où $\alpha = v_{n,t}$

H5 : $([\zeta_\sigma \equiv \eta] \supset ([\gamma_{\langle\sigma,\tau\rangle} \equiv \xi] \supset [\lfloor\gamma\zeta\rfloor \equiv \lfloor\xi\eta\rfloor]))$

H6 : $(\bigwedge \alpha[[\gamma_{\langle\sigma,\tau\rangle}\alpha] \equiv [\eta_{\langle\sigma,\tau\rangle}\alpha]] \supset [\gamma \equiv \eta])$, où $\alpha = v_{n,\sigma}$

H7 : $[[[\lambda\alpha\zeta]\gamma_\sigma] \equiv \zeta\langle\alpha|\gamma\rangle]$, où γ est libre pour $\alpha = v_{n,\sigma}$ dans ζ

R : de $[\zeta_\sigma \equiv \eta_\sigma]$ et φ on peut déduire $\varphi\langle\eta|\zeta\rangle$, où ζ est libre pour η dans φ.

La preuve de complétude donnée par Henkin est longue et complexe. Nous renvoyons le lecteur au texte original.

7.5 La complétude fonctionnelle de la protothétique

Une des propriétés intéressantes utilisée par Henkin dans sa preuve est la complétude fonctionnelle de la protothétique. Nous avons, dans la section 5.4, défini la notion de complétude fonctionnelle pour le calcul propositionnel. Une formulation générale de cette notion est la suivante :

DÉFINITION 7.5.1

Soit L un langage, $\langle\langle B, (G_\gamma)_{\gamma\in\Gamma}\rangle, f\rangle$ une interprétation frégéenne quelconque et g l'assignation de signification qui prolonge f. On dira que l'ensemble des opérateurs $\langle F_i\rangle_{i\leq n}$ est *fonctionnellement complet* ssi pour tout $b \in B$ il existe une expression *close* $\eta \in L$ telle que pour tout point de référence j, $g(\eta)(j) = b$.

●

Cette propriété est très forte : elle signifie qu'à l'aide des opérateurs F_i on peut construire un « nom canonique » pour chaque objet de l'ontologie. Il est bien évident qu'aucun ensemble d'opérateurs n'est fonctionnellement complet pour la logique intensionnelle (B est en général non dénombrable).

Qu'en est-il de la protothétique ? Nous allons voir qu'il est possible de généraliser les résultats de la section 5.4. Comme le domaine de base D_t° est fini, chacun des domaines $D_{\langle\sigma,\tau\rangle}^\circ$ sera également fini (bien que ces domaines deviennent rapidement très grands) et nous verrons qu'il est possible de trouver un nom pour chaque fonction.

La tactique utilisée par Henkin est très complexe et il est facile d'obtenir un résultat équivalent d'une manière beaucoup plus simple.

PROPOSITION 7.5.1

(1) **V** est le nom canonique de **1** (nous écrirons $\mathbf{V} = \mathbf{1}^c$).

(2) **F** est le nom canonique de **0** (nous écrirons $\mathbf{F} = \mathbf{0}^c$).

(3) Soit $f \in D^{\circ}_{\langle\sigma,\tau\rangle}$ et $(\vec{a}_0)^c, \ldots, (\vec{a}_{n-1})^c$ les noms canoniques (qui existent par hypothèse d'induction) de chacun des projecteurs $\vec{a}_0, \ldots, \vec{a}_{n-1}$ de f (voir la définition 6.2.4). Si les projecteurs ont une longueur m, le i-ième projecteur s'écrira $\vec{a}_i = \langle a_{i0}, \ldots, a_{im-1} \rangle$.

Par hypothèse d'induction, nous avons également un nom canonique $\left(f(\vec{a}_i)\right)^c$ pour chaque valeur $f(\vec{a}_i)$ de f.

L'expression suivante est un nom de f :

(**E1**) $\lambda\alpha_0 \ldots \lambda\alpha_{m-1}(([\alpha_0 \equiv a^c_{00}] \wedge \ldots \wedge [\alpha_{m-1} \equiv a^c_{0m-1}] \wedge (f(\vec{a}_0))^c) \vee \ldots \vee$
$([\alpha_0 \equiv a^c_{(n-1)1}] \wedge \ldots \wedge [\alpha_{m-1} \equiv a^c_{(n-1)(m-1)}] \wedge (f(\vec{a}_{n-1}))^c))$,
où $\alpha_i = v_{i,\sigma}$ et σ est le type de $a_{i,k}$.

•

Cette dernière expression est relativement intuitive si on se rappelle que deux fonctions sont identiques si, et seulement si, elles ont les mêmes projections.

Il serait cependant souhaitable d'avoir une formule qui ne contienne que des opérateurs booléens (même si ceux-ci peuvent être définis en utilisant l'identité) car nous verrons que la formule (**E1**) n'est pas généralisable aux sémantiques partielles. En effet, nous avons vu, dans le cas du premier ordre, que l'identité dans le langage n'est pas une relation d'équivalence suffisamment forte pour identifier deux objets. Un énoncé d'identité liant deux expressions fonctionnelles du même type est vrai si, et seulement si, les fonctions correspondant aux deux expressions prennent des valeurs équivalentes pour des arguments *totaux*.

Heureusement, il est possible, suivant J. van Benthem [Ben91], de fournir un nom pour chaque fonction en n'utilisant que les expressions $\lambda, \wedge, \vee, \neg$. Cela se fait en généralisant la méthode des formes normales disjonctives. Revenons, pour l'instant, au calcul propositionnel classique. On sait que l'on peut donner un nom à chaque fonction $f\colon \mathbf{2}^n \to \mathbf{2}$ de la manière suivante : prenons d'abord une suite de n valeurs de vérité

$x_0,\ldots,x_{n-1}$. Soit δ_f telle que $\delta_f(x_i)=p_i$ si $x_i=\mathbf{1}$ et $\delta_f(x_i)=\neg p_i$ si $x_i=\mathbf{0}$. Considérons maintenant l'ensemble $\mathbf{1}(f)$ $=\{\vec{x}\in\mathbf{2}^n: f(\vec{x})=\mathbf{1}\}$. La formule de la section 5.4 devient

$$\bigvee_{\vec{x}\subset\mathbf{1}(f)}\ \bigwedge_{i<n}\ \delta_f(x_i)$$

qui est la forme normale disjonctive totalement développée correspondant à f. Par convention, si $\mathbf{1}(f)=\varnothing$, la formule est **F**. Ce n'est, bien sûr, pas un nom de f (on ne peut pas nommer une fonction en calcul des propositions) mais un nom de la valeur de f pour un argument quelconque. Mais, par abstraction, nous obtenons un nom de f dans le langage de la protothétique :

$$\lambda\alpha_0\ldots\lambda\alpha_{n-1}\left(\bigvee_{\vec{x}\in\mathbf{1}(f)}\ \bigwedge_{i<n}\ \delta_f(x_i)\right),\ \text{où}\ \delta_f(x_i)=\begin{cases}\alpha_i\ \text{si}\ x_i=\mathbf{1},\\ \neg\alpha_i\ \text{si}\ x_i=\mathbf{0}.\end{cases}$$

Peut-on généraliser cette approche à toute la hiérarchie propositionnelle ? La réponse est oui et voici comment.

Soit $h\in D^{\circ}_{\langle\sigma,\tau\rangle}$. Appelons, comme précédemment, $\mathbf{1}(h)$ la classe des projecteurs $\vec{p}$ de h tels que $h(\vec{p})=\mathbf{1}$. Un type quelconque est de la forme $\langle\sigma_0,\langle\sigma_1\langle\ldots\langle\sigma_{n-1},t\rangle\ldots\rangle\rangle\rangle$; mais avant de décrire un nom pour une fonction d'un type arbitraire, nous allons considérer le cas où n=1, c'est-à-dire les types $\langle\sigma,t\rangle$ où σ est un type quelconque (dans ce cas $\vec{p}=p$). Comme une fonction est entièrement déterminée par ses projecteurs et que, par hypothèse d'induction, nous avons un nom canonique $(p)^c$ pour tout projecteur p de h, il est facile de vérifier que l'expression suivante désigne h :

$$(\mathbf{E2})\ \lambda\alpha[\bigvee_{p\in\mathbf{1}(h)}\ \bigwedge_{\vec{g}\in Pr(\sigma)}\ \delta_p([\alpha(\vec{g})^c])],$$

où $\alpha=v_{n,\sigma}$ et si $\sigma\neq t$, alors $\delta_p([\alpha(g)^c])=\begin{cases}[\alpha(\vec{g})^c]\ \text{si}\ p(\vec{g})=\mathbf{1},\\ \neg[\alpha(\vec{g})^c]\ \text{sinon}\ ;\end{cases}$

autrement $\bigwedge_{\vec{g}\in Pr(\sigma)}\delta_p([\alpha(\vec{g})^c])=\alpha$ ou $\neg\alpha$ selon que $p=\mathbf{1}$ ou $\mathbf{0}$.

*EXERCICE 7.5.1**

Vérifiez que (**E2**) est bien un nom canonique de h.

•

La généralisation aux fonctions quelconques est immédiate. Soit $h \in D^\circ_\sigma$ avec $\sigma = \langle \sigma_0, \langle \ldots \langle \sigma_{n-1}, t \rangle \ldots \rangle\rangle$. On vérifie que l'expression suivante est un nom de h :

$$\text{(E3)} \quad \lambda\alpha_{\sigma_0} \ldots \lambda\alpha_{\sigma_{n-1}} [\bigvee_{\vec{p} \in \mathbf{1}(h)} (\bigwedge_{\vec{g} \in Pr(\sigma_0)} \delta_{p_0}([\alpha_{\sigma_0}(\vec{g})^c]) \wedge \ldots \wedge \bigwedge_{\vec{g} \in Pr(\sigma_{n-1})} \delta_{p_{n-1}}([\alpha_{\sigma_{n-1}}(\vec{g})^c]))],$$

avec $\vec{p} = \langle p_0, \ \ldots \ , p_{n-1} \rangle$ et si $\sigma_i \neq t$, alors

$$\delta_{p_i}\left(\left[\alpha_i(\vec{g})^c\right]\right) = \begin{cases} \left[\alpha_i(\vec{g})^c\right] \text{ si } p_i(\vec{g}) = \mathbf{1}, \\ \neg\left[\alpha_i(\vec{g})^c\right] \text{ autrement ;} \end{cases}$$

sinon, $\bigwedge_{\vec{g} \in Pr(\sigma_i)} \delta_{p_i}([\alpha_i(\vec{g})^c]) = \alpha_i$ ou $\neg\alpha_i$ selon que $p_i = \mathbf{1}$ ou $\mathbf{0}$.

EXERCICE *7.5.2**

En utilisant la formule (**E3**), trouvez le nom canonique de l'identité entre objets de type *t*.

●

Ceci termine notre présentation de la protothétique classique.

7.6 La protothétique partielle

Ici encore, la plupart des notions que nous utiliserons ne sont que des versions simplifiées de la structure présentée précédemment.

DÉFINITION 7.6.1

La hiérarchie des objets propositionnels partiels est la suivante :

(i) $DP^\circ_t = \{\mathbf{0}, \mathbf{1}, \perp\}$,

(ii) $DP^\circ_{\langle\sigma,\tau\rangle} = \left(DP^\circ_\sigma \to DP^\circ_\tau\right)$.

●

Toutes les notions introduites précédemment, en particulier celles de différence forte, d'équivalence faible, de fonction totale, de projecteur, etc., ont, bien entendu, un correspondant naturel pour les objets propositionnels partiels et nous les utiliserons sans plus de précautions.

DÉFINITION 7.6.2

Une assignation de *valeurs partielles* (ou contexte) est une fonction $j : \mathbb{N} \times T^\circ \to \bigcup_{\tau \in T^\circ} DP^\circ_\tau$, telle que $j(\langle n, \tau \rangle) \in DP^\circ_\tau$.

DÉFINITION 7.6.3

Pour chaque $\tau \in T^\circ$, l'ensemble des *significations partielles* de type τ de la protothétique est $PM^\circ_{\tau,J} = DP^{\circ J}_\tau$, où J est l'ensemble des contextes.

●

La syntaxe de la protothétique partielle est la même que celle de la protothétique classique. Ce n'est pas, bien sûr, le cas de la sémantique. Celle-ci est plutôt une *particularisation* de celle décrite dans la section 6.5 pour la logique intensionnelle.

DÉFINITION 7.6.4

Soit $\sigma_0 : \Delta \to T^\circ$ la fonction identité. La classe des *modèles partiels logiquement possibles* pour *LPR* et pour l'assignation de type σ_0 est la classe des modèles $\langle \mathcal{B}, j_0 \rangle$ telle que

(1) $\mathcal{B} = \langle B, (G_\gamma)_{\gamma \in \Gamma}, f \rangle$ est une interprétation frégéenne partielle relativement à J (c'est-à-dire que $B = \bigcup_{\tau \in T^\circ} PM^\circ_{\tau,J}$) et σ_0.

(2) J est l'ensemble des assignations de valeurs partielles.

(3) Pour tout $n \in \mathbb{N}$, $\tau \in T^\circ$ et $j \in J$, $f(v_{n,\tau})(j) = j(\langle n, \tau \rangle)$.

(4) Pour tout $a, b \in B$,

(a) $G_0(a,b)(j) = a(j)(b(j))$ si $a \in PM^\circ_{\langle \sigma, \tau \rangle, J}$ et $b \in PM^\circ_{\sigma, J}$;

(b) si $a \in PM^\circ_{\tau,J}$, alors

$$G_1(a,b)(j) = \begin{cases} \mathbf{1} \text{ ssi } a(j) =_* b(j) \text{ et } b(j) \text{ est totale,} \\ \mathbf{0} \text{ ssi } a(j) \neq_* b(j), \\ \bot \text{ autrement;} \end{cases}$$

(c) $G_{\langle n, \tau \rangle}(b)(j)$ est cette fonction de domaine DP°_τ telle que $G_{\langle n, \tau \rangle}(b)(j)(x) = b(j^{n,\tau}_x)$.

●

7.7 Problèmes de complétude

La question de fournir un système complet pour la protothétique partielle est assez complexe. Le problème, définitivement sans solution, est le suivant: il n'est pas possible d'avoir dans le langage objet de la protothétique partielle une relation d'équivalence suffisamment fine pour identifier les objets. On l'a répété à maintes reprises, l'identité « forte » n'est pas monotone. Nous avons également vu que l'équivalence la plus forte que l'on puisse introduire de manière analytique est l'identité telle que définie plus haut.

Cela signifie qu'il ne peut pas y avoir de règle de substitution universelle. Plus précisément, il n'est pas possible de formuler une règle dont la signification serait : si deux objets sont indiscernables comme fonction, ils sont indiscernables comme argument. En protothétique classique, nous aurions :

(1) $\bigwedge \gamma[[\eta\gamma] \equiv [\zeta\gamma]] \vdash [\eta \equiv \zeta]$.

(2) $[\eta \equiv \zeta] \vdash [[\xi\eta] \equiv [\xi\zeta]]$.

La seconde de ces règles n'est pas valide pour la protothétique partielle.

EXERCICE *7.7.1**

Donnez un exemple qui falsifie la règle (2) ci-dessus.

●

Cette difficulté peut être contournée. Pour ce faire, il suffit de définir un nom pour chaque objet de l'ontologie. Malheureusement, dans le cadre strict du langage *LPR*, cela est impossible : le fait que pour toute assignation de valeurs totales toutes les expressions ont une valeur totale entraîne qu'au mieux on puisse avoir un nom pour chaque objet total. En particulier, aucune expression du langage ne peut désigner rigidement $\perp$ bien que nous ayons des désignateurs rigides du vrai et du faux.

La situation est toutefois différente si nous introduisons un désignateur rigide de $\perp$. Soit LPR^+ le langage *LPR* enrichi d'une nouvelle variable, notée ★, de type *t*. Un modèle partiel logiquement possible pour LPR^+ est simplement n'importe quel modèle partiel logiquement possible $\langle \mathcal{B}, j \rangle$ pour *LPR* tel que $j(\bigstar) = \perp$.

7.8 La complétude fonctionnelle de la protothétique partielle

Nous rappelons les deux définitions suivantes qui nous seront utiles.

DÉFINITION 7.8.1

(1) $\Im(\eta_\sigma) =_{\text{déf.}} \bigvee v_{n,\sigma}\left[v_{n,\sigma} \equiv \eta_\sigma\right]$.

(2) $(\varphi \downarrow \psi) =_{\text{déf.}} (\varphi \wedge \bigstar) \vee (\varphi \wedge \psi) \vee (\bigstar \wedge \psi)$.

$\Im(\eta_\sigma)$ aura pour valeur **1** lorsque η est total et sera indéfini autrement.

$\downarrow$ est l'infimum et sa table est la suivante.

$\downarrow$	**0**	**1**	$\perp$
0	**0**	$\perp$	$\perp$
1	$\perp$	**1**	$\perp$
$\perp$	$\perp$	$\perp$	$\perp$

PROPOSITION 7.8.1

La définition récursive suivante donne un nom h^c à chaque objet h de l'ontologie. $\mathbf{1}(h)$ (resp. $\mathbf{0}(h)$) désigne la classe des projecteurs $\vec{p}$ de h tels que $h(\vec{p}) = \mathbf{1}$ (resp. $\mathbf{0}$).

(1) Si h est de type t, alors

$\mathbf{0}^c = \mathbf{F}$

$\mathbf{1}^c = \mathbf{V}$

$\perp^c = \bigstar$

(2) Si h est de type $\langle\sigma_0\langle\ldots\langle\sigma_{n-1},t\rangle\ldots\rangle\rangle$, alors l'expression suivante est un nom de h :

$$\lambda\alpha_{\sigma_0}\ldots\lambda\alpha_{\sigma_{n-1}}\left[\left(\bigvee_{\vec{p}\in\mathbf{1}(h)}\ \bigwedge_{\vec{g}\in Pr(\sigma_0)}\delta_{p_0}\left(\left[\alpha_{\sigma_0}(\vec{g})^c\right]\right)\wedge\ldots\wedge\bigwedge_{\vec{g}\in Pr(\sigma_{n-1})}\delta_{p_{n-1}}\left(\left[\alpha_{\sigma_{n-1}}(\vec{g})^c\right]\right)\right)\right.$$
$$\left.\downarrow\left(\neg\bigvee_{\vec{p}\in\mathbf{0}(h)}\ \bigwedge_{\vec{g}\in Pr(\sigma_0)}\delta_{p_0}\left(\left[\alpha_{\sigma_0}(\vec{g})^c\right]\right)\wedge\ldots\wedge\bigwedge_{\vec{g}\in Pr(\sigma_{n-1})}\delta_{p_{n-1}}\left(\left[\alpha_{\sigma_{n-1}}(\vec{g})^c\right]\right)\right)\right]$$

où :

$$\delta_{p_i}\left(\left[\alpha_{\sigma_i}(\vec{g})^c\right]\right) = \begin{cases}[\alpha_{\sigma_i}(\vec{g})^c]\text{ si } p_i(\vec{g}) = \mathbf{1}\\ \neg[\alpha_{\sigma_i}(\vec{g})^c]\text{ si } p_i(\vec{g}) = \mathbf{0}\\ \mathbf{V}\text{ si } p_i(\vec{g}) = \perp\end{cases}$$

si $\sigma_i \neq t$, sinon $\underset{\vec{g} \in Pr(\sigma_i)}{\wedge} \delta_{p_i}([\alpha_i(\vec{g})^c]) = \alpha_i$, $\neg\alpha_i$ ou $\mathbf{V}$ selon que $p_i = \mathbf{1}, \mathbf{0}$ ou $\perp$.
Nous désignerons par N_σ l'ensemble (fini) des noms d'objets de type σ.
●

L'existence de noms va nous permettre de définir récursivement un foncteur spécial P_{a^c} (où a est un objet de type σ). P_{a^c} est de type $\langle \sigma, t\rangle$ et pour une expression arbitraire ζ de type σ, $P_{a^c}(\zeta)$ sera vraie pour une valuation j donnée si, et seulement si, $a \sqsubseteq g(\zeta)(j)$. Un tel foncteur est, bien entendu, monotone.

DÉFINITION 7.8.2

Pour tout type σ et pour tout $a \in DP^\circ_\sigma$, on définit :

$$P_{\mathbf{1}^c} =_{\text{déf.}} \lambda\alpha_t(\alpha \vee \bigstar)$$

$$P_{\mathbf{0}^c} =_{\text{déf.}} \lambda\alpha_t(\neg\alpha \vee \bigstar)$$

$$P_{\perp^c} =_{\text{déf.}} \lambda\alpha_t \mathbf{V}$$

Si $a \in DP^\circ_{\langle\sigma,\tau\rangle}$, alors $P_{a^c} =_{\text{déf.}} \lambda\alpha_{\langle\sigma,\tau\rangle}\left(\underset{b^c \in N_\sigma}{\wedge}\left[P_{(a(b))^c}\left[\alpha b^c\right]\right]\right)$.

PROPOSITION 7.8.2

Pour tout type σ, tout $a \in DP^\circ_\sigma$, toute assignation j et toute expression ζ_σ,

$$g\left(\left[P_{a^c}\zeta\right]\right)(j) = \begin{cases} \mathbf{1} \text{ ssi } a \sqsubseteq g(\zeta)(j), \\ \perp \text{ sinon.} \end{cases}$$

PREUVE

(i) Pour les types de base, la vérification est directe.
Soit $\alpha_t = v_{n,t}$,

$$\begin{aligned} g\left(\left[P_{a^c}\zeta_t\right]\right)(j) &= g\left(\left[\left[\lambda\alpha_t(\alpha \vee \bigstar)\right]\zeta\right]\right)(j) \\ &= g(\alpha \vee \bigstar)\left(j^{n,t}_{g(\zeta)(j)}\right) \\ &= g(\zeta \vee \bigstar)(j) \\ &= \mathbf{1} \text{ ssi } g(\zeta)(j) = \mathbf{1} \\ &= \perp \text{ sinon.} \end{aligned}$$

Les deux autres cas de base se vérifient de la même manière.

(ii) Soit $a \in DP^{\circ}_{\langle\sigma,\tau\rangle}$ et $\alpha_{\langle\sigma,\tau\rangle} = v_{n,\langle\sigma,\tau\rangle}$,

$$g\left(\left[P_{a^c}\zeta_{\langle\sigma,\tau\rangle}\right]\right)(j) =_{\text{déf.}} g\left(\left[\lambda\alpha_{\langle\sigma,\tau\rangle}\left(\bigwedge_{b^c \in N_\sigma}\left[P_{(a(b))^c}\left[\alpha(b)^c\right]\right]\right)\zeta\right]\right)(j)$$

$$= g\left(\bigwedge_{b^c \in N_\sigma}\left[P_{(a(b))^c}\left[\alpha\left(b^c\right)\right]\right]\right)\left(j^{n,\langle\sigma,\tau\rangle}_{g(\zeta)(j)}\right)$$

$$= g\left(\bigwedge_{b^c \in N_\sigma}\left[P_{(a(b))^c}\left[\zeta\left(b^c\right)\right]\right]\right)(j).$$

Par hypothèse d'induction, pour tout b,

$$g\left(\left[P_{(a(b))^c}\left[\zeta\left(b^c\right)\right]\right]\right)(j) = \begin{cases} \mathbf{1} \text{ ssi } a(b) \sqsubseteq g\left(\left[\zeta(b^c)\right]\right)(j), \\ \bot \text{ sinon.} \end{cases}$$

Par définition de la conjonction forte,

$$g\left(\bigwedge_{b^c \in N_\sigma}\left[P_{(a(b))^c}\left[\zeta\left(b^c\right)\right]\right]\right)(j) = \mathbf{1}$$

ssi $g\left(\left[P_{(a(b))^c}\left[\zeta\left(b^c\right)\right]\right]\right)(j) = \mathbf{1}$ pour tout b

ssi $a(b) \sqsubseteq g\left(\left[\zeta\left(b^c\right)\right]\right)(j) = \mathbf{1}$ pour tout b

ssi $a(b) \sqsubseteq g(\zeta)(j)\left(g\left(b^c\right)(j)\right)$ pour tout b

ssi $a(b) \sqsubseteq g(\zeta)(j)(b)$ pour tout b

ssi $a \sqsubseteq g(\zeta)(j)$.

●

Les prédicats P_{a^c} seront d'une grande utilité.

7.9 Un système complet pour la protothétique partielle

Nous venons de montrer qu'il est possible de nommer, dans le langage LPR^+, chaque objet de l'ontologie de la protothétique partielle. Or, cette possibilité nous donne les moyens de présenter un système déductif adéquat pour décrire la notion de conséquence positivement valide appliquée à LPR^+. Tel est le but de cette section.

Définissons d'abord la notion de conséquence qui nous intéresse.

DÉFINITION 7.9.1

Soit $\Gamma \cup \{\varphi\}$ un ensemble d'énoncés (expressions de type *t*) de LPR^+. On dira que φ est une *conséquence positivement valide* de Γ, et on écrira $\Gamma \models \varphi$, si et seulement si pour tout modèle partiel logiquement possible $\langle \mathcal{B}, j \rangle$ pour LPR^+, si $g(\psi)(j) = \mathbf{1}$ pour tout $\psi \in \Gamma$, alors $g(\varphi)(j) = \mathbf{1}$. Un énoncé φ de LPR^+ est *positivement valide* ssi $\varnothing \models \varphi$.

●

Voici le système déductif.

DÉFINITION 7.9.2

Soit $\Gamma \cup \{\varphi\}$ un ensemble d'énoncés de LPR^+. On dira que φ est *dérivable* de Γ, et on écrira $\Gamma \vdash \varphi$, si et seulement s'il existe une suite $\psi_0, \ldots \psi_n$ d'énoncés de LPR^+ telle que $\psi_n = \varphi$ et chaque ψ_i satisfait l'une des clauses suivantes :

(i) $\psi_i \in \Gamma$;

(ii) ψ_i est obtenu par l'application de la règle R1 ci-dessous ;

(iii) ψ_i est tel que $\psi_j \vdash \psi_i$ est une instance d'une des règles R2-R20 ci-dessous et $j < i$;

(iv) ψ_i est tel que $\psi_j, \psi_k \vdash \psi_i$ est une instance d'une des règles R21-R24 ci-dessous et $j, k < i$;

(v) ψ_i est obtenu par l'application d'une des règles structurales R25-R29 ci-dessous.

●

Dans ce qui suit, les symboles φ, ψ, η sans indice désignent des énoncés ; les symboles avec indice désignent des expressions arbitraires du type de leur indice. La notation $\varphi \dashv\vdash \psi$ signifie $\varphi \vdash \psi$ et $\psi \vdash \varphi$, et la notation $\Gamma, \varphi \vdash \psi$ signifie $\Gamma \cup \{\varphi\} \vdash \psi$. Pour une expression arbitraire ζ, $\zeta\langle \eta_\sigma | \beta_\sigma \rangle$ désigne l'expression obtenue à partir de ζ en remplaçant toutes les occurrences de η par β.

R1 $\vdash \mathbf{V}$

R2 $\mathbf{F} \vdash \varphi$

R3 $\bigstar \vdash \varphi$

R4 $\neg\bigstar \vdash \varphi$

R5 $\neg\neg\varphi \dashv\vdash \varphi$

R6 $(\varphi \wedge \psi) \vdash \varphi$ $\quad (\varphi \wedge \psi) \vdash \psi$

R7 $\varphi \vdash (\varphi \vee \psi)$ $\quad \varphi \vdash (\psi \vee \varphi)$

R8 $[\neg\varphi \equiv \neg\psi] \dashv\vdash [\varphi \equiv \psi]$

R9 $\varphi \vdash \Im(\varphi)$

R10 $\Im(\varphi) \dashv\vdash \Im(\neg\varphi)$

R11 $\Im(\varphi) \dashv\vdash (\varphi \vee \neg\varphi)$

R12 $\Im([\xi_\sigma \equiv \zeta_\sigma]) \vdash \Im(\xi)$ $\quad \Im([\xi_\sigma \equiv \zeta_\sigma]) \vdash \Im(\zeta)$

R13 $\Im(\xi_\sigma) \dashv\vdash [\xi_\sigma \equiv \xi_\sigma]$

R14 $\varphi \vdash \bigvee v_{n,\sigma}\varphi\langle\zeta_\sigma | v_{n,\sigma}\rangle$, où $v_{n,\sigma}$ est libre pour ζ dans φ

R15 $[\lambda v_{n,\sigma}\varphi\zeta_\sigma] \dashv\vdash \varphi\langle v_{n,\sigma} | \zeta_\sigma\rangle$, où ζ_σ est libre pour $v_{n,\sigma}$ dans φ

R16 $\bigwedge v_{n,\sigma}\varphi \vdash \bigwedge v_{m,\sigma}\varphi\langle v_{n,\sigma} | v_{m,\sigma}\rangle$, où $v_{m,\sigma}$ est libre pour $v_{n,\sigma}$ dans φ

R17 $\bigwedge v_{n,\sigma}(\varphi \vee \psi) \vdash (\varphi \vee \bigwedge v_{n,\sigma}\psi)$, où $v_{n,\sigma}$ n'a pas d'occurrence libre dans φ

R18 $[\xi_\sigma \equiv \zeta_\sigma] \dashv\vdash \bigwedge \vec{v}[[\xi_\sigma\vec{v}] \equiv [\zeta_\sigma\vec{v}]]$, où $\sigma = \langle\sigma_0, \langle\ldots\langle\sigma_{n-1}, t\rangle\ldots\rangle\rangle$, $\bigwedge\vec{v}$ est une abréviation pour $\bigwedge v_{1,\sigma_0}\ldots\bigwedge v_{n,\sigma_{n-1}}$ et $[\xi\vec{v}] = [\ldots[\xi v_{1,\sigma_0}]\ldots v_{n,\sigma_{n-1}}]$

R19 $\neg[\xi_\sigma \equiv \zeta_\sigma] \dashv\vdash \bigvee \vec{v}\neg[[\xi_\sigma\vec{v}] \equiv [\zeta_\sigma\vec{v}]]$, où $\sigma = \langle\sigma_0, \langle\ldots\langle\sigma_{n-1}, t\rangle\ldots\rangle\rangle$, et $\bigvee\vec{v}$ est une abréviation pour $\bigvee v_{1,\sigma_0}\ldots\bigvee v_{n,\sigma_{n-1}}$

R20 $\varphi \vdash \bigvee_{a^c \in N_\sigma} ([P_{a^c}\zeta_\sigma] \wedge \varphi\langle a^c | \zeta\rangle)$

R21 $[P_{a^c}\zeta_\sigma], \varphi \vdash \varphi\langle a^c | \zeta_\sigma\rangle$, où ζ_σ est libre pour a^c dans φ

R22 $\varphi\langle v_{n,\sigma} | \zeta_\sigma\rangle, [\xi_\sigma \equiv \zeta_\sigma] \vdash \varphi\langle v_{n,\sigma} | \xi_\sigma\rangle$, où ξ_σ est libre pour $v_{n,\sigma}$ dans φ

R23 $\varphi, \psi \vdash [\varphi \equiv \psi]$

R24 $\varphi, \psi \vdash [\varphi \wedge \psi]$

R25 Si $\Gamma \vdash \bigvee v_{n,\sigma}\varphi$ et $\Gamma, \varphi\langle v_{n,\sigma} | v_{m,\sigma}\rangle \vdash \psi$, alors $\Gamma \vdash \psi$, où $v_{m,\sigma}$ n'a pas d'occurrence libre dans ψ ni dans aucun énoncé de Γ

R26 Si $\Gamma, \varphi \vdash \psi$ et $\Gamma, \varphi \vdash \neg\psi$ et $\Gamma \vdash \Im(\psi)$, alors $\Gamma \vdash \neg\varphi$

R27 Si $\Gamma, \varphi \vdash \eta$ et $\Gamma, \psi \vdash \eta$ et $\Gamma \vdash (\varphi \vee \psi)$, alors $\Gamma \vdash \eta$

R28 Si $\Gamma, \Im(v_{n,\sigma}) \vdash \varphi$, alors $\Gamma \vdash \bigwedge v_{n,\sigma}\varphi$, où $v_{n,\sigma}$ n'a pas d'occurrence libre dans aucun énoncé de Γ

R29 Si $\Gamma \vdash \bigwedge \vec{v}\varphi$ et $\Gamma \vdash \Im(\vec{\xi})$, alors $\Gamma \vdash \varphi\langle\vec{v}|\vec{\xi}\rangle$, où $\Im(\vec{\xi})$ est une abréviation pour $\Gamma \vdash \Im(\xi_{\sigma_0})\ldots\Gamma \vdash \Im(\xi_{\sigma_{n-1}})$ et chaque ξ_{σ_i} est libre pour v_{m,σ_i} dans φ

•

Soit *SPR* le système généré par les règles R1-R29. Par la définition de la notion de dérivation, on obtient facilement les deux règles dérivées suivantes :

DR1 Si $\Gamma \vdash \varphi$ et $\Gamma, \varphi \vdash \psi$, alors $\Gamma \vdash \psi$.

DR2 Si $\Gamma \vdash \varphi$, alors $\Gamma \cup \Delta \vdash \varphi$.

On remarquera que *SPR* a lui aussi la propriété de finitude, c'est-à-dire que si $\Gamma \vdash \varphi$, alors $\Delta \vdash \varphi$ pour un sous-ensemble Δ fini de Γ.

PROPOSITION 7.9.1

Soit $\Gamma \cup \{\varphi\}$ un ensemble d'énoncés de LPR^+ ;

$\Gamma \vdash \varphi$ dans *SPR* ssi $\Gamma \models\!\!\!\equiv \varphi$.

PREUVE

On vérifie facilement que chacune des règles R1-R24 est positivement valide et que les règles R25-R29 préservent la validité. Par conséquent, $\Gamma \vdash \varphi$ seulement si $\Gamma \models\!\!\!\equiv \varphi$. Pour démontrer la converse, on applique la même stratégie que celle de la section 5.2 pour la démonstration de la complétude de SPP : on montre d'abord (lemme 7.9.1) que tout ensemble Γ d'énoncés de LPR^+ tel que $\Gamma \nvdash \varphi$ peut être inclu dans un ensemble Σ d'énoncés de LPR^+ tel que $\varphi \notin \Sigma$; puis on montre (lemme 7.9.2) qu'il existe un modèle logiquement possible $\langle \mathcal{B}, j\rangle$ pour LPR^+ tel que pour tout énoncé ψ de LPR^+, $g(\psi)(j) = \mathbf{1}$ ssi $\psi \in \Sigma$.

•

DÉFINITION 7.9.3

Soit Δ un ensemble d'énoncés de LPR^{+} et $\vdash$ la relation de dérivation telle que donnée par la définition 7.9.2.

- Δ est *consistant* ssi $\Delta \nvdash \mathbf{F}$.
- Δ est *déductivement fermé* ssi pour tout énoncé φ, $\Delta \vdash \varphi$ implique $\varphi \in \Delta$.
- Δ est $\vee$*-saturé* ssi $\Delta \vdash \varphi \vee \psi$ implique $\Delta \vdash \varphi$ ou $\Delta \vdash \psi$.
- Δ est $\bigvee$*-saturé* ssi $\Delta \vdash \bigvee v_{n,\sigma}\varphi$ implique qu'il existe une expression ξ_σ telle que
  $\Delta \vdash \varphi\langle v_{n,\sigma} | \xi_\sigma \rangle$, où ξ_σ est libre pour $v_{n,\sigma}$ dans φ.
- Δ est $\bigwedge$*-saturé* ssi $\Delta \nvdash \bigwedge v_{n,\sigma}\varphi$ implique qu'il existe une expression ξ_σ telle que
  $\Delta \vdash \mathfrak{I}(\xi_\sigma)$ et $\Delta \nvdash \varphi\langle v_{n,\sigma} | \xi_\sigma \rangle$, où ξ_σ est libre pour $v_{n,\sigma}$ dans φ.
- Δ est $\equiv$*-saturé* ssi :
  - $\Delta \vdash [\varphi \equiv \psi]$ implique
    $\Delta \vdash \varphi$ et $\Delta \vdash \psi$, ou $\Delta \vdash \neg\varphi$ et $\Delta \vdash \neg\psi$;
  - $\Delta \vdash \neg[\varphi \equiv \psi]$ implique
    $\Delta \vdash \neg\varphi$ et $\Delta \vdash \psi$, ou $\Delta \vdash \varphi$ et $\Delta \vdash \neg\psi$.

Tout ensemble d'énoncés possédant les propriétés ci-dessus sera dit *consistant*, *déductivement fermé* et *multisaturé* (CFMS).

LEMME 7.9.1 (LEMME DE LINDENBAUM ADAPTÉ)

Si $\Gamma \nvdash \eta$ dans *SPR*, alors il existe un sur-ensemble CFMS $\Sigma \supseteq \Gamma$ tel que $\eta \notin \Sigma$.

PREUVE

Supposons que $\Gamma \nvdash \eta$ dans SPR. Soit $\langle \eta_n \rangle_{n \in \mathbf{N}}$ une énumération complète de tous les énoncés de LPR^{+} dans laquelle chaque énoncé apparaît un nombre dénombrable de fois. Dans un premier temps, nous définissons inductivement une suite $\langle \Delta_n \rangle_{n \in \mathbf{N}}$ d'ensembles d'énoncés comme ceci :

- $\Delta_0 = \Gamma$;
- si $\Delta_{2n} \nvdash \eta_n$, alors $\Delta_{2n+1} = \Delta_{2n+2} = \Delta_{2n}$;
- si $\Delta_{2n} \vdash \eta_n$, alors $\Delta_{2n+1} = \Delta_{2n} \cup \{\eta_n\}$ et

- si $\eta_n = \bigvee v_{m,\sigma}\varphi$, alors
  $\Delta_{2n+2} = \Delta_{2n+1} \cup \{\varphi\langle v_{m,\sigma} | v_{k,\sigma}\rangle\}$, où $v_{k,\sigma}$ n'a pas d'occurrence libre dans aucun énoncé de Δ_{2n+1} ;
- si $\eta_n = [\xi_\sigma \equiv \zeta_\sigma]$, alors
  - ▸ si $\sigma = t$ et $\Delta_{2n+1}, \xi \nvdash \eta$, alors $\Delta_{2n+2} = \Delta_{2n+1} \cup \{\xi, \zeta\}$;
  - ▸ si $\sigma = t$ et $\Delta_{2n+1}, \xi \vdash \eta$, alors $\Delta_{2n+2} = \Delta_{2n+1} \cup \{\neg\xi, \neg\zeta\}$;
  - ▸ si $\sigma \neq t$, alors $\Delta_{2n+2} = \Delta_{2n+1}$;
- si $\eta_n = \neg[\xi_\sigma \equiv \zeta_\sigma]$, alors
  - ▸ si $\sigma = t$ et $\Delta_{2n+1}, \xi \nvdash \eta$, alors $\Delta_{2n+2} = \Delta_{2n+1} \cup \{\xi, \neg\zeta\}$;
  - ▸ si $\sigma = t$ et $\Delta_{2n+1}, \xi \vdash \eta$, alors $\Delta_{2n+2} = \Delta_{2n+1} \cup \{\neg\xi, \zeta\}$;
  - ▸ si $\sigma \neq t$, alors $\Delta_{2n+2} = \Delta_{2n+1}$;
- si $\eta_n = (\varphi \vee \psi)$, alors
  - ▸ si $\Delta_{2n+1}, \varphi \nvdash \eta$, alors $\Delta_{2n+2} = \Delta_{2n+1} \cup \{\varphi\}$;
  - ▸ si $\Delta_{2n+1}, \varphi \vdash \eta$, alors $\Delta_{2n+2} = \Delta_{2n+1} \cup \{\psi\}$.
- $\Delta_{2n+2} = \Delta_{2n+1}$ dans tous les autres cas.

Soit $\Delta = \bigcup_n \Delta_n$. Cet ensemble possède les propriétés suivantes.

1. Δ est évidemment une extension de Γ.
2. $\Delta \nvdash \eta$, car $\Delta_n \nvdash \eta$ pour tout n. Cela se démontre par induction comme ceci. (L'usage de DR2 sera fréquent et nous le passerons sous silence.)

• $\Delta_0 \nvdash \eta$ puisque par stipulation $\Delta_0 = \Gamma \nvdash \eta$.

• Par hypothèse d'induction (HI), supposons que $\Delta_{2n} \nvdash \eta$. Nous avons donc :
  - si $\Delta_{2n} \nvdash \eta_n$, alors $\Delta_{2n+1} = \Delta_{2n+2} = \Delta_{2n} \nvdash \eta$;
  - si $\Delta_{2n} \vdash \eta_n$, $\Delta_{2n+1} = \Delta_{2n} \cup \{\eta_n\}$; donc si $\Delta_{2n+1} \vdash \eta$, alors (DR1) $\Delta_{2n} \vdash \eta$, ce qui contredit HI, et donc $\Delta_{2n+1} \nvdash \eta$;
  - si $\eta_n = \bigvee v_{m,\sigma}\varphi$, alors $\Delta_{2n+2} = \Delta_{2n+1} \cup \{\varphi\langle v_{m,\sigma} | v_{k,\sigma}\rangle\}$; or $\Delta_{2n+1} \vdash \bigvee v_{m,\sigma}\varphi$, si bien que si $\Delta_{2n+2} \vdash \eta$, alors (R25) $\Delta_{2n+1} \vdash \eta$, ce qui contredit HI, et donc $\Delta_{2n+2} \nvdash \eta$;
  - si $\eta_n = [\xi_\sigma \equiv \zeta_\sigma]$, $\sigma = t$ et $\Delta_{2n+1}, \xi \nvdash \eta$, alors $\Delta_{2n+2} = \Delta_{2n+1} \cup \{\xi, \zeta\}$, par R22 nous avons $\Delta_{2n+1}, \xi \vdash \zeta$; donc si $\Delta_{2n+2} \vdash \eta$, alors (DR1) $\Delta_{2n+1}, \xi \vdash \eta$: une contradiction ; par conséquent $\Delta_{2n+2} \nvdash \eta$;

– si $\eta_n = [\xi_\sigma \equiv \zeta_\sigma]$, $\sigma = t$ et $\Delta_{2n+1}, \xi \vdash \eta$, alors $\Delta_{2n+2} = \Delta_{2n+1} \cup \{\neg\xi, \neg\zeta\}$; par R8 nous avons $\Delta_{2n+1} \vdash [\neg\xi \equiv \neg\zeta]$, ce qui par R22 et DR1, nous donne $\Delta_{2n+1}, \neg\xi \vdash \neg\zeta$; donc si $\Delta_{2n+2} \vdash \eta$, alors (DR1) $\Lambda_{2n+1}, \neg\xi \vdash \eta$; or, par R9, R12, R11 et DR1, $\Delta_{2n+1} \vdash (\xi \vee \neg\xi)$, et cela en conjonction avec $\Delta_{2n+1}, \xi \vdash \eta$ et $\Delta_{2n+1}, \neg\xi \vdash \eta$, nous donne, par R27, $\Delta_{2n+1} \vdash \eta$: une contradiction ; par conséquent $\Delta_{2n+2} \nvdash \eta$;

– si $\eta_n = [\xi_\sigma \equiv \zeta_\sigma]$ et $\sigma \neq t$, alors $\Delta_{2n+2} = \Delta_{2n+1} \nvdash \eta$;

– si $\eta_n = \neg[\xi_\sigma \equiv \zeta_\sigma]$, $\sigma = t$ et $\Delta_{2n+1}, \xi \nvdash \eta$, alors $\Delta_{2n+2} = \Delta_{2n+1} \cup \{\xi, \neg\zeta\}$; nous avons bien sûr $\Delta_{2n+1}, \xi, \zeta \vdash \neg[\xi \equiv \zeta]$, en outre par R23 nous avons $\Delta_{2n+1}, \xi, \zeta \vdash [\xi \equiv \zeta]$, et par R9, R12 et DR1 nous avons $\Delta_{2n+1}, \xi \vdash \mathfrak{I}(\zeta)$; donc par R26, $\Delta_{2n+1}, \xi \vdash \neg\zeta$; par conséquent, si $\Delta_{2n+2} \vdash \eta$, alors (DR1) $\Delta_{2n+1}, \xi \vdash \eta$: une contradiction ; par conséquent $\Delta_{2n+2} \nvdash \eta$;

– si $\eta_n = \neg[\xi_\sigma \equiv \zeta_\sigma]$, $\sigma = t$ et $\Delta_{2n+1}, \xi \vdash \eta$, alors $\Delta_{2n+2} = \Delta_{2n+1} \cup \{\neg\xi, \zeta\}$; nous avons bien sûr $\Delta_{2n+1}, \neg\xi, \neg\zeta \vdash \neg[\xi \equiv \zeta]$, en outre par R23 et R8 nous avons $\Delta_{2n+1}, \neg\xi, \neg\zeta \vdash [\xi \equiv \zeta]$, et par R9, R10, R12, et DR1 nous avons $\Delta_{2n+1}, \neg\xi \vdash \mathfrak{I}(\neg\zeta)$; donc par R26, R5 et DR1 on obtient $\Delta_{2n+1}, \neg\xi \vdash \zeta$; donc si $\Delta_{2n+2} \vdash \eta$, alors par DR1 on obtient $\Delta_{2n+1}, \neg\xi \vdash \eta$; or, par R10, R12 et DR1 on a $\Delta_{2n+1} \vdash \mathfrak{I}(\xi)$, ce qui par R11 et DR1 implique $\Delta_{2n+1} \vdash (\xi \vee \neg\xi)$, et cela, en conjonction avec $\Delta_{2n+1}, \xi \vdash \eta$ et $\Delta_{2n+1}, \neg\xi \vdash \eta$, nous donne par R27 $\Delta_{2n+1} \vdash \eta$: une contradiction ; par conséquent $\Delta_{2n+2} \nvdash \eta$;

– si $\eta_n = \neg[\xi_\sigma \equiv \zeta_\sigma]$ et $\sigma \neq t$, alors $\Delta_{2n+2} = \Delta_{2n+1} \nvdash \eta$;

– si $\eta_n = (\varphi \vee \psi)$ et $\Delta_{2n+1}, \varphi \nvdash \eta$, alors $\Delta_{2n+2} = \Delta_{2n+1} \nvdash \eta$;

– si $\eta_n = (\varphi \vee \psi)$ et $\Delta_{2n+1}, \varphi \vdash \eta$, alors $\Delta_{2n+2} = \Delta_{2n+1} \cup \{\psi\}$; nous avons bien sûr que $\Delta_{2n+1} \vdash (\varphi \vee \psi)$; donc si $\Delta_{2n+2} \vdash \eta$, alors par R27,

$\Delta_{2n+1} \vdash \eta$: une contradiction ; par conséquent $\Delta_{2n+2} \nvdash \eta$;

– dans tous les autres cas, $\Delta_{2n+2} = \Delta_{2n+1} \nvdash \eta$.

Supposons maintenant que $\Delta \vdash \eta$. Il existe donc un sous-ensemble fini Δ' de Δ tel que $\Delta' \vdash \eta$. Soit n l'indice le plus élevé des énoncés ayant une occurrence dans Δ' selon l'énumération qui a servi à construire Δ. Nous avons $\Delta' \subseteq \Delta_{2n+1} \vdash \eta$: une contradiction.

3. Puisque $\Delta \nvdash \eta$, Δ est consistant.

4. Δ est déductivement fermé. La démonstration est habituelle : si $\Delta \vdash \varphi$, alors il existe un l multiple de 2 ou égal à zéro tel que $\Delta_l \vdash \varphi$; or, étant donné la nature de l'énumération des énoncés, il existe un n tel que $2n = l$ et $\eta_n = \varphi$; par conséquent $\Delta_{2n} \vdash \eta_n$ et donc $\varphi \in \Delta_{2n+1} \subseteq \Delta$.

5. Δ est $\bigvee$, $\equiv$, $\vee$-saturé. La démonstration est habituelle pour la $\vee$-saturation ; pour les autres cas ($\bigvee$-saturation et $\equiv$-saturation), elle est similaire.

L'ensemble Δ ne possède cependant pas toutes les propriétés désirées car rien dans sa construction ne garantit sa $\bigwedge$-saturation. Il est toutefois possible de construire une extension de Δ qui possède en addition cette propriété.

Soit $\langle \varphi_n \rangle_{n \in \mathbb{N}}$ une énumération de tous les énoncés de la forme $\bigwedge v_{m,\sigma}\varphi$ dans laquelle chacun d'eux apparaît un nombre dénombrable de fois. Soit de plus $\langle \Pi_n \rangle_{n \in \mathbb{N}}$ la suite telle que chaque Π_i est une énumération de tous les énoncés obtenus en enrichissant LPR^+ d'une nouvelle variable $v^*_{i,\sigma}$ pour chaque type σ. Nous définissons la suite $\langle \Sigma_n \rangle_{n \in \mathbb{N}}$ d'ensembles d'énoncés et la suite $\langle \psi_n \rangle_{n \in \mathbb{N}}$ d'énoncés comme ceci :

- $\Sigma_0 = \Delta$ et $\psi_0 = \eta$;
- si $\Sigma_n \vdash \varphi_n$, alors $\Sigma_{n+1} = \Sigma_n$ et $\psi_{n+1} = \psi_n$;
- si $\Sigma_n \nvdash \varphi_n$, avec $\varphi_n = \bigwedge v_{m,\sigma}\varphi$, alors Σ_{n+1} est l'extension consistante, déductivement fermée et $\bigvee$, $\equiv$, $\vee$-saturée de $\Sigma_n \cup \{\Im(v^*_{n,\sigma})\}$, telle que $\Sigma_{n+1} \nvdash \psi_{n+1} = (\psi_n \vee \varphi\langle v_{m,\sigma} | v^*_{n,\sigma}\rangle)$ selon l'énumération Π_n.

Soit $\Sigma = \bigcup_n \Sigma_n$. Cet ensemble possède toutes les propriétés désirées. En particulier :
1. $\Sigma \nvdash \psi_n$ pour tout n et donc Σ est consistant. En effet, $\Sigma_0 = \Delta \nvdash \eta = \psi_0$. Par hypothèse d'induction, si $\Sigma_n \vdash \varphi_n$, alors $\Sigma_{n+1} = \Sigma_n \nvdash \psi_n = \psi_{n+1}$. Si $\Sigma_n \nvdash \varphi_n$, avec $\varphi_n = \bigwedge v_{m,\sigma}\varphi$, alors
$\Sigma_n \cup \{\Im(v^*_{n,\sigma})\} \nvdash \psi_{n+1} = (\psi_n \vee \varphi\langle v_{m,\sigma} | v^*_{n,\sigma}\rangle)$ et donc $\Sigma_{n+1} \nvdash \psi_{n+1}$. En effet, raisonnons par l'absurde et supposons que $\Sigma_n \cup \{\Im(v^*_{n,\sigma})\} \vdash (\psi_n \vee \varphi\langle v_{m,\sigma} | v^*_{n,\sigma}\rangle)$. Par R28 on a $\Sigma_n \vdash \bigwedge v^*_{n,\sigma}(\psi_n \vee \varphi\langle v_{m,\sigma} | v^*_{n,\sigma}\rangle)$, ce qui par R16 et DR1 nous donne $\Sigma_n \vdash \bigwedge v_{m,\sigma}(\psi_n \vee \varphi)$, et cela par R17 et DR1 nous donne $\Sigma_n \vdash (\psi_n \vee \bigwedge v_{m,\sigma}\varphi)$. Par la $\vee$-saturation de Σ_n, nous avons donc $\Sigma_n \vdash \psi_n$ ou $\Sigma_n \vdash \bigwedge v_{m,\sigma}\varphi$. Or par hypothèse d'induction, $\Sigma_n \nvdash \psi_n$; donc $\Sigma_n \vdash \bigwedge v_{m,\sigma}\varphi$: une contradiction.
2. Σ est $\bigwedge$-saturé. En effet, si $\Sigma \nvdash \varphi_n = \bigwedge v_{m,\sigma}\varphi$, alors
$\Sigma_{n+1} \subseteq \Sigma \vdash \Im(v^*_{n,\sigma})$ et
$\Sigma_{n+1} \subseteq \Sigma \nvdash \psi_{n+1} = (\psi_n \vee \varphi\langle v_{m,\sigma} | v^*_{n,\sigma}\rangle)$, ce qui signifie que $\Sigma \nvdash \varphi\langle v_{m,\sigma} | v^*_{n,\sigma}\rangle$.
3. En outre, on vérifie facilement que Σ est $\bigvee$, $\equiv$, $\vee$-saturé.
●

Avant de formuler le lemme principal (le lemme de vérité), quelques définitions et propositions nous seront utiles.

DÉFINITION 7.9.4

Soit ξ_σ, ζ_σ (avec $\sigma = \langle \sigma_0, \langle \ldots \langle \sigma_{n-1}, t\rangle \ldots\rangle\rangle$) deux expressions arbitraires de LPR^+.

- $\xi <<_\Sigma \zeta$ ssi pour tout projecteur (possiblement vide) $\bar{\gamma} = \langle \gamma_{\sigma_0}, \ldots, \gamma_{\sigma_{n-1}} \rangle$:
  - si $[\xi\bar{\gamma}] \in \Sigma$, alors $[\zeta\bar{\gamma}] \in \Sigma$;
  - si $\neg[\xi\bar{\gamma}] \in \Sigma$, alors $\neg[\zeta\bar{\gamma}] \in \Sigma$.
- $\xi \approx_\Sigma \zeta$ ssi $\xi <<_\Sigma \zeta$ et $\zeta <<_\Sigma \xi$.
- $\xi_{\approx_\Sigma} = \{\zeta_\sigma : \xi \approx_\Sigma \zeta_\sigma\}$.

●

On vérifie sans peine que $<<_\Sigma$ est une relation d'ordre partiel (relation réflexive, transitive et antisymétrique) et $\approx_\Sigma$ une relation d'équivalence. Puisque ces relations sont définies par rapport à Σ, nous laisserons désormais tomber l'indice « Σ ».

PROPOSITION 7.9.2

$\xi \approx \zeta$ ssi pour tout projecteur $\vec{\gamma}$ (possiblement vide), l'une des clauses suivantes est satisfaite :

- $[\xi\vec{\gamma}], [\zeta\vec{\gamma}] \in \Sigma$;
- $\neg[\xi\vec{\gamma}], \neg[\zeta\vec{\gamma}] \in \Sigma$;
- $[\xi\vec{\gamma}], [\zeta\vec{\gamma}], \neg[\xi\vec{\gamma}], \neg[\zeta\vec{\gamma}] \notin \Sigma$.

PROPOSITION 7.9.3

Pour toute expression ξ_σ, il existe un unique $x \in DP^\circ_\sigma$ tel que $\xi \approx x^c$.

PREUVE

Soit $x \in DP^\circ_\sigma$ tel que pour tout projecteur $\vec{p} \in Pr(\sigma)$:

$$x(\vec{p}) = \begin{cases} \mathbf{1} \text{ ssi } [\xi_\sigma(\vec{p})^c] \in \Sigma \\ \mathbf{0} \text{ ssi } \neg[\xi_\sigma(\vec{p})^c] \in \Sigma \\ \bot \text{ autrement.} \end{cases}$$

On vérifie facilement que x existe, c'est-à-dire qu'il s'agit d'une fonction monotone. Par la proposition 7.8.1, x^c existe. En outre, en vertu de la définition 7.9.4, $\xi \approx x^c$. Par ailleurs, x est unique puisque deux fonctions qui ont les mêmes projections sont identiques.

●

PROPOSITION 7.9.4

Pour toute expression ξ_σ et pour tout $x \in DP^\circ_\sigma$, $[P_{x^c}\xi] \in \Sigma$ ssi $x^c << \xi$.

PREUVE

On procède inductivement.

Nous démontrons d'abord que dans *SPR* :

DR3 $\vdash \neg\mathbf{F}$

La démonstration est simple :

1.	$\vdash \mathbf{V}$	[R1]
2.	$\vdash \neg\neg\mathbf{V}$	[1, R5, DR1]
3.	$\vdash [\neg\mathbf{V} \equiv \mathbf{F}]$	[2, déf. de ¬]
4.	$\vdash [\neg\neg\mathbf{V} \equiv \neg\mathbf{F}]$	[3, R8, DR1]
5.	$\vdash \neg\mathbf{F}$	[2, 4, R22, DR1]

Voici la preuve proprement dite.

(i)	$[P_{1^c}\xi] \in \Sigma$ ssi $[\lambda\alpha_t(\alpha \vee \bigstar)\xi] \in \Sigma$	définition de $[P_{1^c}\xi]$
	ssi $(\xi \vee \bigstar) \in \Sigma$	par R15
	ssi $\xi \in \Sigma$ ou $\bigstar \in \Sigma$	par $\vee$-saturation et R7
	ssi $\xi \in \Sigma$	car $\bigstar \notin \Sigma$
	ssi $\mathbf{V} \approx \xi$	par R1 et la définition de $\approx$
	ssi $\mathbf{V} << \xi$	définition de $\approx$ et le fait que **V** est un élément dominé par aucun autre.
	$[P_{0^c}\xi] \in \Sigma$ ssi $[\lambda\alpha_t(\neg\alpha \vee \bigstar)\xi] \in \Sigma$	définition de $[P_{0^c}\xi]$
	ssi $(\neg\xi \vee \bigstar) \in \Sigma$	par R15
	ssi $\neg\xi \in \Sigma$ ou $\bigstar \in \Sigma$	par $\vee$-saturation et R7
	ssi $\neg\xi \in \Sigma$	car $\bigstar \notin \Sigma$
	ssi $\mathbf{F} \approx \xi$	par DR3 et la définition de $\approx$
	ssi $\mathbf{F} << \xi$	définition de $\approx$ et le fait que **F** est un élément dominé par aucun autre.
	$[P_{\perp^c}\xi] \in \Sigma$ ssi $[\lambda\alpha_t\mathbf{V}\xi] \in \Sigma$	définition de $[P_{\perp^c}\xi]$
	ssi $\mathbf{V} \in \Sigma$	par R15
	ssi $\bigstar << \xi$	par la définition de $\approx$ et le fait qu'il est toujours vrai que $\mathbf{V} \in \Sigma$ et si $\bigstar \in \xi$ (resp. $\neg\bigstar \in \xi$), alors $\xi \in \Sigma$ (resp. $\neg\xi \in \Sigma$) par R3 (resp. par R4).

(ii) $[P_{x^c}\xi_{\langle\sigma,\tau\rangle}]\in\Sigma$ ssi

$[\lambda\alpha_{\langle\sigma,\tau\rangle}(\bigwedge_{a^c\in N_\sigma}[P_{(x(a))^c}[\alpha a^c]])\xi]\in\Sigma$	définition de $[P_{x^c}\xi_{\langle\sigma,\tau\rangle}]$
ssi $\bigwedge_{a^c\in N_\sigma}[P_{(x(a))^c}[\xi a^c]]\in\Sigma$	par R15
ssi $[P_{(x(a))^c}[\xi a^c]]\in\Sigma$ pour tout $a^c\in N_\sigma$	par R6 et R24
ssi $(x(a))^c<<[\xi a^c]$ pour tout $a\in DP_\sigma^\circ$	par hypothèse d'induction
ssi $x^c<<\xi$	par définition.

•

PROPOSITION 7.9.5

Pour toutes expressions ζ_σ,ξ_σ et pour tout énoncé φ, $\zeta\approx\xi$ implique $\varphi\langle\zeta|\xi\rangle\approx\varphi\langle\xi|\zeta\rangle$, étant donné que ζ et ξ sont libres l'une pour l'autre dans φ.

PREUVE

Nous démontrons que pour tout $x\in DP_\sigma^\circ$ tel que $x^c\approx\zeta$:

(i) $\varphi\langle\zeta|x^c\rangle\approx\varphi$;

(ii) $\varphi\langle x^c|\zeta\rangle\approx\varphi$;

ce qui entraîne effectivement que $\varphi\langle\zeta|\xi\rangle\approx\varphi\langle\xi|\zeta\rangle$ si $\zeta\approx\xi$.

(i) Soit $\varphi\langle\zeta|x^c\rangle\in\Sigma$. Le fait que $x^c<<\zeta$ et la proposition 7.9.4 entraînent que $[P_{x^c}\zeta]\in\Sigma$. Donc, par R21,

$\varphi\langle\zeta|x^c\rangle\langle x^c|\zeta\rangle=\varphi\in\Sigma$ et donc $\varphi\langle\zeta|x^c\rangle<<\varphi$.

Conversement, soit $\varphi\in\Sigma$. Par R20 et la $\vee$-saturation, il existe au moins un $a\in DP_\sigma^\circ$ tel que $([P_{a^c}\zeta]\wedge\varphi\langle\zeta|a^c\rangle)\in\Sigma$. Par R6, cela implique que $\varphi\langle\zeta|a^c\rangle\in\Sigma$ et $[P_{a^c}\zeta]\in\Sigma$. Du fait que $[P_{a^c}\zeta]\in\Sigma$ et de la proposition 7.9.4, nous avons $a^c<<\zeta$; or $\zeta<<x^c$ et donc $a^c<<x^c$, ce qui entraîne par la proposition 7.9.4 que $[P_{a^c}x^c]\in\Sigma$. Or cela, le fait que $\varphi\langle\zeta|a^c\rangle\in\Sigma$ et R21 entraînent que $\varphi\langle\zeta|a^c\rangle\langle a^c|x^c\rangle=\varphi\langle\zeta|x^c\rangle\in\Sigma$, et donc $\varphi<<\varphi\langle\zeta|x^c\rangle$.

(ii) Soit $\varphi\langle x^c | \zeta\rangle \in \Sigma$. Un raisonnement similaire à la seconde partie de la démonstration (i) établit que $\varphi \in \Sigma$ et donc $\varphi\langle x^c | \zeta\rangle << \varphi$. Soit $\varphi \in \Sigma$. Un raisonnement similaire à la première partie de (i) établit que $\varphi\langle x^c | \zeta\rangle \in \Sigma$ et donc $\varphi << \varphi\langle \zeta | x^c\rangle$.

●

DÉFINITION 7.9.5

Nous définissons inductivement une fonction K qui assigne à chaque classe d'équivalence $\xi_{\sigma\approx}$ une valeur dans DP°_{σ}.

(i) Pour $\sigma = t$: $K(\xi_{\approx}) = \begin{cases} \mathbf{1} \text{ ssi } \xi \in \Sigma \\ \mathbf{0} \text{ ssi } \neg\xi \in \Sigma \\ \bot \text{ autrement.} \end{cases}$

Cette définition est fondée puisque d'après la proposition 7.9.2, la valeur $K(\xi_{\approx})$ ne dépend nullement du ξ particulier choisi.

(ii) Soit ξ_{σ}, avec $\sigma = \langle \sigma_0, \langle \ldots \langle \sigma_{n-1}, t\rangle \ldots\rangle\rangle$, et soit $\vec{p} = \langle p_0, \ldots, p_{n-1}\rangle \in Pr(\sigma)$; $K(\xi_{\approx})$ est la fonction telle que :

$$\begin{aligned} K(\xi_{\approx})(\vec{p}) &= K(\xi_{\approx})(p_0)\ldots(p_{n-1}) \\ &= K(\xi_{\approx})(K((p_0)^c_{\approx}))\ldots(K((p_{n-1})^c_{\approx})) \\ &\quad \text{par hypothèse d'induction} \\ &= K([\ldots[\xi(p_0)^c]\ldots(p_{n-1})^c]_{\approx}) \\ &\quad \text{par la proposition 7.9.5} \\ &= K([\xi(\vec{p})^c]_{\approx}) \end{aligned}$$

Cette définition est également fondée : la proposition 7.9.5 signifie que la valeur $K(\xi_{\approx})(K((p_0)^c_{\approx}))\ldots(K((p_{n-1})^c_{\approx}))$ est indépendante des expressions choisies ayant $p_0, \ldots, p_{n-1}$ comme valeurs.

PROPOSITION 7.9.6

Pour toutes expressions $\xi_{\sigma}, \zeta_{\sigma}$, $K(\xi_{\approx}) \sqsubseteq K(\zeta_{\approx})$ ssi $\xi << \zeta$.

PREUVE

Pour $\sigma = t$, c'est immédiat. Pour $\sigma = \langle \sigma_0, \langle \ldots \langle \sigma_{n-1}, t\rangle \ldots\rangle\rangle$, $\xi << \zeta$ ssi pour tout projecteur $\vec{\gamma} = \langle \gamma_{\sigma_0}, \ldots, \gamma_{\sigma_{n-1}}\rangle$:

$[\xi\vec{\gamma}] << [\zeta\vec{\gamma}]$ par définition

ssi $K([\xi\vec{\gamma}]_{\approx}) \sqsubseteq K([\zeta\vec{\gamma})_{\approx})$ hypothèse d'induction

ssi $K(\xi_{\approx})(K(\gamma_{0_{\approx}}))...(K(\gamma_{n-1_{\approx}})) \sqsubseteq K(\zeta_{\approx})(K(\gamma_{0_{\approx}}))...(K(\gamma_{n-1_{\approx}}))$

définition de K

ssi $K(\xi_{\approx}) \sqsubseteq K(\zeta_{\approx})$ définition de $\sqsubseteq$

●

PROPOSITION 7.9.7

Pour toute expression ξ_{σ}, $K(\xi_{\approx})$ est totale ssi $\Im(\xi) \in \Sigma$.

PREUVE

Si $\sigma = t$, alors :

$K(\xi_{\approx})$ est totale ssi $K(\xi_{\approx}) = \mathbf{1}$ ou $K(\xi_{\approx}) = \mathbf{0}$

ssi $\xi \in \Sigma$ ou $\neg\xi \in \Sigma$ définition de K

ssi $\Im(\xi) \in \Sigma$ R9, R10, R11 et $\vee$-saturation.

Si $\sigma = \langle\sigma_0, \langle ... \langle\sigma_{n-1}, t\rangle ...\rangle\rangle$, alors $K(\xi_{\approx})$ est totale

ssi $(K(\xi_{\approx}))(\vec{p}) = \mathbf{1}$ ou $(K(\xi_{\approx}))(\vec{p}) = \mathbf{0}$
pour tout total $\vec{p} = \langle p_0, ..., p_{n-1}\rangle \in Pr(\sigma)$

ssi $[\xi(\vec{p})^c] \in \Sigma$ ou $\neg[\xi(\vec{p})^c] \in \Sigma$
pour tout total $\vec{p}$ définition de K

ssi $\Im([\xi(\vec{p})^c]) \in \Sigma$ pour tout total $\vec{p}$ R9, R10, R11 et $\vee$-saturation

ssi $[[\xi(\vec{p})^c] \equiv [\xi(\vec{p})^c]] \in \Sigma$ pour tout total $\vec{p}$ R13, R9 et R12

ssi $[[\xi(\vec{a})^c] \equiv [\xi(\vec{a})^c]] \in \Sigma$ pour tout
$\vec{a} \in Pr(\sigma)$ tel que $\Im((\vec{a})^c) \in \Sigma$ hypothèse d'induction

ssi $[[\xi\vec{\gamma}] \equiv [\xi\vec{\gamma}]] \in \Sigma$ pour tout $\vec{\gamma}$
tel que $\Im(\vec{\gamma}) \in \Sigma$ proposition 7.9.5

ssi $\bigwedge\vec{v}[[\xi\vec{v}] \equiv [\xi\vec{v}]] \in \Sigma$ $\bigwedge$-saturation et R29

ssi $[\xi \equiv \xi] \in \Sigma$ R18

ssi $\Im(\xi) \in \Sigma$ R9, R12 et R13.

●

LEMME 7.9.2 (LEMME DE VÉRITÉ)

Soit Σ un ensemble CFMS d'énoncés de LPR^+ ; il existe un modèle partiel $\langle\mathcal{B}, j\rangle$ logiquement possible pour LPR^+ tel que pour tout énoncé φ :

$$g(\varphi)(j)=\begin{cases}\mathbf{1} \text{ si } \varphi\in\Sigma\\ \mathbf{0} \text{ si } \neg\varphi\in\Sigma\\ \bot \text{ autrement.}\end{cases}$$

PREUVE

Soit $\langle\mathcal{B}, j_k\rangle$ tel que pour toute variable $v_{n,\sigma}$, $j_k(v)=K(v_{\approx})$. Il suffit donc de vérifier que pour toute expression ξ_σ, $g(\xi)(j_k)=K(\xi_{\approx})$, car cela établit notre proposition en vertu de la définition de K. Examinons chaque cas possible.

- ξ est une variable. Par définition, $g(\xi)(j_k)=j_k(\xi)=K(\xi_{\approx})$.
- ξ est de la forme $[\zeta_{\langle\sigma,\tau\rangle}\gamma_\sigma]$. Donc :

$g(\xi)(j_k)$	$= g(\zeta)(j_k)(g(\gamma)(j_k))$	définition de $g(\xi)(j_k)$
	$=K(\zeta_{\approx})(K(\gamma_{\approx}))$	hypothèse d'induction
	$= K(\xi_{\approx})$	définition de K.

- ξ est de la forme $[\lambda v_{n,\sigma}\zeta_\tau]$. Donc :

$g(\xi)(j_k)$ $=f\in DP^\circ_{\langle\sigma,\tau\rangle}$ telle que $f(a)=g(\zeta)(j_{k\,a}^{\,n,\sigma})$ — définition de $g(\xi)(j_k)$

$=f\in DP^\circ_{\langle\sigma,\tau\rangle}$ telle que $f(a)=g(\zeta\langle v_{n,\sigma}|a^c\rangle)(j_k)$ — car $g(a^c)(j_k)=a$

$=f\in DP^\circ_{\langle\sigma,\tau\rangle}$ telle que $f(a)=K(\zeta\langle v_{n,\sigma}|a^c\rangle_{\approx})$ — hypothèse d'induction

$=K(\xi_{\approx})$ — définition de K.

- ξ est de la forme $[\zeta_\sigma\equiv\gamma_\sigma]$. Supposons que $g(\xi)(j_k)=\mathbf{1}$.
  Par hypothèse d'induction, cela signifie que $K(\zeta_{\approx})=_* K(\gamma_{\approx})$ et $K(\gamma_{\approx})$ est totale.

Si $\sigma=t$, alors :

$K(\xi_{\approx})=K(\gamma_{\approx})=\mathbf{1}$ ou $K(\xi_{\approx})=K(\gamma_{\approx})=\mathbf{0}$	
ssi $\zeta,\gamma\in\Sigma$ ou $\neg\zeta,\neg\gamma\in\Sigma$	définition de K
ssi $\xi\in\Sigma$	$\equiv$-saturation, R8 et R23
ssi $K(\xi_{\approx})=\mathbf{1}$	définition de K.

Si $\sigma = \langle \sigma_0, \langle \ldots \langle \sigma_{n-1}, t \rangle \ldots \rangle \rangle$,
alors $K(\zeta_\approx)(\vec{p}) = K(\gamma_\approx)(\vec{p}) = \mathbf{1}$
ou $K(\zeta_\approx)(\vec{p}) = K(\gamma_\approx)(\vec{p}) = \mathbf{0}$
pour tout total $\vec{p} = \langle p_0, \ldots, p_{n-1} \rangle \in Pr(\sigma)$
ssi $[\zeta(\vec{p})^c]$, $[\gamma(\vec{p})^c] \in \Sigma$
ou $\neg[\zeta(\vec{p})^c]$, $\neg[\gamma(\vec{p})^c] \in \Sigma$ pour tout total $\vec{p}$ — définition de K
ssi $[[\zeta(\vec{p})^c] \equiv [\gamma(\vec{p})^c]] \in \Sigma$ pour tout total $\vec{p}$ — $\equiv$-saturation, R8 et R23
ssi $[[\zeta(\vec{p})^c] \equiv [\gamma(\vec{p})^c]] \in \Sigma$
pour tout $\vec{a} \in Pr(\sigma)$ tel que $\mathfrak{I}((\vec{p})^c) \in \Sigma$ — proposition 7.9.7
ssi $[[\zeta\vec{\xi}] \equiv [\gamma\vec{\xi}]] \in \Sigma$
pour tout $\vec{\xi}$ tel que $\mathfrak{I}(\vec{\xi}) \in \Sigma$ — proposition 7.9.5
ssi $\bigwedge\vec{v}[[\zeta\vec{v}] \equiv [\gamma\vec{v}]] \in \Sigma$ — $\bigwedge$-saturation et R29
ssi $\xi \in \Sigma$ — R18
ssi $K(\xi_\approx) = \mathbf{1}$ — définition de K.

Examinons maintenant le cas où $g(\xi)(j_k) = \mathbf{0}$. Par hypothèse d'induction, cela signifie que $K(\zeta_\approx) \neq_* K(\gamma_\approx)$.
Si $\sigma = t$, alors :
$K(\zeta_\approx) = \mathbf{1}$ et $K(\gamma_\approx) = \mathbf{0}$
ou $K(\zeta_\approx) = \mathbf{0}$ et $K(\gamma_\approx) = \mathbf{1}$
ssi ζ, $\neg\gamma \in \Sigma$ ou $\neg\zeta$, $\gamma \in \Sigma$ — définition de K
ssi $\neg\xi \in \Sigma$ — $\equiv$-saturation, R8 et R23
ssi $K(\xi_\approx) = \mathbf{0}$ — définition de K.

Si $\sigma = \langle \sigma_0, \langle \ldots \langle \sigma_{n-1}, t \rangle \ldots \rangle \rangle$,
alors il y a un $\vec{p} = \langle p_0, \ldots, p_{n-1} \rangle \in Pr(\sigma)$
tel que $K(\zeta_\approx)(\vec{p}) = \mathbf{1}$ et $K(\gamma_\approx)(\vec{p}) = \mathbf{0}$,
ou $K(\zeta_\approx)(\vec{p}) = \mathbf{0}$ et $K(\gamma_\approx)(\vec{p}) = \mathbf{1}$
ssi il y a un $\vec{p}$ tel que $K([\zeta(\vec{p})^c]_\approx) = \mathbf{1}$
et $K([\gamma(\vec{p})^c]_\approx) = \mathbf{0}$
ou $K([\zeta(\vec{p})^c]_\approx) = \mathbf{0}$ et $K([\zeta(\vec{p})^c]_\approx) = \mathbf{1}$ — définition de K
ssi il y a un $\vec{p}$ tel que $[\zeta(\vec{p})^c] \in \Sigma$
et $\neg[\gamma(\vec{p})^c] \in \Sigma$ ou $\neg[\zeta(\vec{p})^c] \in \Sigma$

et $[\gamma(\vec{p})^c] \in \Sigma$	définition de K
ssi $\bigvee\vec{v}\ .[[\zeta\vec{v}] = [\gamma\vec{v}]] \in \Sigma$	R14 et $\bigvee$-saturation
ssi $\neg[\zeta \equiv \gamma] \in \Sigma$	R19
ssi $K(\xi_{\approx}) = \mathbf{0}$	définition de K.

Enfin, des précédents résultats on a évidemment que $g(\xi)(j_k) = \bot$ ssi $K(\xi_{\approx}) = \bot$.

●

Ainsi que nous l'avions annoncé au chapitre V, ce théorème de complétude est aussi un théorème de représentation. Ce que nous avons en effet montré est que la donnée de trois classes d'énoncés — ceux qui sont vrais, ceux qui sont faux et ceux qui sont indéfinis — permet de reconstruire de manière univoque la valeur de toutes les expressions, sous la simple hypothèse que les valeurs peuvent être représentées par des fonctions monotones.

CHAPITRE VIII

Le calcul des prédicats partiels

8.1 Introduction

Un autre calcul dont les interprétations partielles sont intéressantes à étudier est le calcul des prédicats du premier ordre. Ce calcul ne contient qu'une partie relativement triviale de la hiérarchie des fonctions, celles qui sont réductibles à des fonctions n-aires via le théorème de Schönfinkel. Le domaine des individus étant infini dénombrable, la tactique consistant à construire un nom pour chaque objet de l'ontologie est inapplicable. Il est heureusement possible de fournir un système complet pour ce calcul.

8.2 Les types du premier ordre

DÉFINITION 8.2.1

L'ensemble des *types du premier ordre* est le plus petit ensemble T' tel que

(i) $t \in T'$;

(ii) $e \in T'$;

(iii) si $\sigma \in T'$, alors $\langle e,\sigma \rangle \in T'$.

●

D'après la définition 8.2.1, il est clair que les seuls types de ce calcul seront de la forme $\langle e,\langle e,\ldots,\langle e,t\rangle\ldots\rangle\rangle$ ou encore $\langle e,\langle e,\ldots,\langle e,e\rangle\ldots\rangle\rangle$.

Les premiers correspondent aux relations n-aires alors que les seconds correspondent aux fonctions n-aires. Les objets de chaque type seront les suivants.

DÉFINITION 8.2.2

L'ensemble P_σ des *objets du premier ordre de type* $\sigma \in T'$ est le plus petit ensemble tel que :

(i) $P_t = \{\mathbf{0}, \mathbf{1}, \bot\}$.

(ii) $P_e = E \cup \{\bot\}$, où E est un ensemble infini dénombrable d'objets quelconques.

(iii) $P_{\langle e,\sigma\rangle} = (P_e \to P_\sigma)$, c'est-à-dire l'ensemble des fonctions monotones de P_e dans P_σ.

•

8.3 La syntaxe

Pour décrire la syntaxe du calcul des prédicats partiels du premier ordre, on adopte une version simplifiée de la syntaxe de la logique intensionnelle. L'alphabet du calcul des prédicats du premier ordre est $\{[,], v_{n,e}, c_{n,\tau}, =, \neg, \vee, \bigvee\}_{n \in \mathrm{IN}, \tau \in T'}$. Var_e dénotera l'ensemble $\{v_{n,e}\}_{n \in \mathrm{IN}}$ et Con_σ dénotera l'ensemble $\{c_{n,\tau}\}_{n \in \mathrm{IN}, \tau \in T'}$. Ainsi que l'on pouvait s'y attendre, l'alphabet est plus « complexe » que celui de la protothétique et que celui de la logique intensionnelle. Cela est principalement dû à l'absence de l'abstracteur et de sa converse, l'application fonctionnelle. Les opérateurs logiques doivent ainsi être introduits comme primitifs.

DÉFINITION 8.3.1

Le langage du calcul des prédicats partiels du premier ordre est $LC = \langle A, (F_\gamma)_{\gamma \in \Gamma}, (X_\delta)_{\delta \in \Delta}, S, t\rangle$, où :

(1) A est la fermeture de $Var_e \cup \bigcup_{\tau \in T'} Con_\tau$ par les opérations F_γ.

(2) $\Gamma = \{0, 1, 2, 3, \langle 4, n\rangle\}$ avec
$F_0(x,y) = [xy]$[1]
$F_1(x,y) = [x = y]$
$F_2(x) = \neg x$
$F_3(x,y) = [x \vee y]$
$F_{\langle 4,n\rangle}(x) = \bigvee v_{n,e} x$.

(3) $\Delta = T'$.

(4) $X_e = Var_e \cup Con_e$ et $X_\tau = Con_\tau$ pour $\tau \neq e$.

---

1. On écrira $F_0(x,y) = xy$ car l'écriture devient rapidement trop lourde. Par exemple, l'expression $[\ldots[[cv_1]v_2]\ldots v_n]$ s'écrira $cv_1, v_2 \ldots v_n$ lorsqu'il n'y a pas d'ambiguïté.

(5) S est l'ensemble des règles de grammaire suivantes :

$$\langle F_0, \langle\langle \underbrace{e, \langle e, \langle e, \ldots, \langle e}_{n}, t\rangle \ldots\rangle\rangle\rangle, e\rangle, \langle \underbrace{e, \langle e, \langle e, \ldots, \langle e}_{n-1}, t\rangle \ldots\rangle\rangle\rangle\rangle$$

$$\langle F_0, \langle\langle \underbrace{e, \langle e, \langle e, \ldots, \langle e}_{n}, e\rangle \ldots\rangle\rangle\rangle, e\rangle, \langle \underbrace{e, \langle e, \langle e, \ldots, \langle e}_{n-1}, e\rangle \ldots\rangle\rangle\rangle\rangle$$

$\langle F_1, \langle e, e\rangle, t\rangle$
$\langle F_2, \langle t\rangle, t\rangle$
$\langle F_3, \langle t, t\rangle, t\rangle$
$\langle F_{\langle 4,n\rangle}, \langle t\rangle, t\rangle$

•

Les deux premières expressions de la clause (5) rendent respectivement compte du fait que la concaténation d'une expression fonctionnelle à n arguments ou d'une relation n-aire et d'une expression de type e produit une expression fonctionnelle à $n-1$ arguments ou une relation $n-1$-aire. Les quatre autres sont claires.

DÉFINITION 8.3.2

Soit $v_{n,e} \in Var_e$ et φ un énoncé (expression de type t) de LC. Dans toute expression de la forme $\bigvee v_{n,e}\varphi$, l'énoncé φ est la *portée* de $\bigvee v_{n,e}$. Une *occurrence* de $v_{n,e}$ dans un énoncé est *liée* si elle est dans la portée de $\bigvee v_{n,e}$; autrement, l'occurrence est *libre*. Nous dirons qu'une variable est *libre* si et seulement si toutes ses occurrences sont libres, et qu'elle est *liée* si et seulement si toutes ses occurrences sont liées.

Soit α, β deux expressions du même type et ξ une expression quelconque dans laquelle β apparaît. Nous dirons que *α est libre pour β dans ξ* si et seulement si une des deux conditions suivantes est satisfaites :

(i) α ne contient aucune occurrence libre de variable ;
(ii) pour aucune variable $v_{n,e}$ non liée dans α, β n'est dans la portée de $\bigvee v_{n,e}$.

DÉFINITION 8.3.3

Soit φ et ψ des énoncés, η une expression de type e, F^n une expression fonctionnelle (c'est-à-dire une expression de type

$\langle e,\langle e,\ldots,\langle e,e\rangle\ldots\rangle\rangle\rangle$ à n arguments et R^n une expression de relation (c'est-à-dire une expression de type $\langle e,\langle e,\ldots,\langle e,t\rangle\ldots\rangle\rangle\rangle$ à n arguments.

$[\varphi \supset \psi] =_{\text{déf.}} [\neg\varphi \vee \psi]$

$[\varphi \wedge \psi] =_{\text{déf.}} \neg[\neg\varphi \vee \neg\psi]$

$[\varphi \equiv \psi] =_{\text{déf.}} [[\varphi \supset \psi] \wedge [\psi \supset \varphi]]$

$\bigwedge v_{n,e}\varphi =_{\text{déf.}} \neg \bigvee v_{n,e} \neg\varphi$

$\mathbf{V} =_{\text{déf.}} \bigwedge v_{n,e}[v_{n,e} = v_{n,e}]$

$\mathbf{F} =_{\text{déf.}} \neg\mathbf{V}$

$\mathfrak{I}(\varphi) =_{\text{déf.}} [[\varphi \equiv \mathbf{V}] \vee [\varphi \equiv \mathbf{F}]]$

$\mathfrak{I}(\eta) =_{\text{déf.}} \bigvee v_{n,e}[v_{n,e} = \eta]$, où $v_{n,e}$ n'a aucune occurrence libre dans η.

$\mathfrak{I}(F^n) =_{\text{déf.}} \bigwedge v_{m_1,e}\ldots\bigwedge v_{m_n,e}\mathfrak{I}(F^n v_{m_1,e}\ldots v_{m_n,e})$, où les $v_{m_i,e}$ sont toutes distinctes les unes des autres et aucune d'elles n'a d'occurrence libre dans F^n.

$\mathfrak{I}(R^n) =_{\text{déf.}} \bigwedge v_{m_1,e}\ldots\bigwedge v_{m_n,e}\mathfrak{I}(R^n v_{m_1,e}\ldots v_{m_n,e})$, où les $v_{m_i,e}$ sont toutes distinctes les unes des autres et aucune d'elles n'a d'occurrence libre dans R^n.

●

8.4 La sémantique

On définit d'abord la notion d'assignation ou contexte.

DÉFINITION 8.4.1

Une assignation de valeur partielle (ou contexte) est une fonction $j : \mathrm{IN} \times \{e\} \to P_e$

●

Comme précédemment, nous désignerons par $j_x^{n,e}$ le contexte qui diffère au plus de j par le fait que $j_x^{n,e}(\langle n,e\rangle) = x$.

On définit ensuite la classe des significations possibles.

DÉFINITION 8.4.2

Pour chaque $\sigma \in T$, la classe des significations possibles de type σ est $M_{\sigma,E,J} = P_\sigma^J$.

DÉFINITION 8.4.3

La classe KC des *modèles partiels logiquement possibles* pour LC et pour l'assignation σ_0 est la classe des modèles $\langle\langle B,(G_\gamma)_{\gamma\in\Gamma},f\rangle,j\rangle$ tels que :

(1) $\langle\langle B,(G_\gamma)_{\gamma\in\Gamma},f\rangle$ est une interprétation frégéenne partielle relativement à E, J et σ_0, où $B=\bigcup_{\tau\in T} M_{\tau,E,J}$ et σ_0 est la fonction d'identité.

(2) J est l'ensemble des contextes.

(3) Pour toute constante $\alpha\in\bigcup_{\tau\in T} Con_\tau$ et pour tout $j,j'\in J, f(\alpha)(j)=f(\alpha)(j')$.

(4) Pour tout $n\in \mathrm{IN}$, $f(v_{n,e})=j(\langle n,e\rangle)$.

(5) Pour $a,b\in B$:
$G_0(a,b)(j)=a(j)(b(j))$, si
$a\in M_{\langle e,\langle e,\ldots,\langle e,e\rangle\ldots\rangle\rangle,E,J}\cup M_{\langle e,\langle e,\ldots,\langle e,t\rangle\ldots\rangle\rangle,E,J}$ et $b\in M_{e,E,J}$.
Si $a,b\in M_{e,E,J}$, alors

$$G_1(a,b)(j)=\begin{cases}\mathbf{1} \text{ si } a(j)=b(j) \text{ et } a(j)\neq\bot\\ \mathbf{0} \text{ si } a(j)\neq b(j), a(j)\neq\bot \text{ et } b(j)\neq\bot\\ \bot \text{ autrement.}\end{cases}$$

Si $a,b\in M_{t,E,J}$, alors

$$G_2(a)(j)=\begin{cases}\mathbf{1} \text{ si } a(j)=\mathbf{0}\\ \mathbf{0} \text{ si } a(j)=\mathbf{1}\\ \bot \text{ autrement.}\end{cases}$$

$$G_3(a,b)(j)=\begin{cases}\mathbf{1} \text{ si } a(j)=\mathbf{1} \text{ ou } b(j)=\mathbf{1}\\ \mathbf{0} \text{ si } a(j)=b(j)=\mathbf{0}\\ \bot \text{ autrement.}\end{cases}$$

$$G_{\langle 4,n\rangle}(a)(j)=\begin{cases}\mathbf{1} \text{ si } a(j_x^{n,e})=\mathbf{1} \text{ pour au moins un } x\in P_e\\ \mathbf{0} \text{ si } a(j_x^{n,e})=\mathbf{0} \text{ pour tout } x\in P_e\\ \bot \text{ autrement.}\end{cases}$$

DÉFINITION 8.4.4

Soit $\Gamma \cup \{\varphi\}$ un ensemble d'énoncés de *LC*. On dira que φ est une *conséquence positivement valide* de Γ, et on écrira $\Gamma \models_{KC} \varphi$, si et seulement si pour tout modèle partiel logiquement possible $\langle \mathcal{B}, j\rangle$ pour *LC*, si $g(\psi)(j) = \mathbf{1}$ pour tout $\psi \in \Gamma$, alors $g(\varphi)(j) = \mathbf{1}$.

•

8.5 Un système complet

DÉFINITION 8.5.1

Soit $\Gamma \cup \{\varphi\}$ un ensemble d'énoncés de *LC*. On dira que φ est *dérivable* de Γ, et on écrira $\Gamma \vdash \varphi$, si et seulement s'il existe une suite $\psi_0, \ldots, \psi_n$ d'énoncés de *LC* telle que $\psi_n = \varphi$ et chaque ψ_i satisfait l'une des clauses suivantes :

(i) $\psi_i \in \Gamma$;
(ii) ψ_i est obtenu par l'application de la règle R1 ci-dessous ;
(iii) ψ_i est tel que $\psi_j \vdash \psi_i$ est une instance d'une des règles R2-R14 ci-dessous et $j < i$;
(iv) ψ_i est tel que $\psi_j, \psi_k \vdash \psi_i$ est une instance d'une des règles R15-R18 ci-dessous et $j, k < i$;
(v) ψ_i est obtenu par l'application d'une des règles structurales R19-R24 ci-dessous.

Dans ce qui suit, φ, ψ et η sans indice désignent des énoncés ; les symboles avec indice désignent des expressions arbitraires du type de leur indice ; R^n et F^n désignent respectivement une expression de relation et une expression fonctionnelle à *n* arguments. La notation $\varphi \dashv\vdash \psi$ signifie $\varphi \vdash \psi$ et $\psi \vdash \varphi$, et la notation $\Gamma, \varphi \vdash \psi$ signifie $\Gamma \cup \{\varphi\} \vdash \psi$.

R1 $\vdash \bigvee v_{n,e}[v_{n,e} = v_{n,e}]$
R2 $[\varphi \wedge \neg\varphi] \vdash \psi$
R3 $[\varphi \wedge \psi] \vdash \varphi$ $\quad [\varphi \wedge \psi] \vdash \psi$
R4 $\varphi \vdash [\varphi \vee \psi]$ $\quad \varphi \vdash [\psi \vee \varphi]$
R5 $\mathfrak{I}(\varphi) \dashv\vdash \mathfrak{I}(\neg\varphi)$

R6 $\neg[\varphi \vee \psi] \vdash [\Im(\varphi) \wedge \Im(\psi)]$

R7 $\Im(\zeta_e) \vdash [\zeta = \zeta]$

R8 $\Im([\zeta_e = \xi_e]) \dashv\vdash [\Im(\zeta_e) \wedge \Im(\xi_e)]$

R9 $\bigwedge v_{n,e}\Im(\varphi) \vdash \Im(\bigvee v_{n,e}\varphi)$

R10 $\neg \bigvee v_{n,e}\varphi \vdash \bigwedge v_{n,e}\Im(\varphi)$

R11 $\bigwedge v_{n,e}[\varphi \vee \psi] \vdash [\varphi \vee \bigwedge v_{n,e}\psi]$, où $v_{n,e}$ n'a pas d'occurrence libre dans φ.

R12 $\varphi \vdash \bigvee v_{n,e}\psi$, où ψ résulte de la substitution de $v_{n,e}$ à ζ_e dans φ et $v_{n,e}$ est libre pour ζ_e dans φ.

R13 $\Im(F^n\zeta_{1e}\ldots\zeta_{ie}\ldots\zeta_{ne}) \vdash$
$[\Im(\zeta_{ie}) \vee [F^n\zeta_{1e}\ldots\zeta_{ie}\ldots\zeta_{ne} = F^n\zeta_{1e}\ldots\xi_{ie}\ldots\zeta_{ne}]]$

R14 $\Im(R^n\zeta_{1e}\ldots\zeta_{ie}\ldots\zeta_{ne}) \vdash$
$[\Im(\zeta_{ie}) \vee [R^n\zeta_{1e}\ldots\zeta_{ie}\ldots\zeta_{ne} \equiv R^n\zeta_{1e}\ldots\xi_{ie}\ldots\zeta_{ne}]]$

R15 $\varphi, \psi \vdash [\varphi \wedge \psi]$

R16 $\Im(\varphi), \Im(\psi) \vdash \Im([\varphi \wedge \psi])$

R17 $[\zeta_e = \xi_e], \varphi \vdash \psi$, où ψ résulte de la substitution de ζ à ξ dans φ et ζ est libre pour ξ dans φ.

R18 $\bigwedge v_{n,e}\Im(\varphi), \Im(\zeta_e) \vdash \psi$, où ψ résulte de la substitution de ζ à $v_{n,e}$ dans φ et ζ est libre pour $v_{n,e}$ dans φ.

R19 Si $\Gamma, \varphi \vdash \eta$ et $\Gamma, \psi \vdash \eta$ et $\Gamma \vdash [\varphi \vee \psi]$, alors $\Gamma \vdash \eta$.

R20 Si $\Gamma, \varphi \vdash \psi$, alors $\Gamma, \Im(\varphi) \vdash [\varphi \supset \psi]$.

R21 Si $\Gamma \vdash \varphi$ et $\Gamma \vdash [\varphi \supset \psi]$, alors $\Gamma \vdash \psi$.

R22 Si $\Gamma, \varphi \vdash \psi$ et $\Gamma, \varphi \vdash \neg\psi$ et $\Gamma \vdash \Im(\varphi)$, alors $\Gamma \vdash \neg\varphi$.

R23 Si $\Gamma, \Im(\zeta_e) \vdash \varphi$, alors $\Gamma \vdash \bigwedge v_{n,e}\psi$, où ψ résulte de la substitution de $v_{n,e}$ à ζ dans φ, ni $v_{n,e}$ ni aucune variable de ζ n'a d'occurrence libre dans un membre de Γ et $v_{n,e}$ est libre pour ζ dans φ.

R24 Si $\Gamma \vdash \bigvee v_{n,e}\varphi$ et $\Gamma, \psi \vdash \varphi$, alors $\Gamma \vdash \varphi$, où ψ résulte de la substitution de ζ_e à $v_{n,e}$ dans φ, aucune variable de ζ n'a d'occurrence libre dans φ, dans ψ et dans un membre de Γ et ζ est libre pour $v_{n,e}$ dans ψ.

Soit *SC* le système généré par les règles R1-R24. Par la définition de la notion de dérivation, on obtient facilement les deux règles dérivées suivantes :

DR1 Si $\Gamma \vdash \varphi$ et $\Gamma, \varphi \vdash \psi$, alors $\Gamma \vdash \psi$.
DR2 Si $\Gamma \vdash \varphi$, alors $\Gamma \cup \Delta \vdash \varphi$.

SC a bien sûr la propriété de finitude, c'est-à-dire que si $\Gamma \vdash \varphi$, alors $\Delta \vdash \varphi$ pour un sous-ensemble Δ fini de Γ.

PROPOSITION 8.5.1 (FIABILITÉ ET COMPLÉTUDE DE SC*)*

Soit $\Gamma \cup \{\varphi\}$ un sous-ensemble d'énoncés de *LC* ; $\Gamma \vdash \varphi$ dans *SC* ssi $\Gamma \models\!\!\equiv_{KC} \varphi$.

●

La preuve de cette proposition suit les mêmes lignes que celle de la protothétique. En particulier, on montre que :

(1) le système est consistant ;
(2) tout ensemble consistant peut être étendu à un ensemble déductivement fermé et $\vee$, $\bigvee$, $\bigwedge$ – saturé ;
(3) pour chaque ensemble saturé Γ, on peut définir une relation d'ordre << telle que :
   - $R^n << R'^n$ ssi pour tout projecteur $\vec{\xi} = \langle \xi_{1,e}, \ldots, \xi_{n,e} \rangle$, si $R^n(\vec{\xi}) \in \Gamma$, alors $R'^n(\vec{\xi}) \in \Gamma$ et si $\neg R^n(\vec{\xi}) \in \Gamma$, alors $\neg R'^n(\vec{\xi}) \in \Gamma$;
   - $F^n << F'^n$ ssi pour tout projecteur $\vec{\xi} = \langle \xi_{1,e}, \ldots, \xi_{n,e} \rangle$, si $[F^n(\vec{\xi}) = F^n(\vec{\xi})] \in \Gamma$, alors $[F'^n(\vec{\xi}) = F'^n(\vec{\xi})] \in \Gamma$;
(4) << induit une relation d'équivalence entre expressions du même type ;
(5) les classes d'équivalence d'expressions de même type permettent de définir une interprétation canonique.

La preuve ne comporte pas de difficulté nouvelle par rapport à celle de la protothétique. Au contraire, comme nous l'avons signalé plus haut, elle ne nécessite pas d'avoir un nom pour chaque objet de l'ontologie. La raison en est que seuls les objets de type *e* sont arguments et nous avons un nom pour chacun d'eux. La question de s'assurer que deux objets identiques comme fonctions sont également identiques comme arguments ne se pose pas. On pourrait penser enrichir ce calcul du premier ordre en introduisant les fonctions booléennes du premier ordre. Cela est trivial, car toutes les fonctions booléennes sont définissables à l'aide de $\wedge$ et $\neg$. Comme pour la protothétique, la preuve de complétude nous donne un théorème de représentation (voir [Lap99]).

CHAPITRE IX

Logique partielle et agent épistémique

9.1 Logique partielle et langue naturelle

La notion d'interprétation, de ses origines tarskiennes jusqu'à aujourd'hui, est entachée d'un péché originel majeur : les valeurs des expressions ne contiennent pas de trace de la manière dont elles ont été attribuées ou calculées. Cette façon désincarnée de conférer aux expressions des valeurs sémantiques fait planer de sérieux doutes quant à la pertinence de l'utilisation de cette approche pour expliquer la compétence des agents finis, que ce soient des êtres humains ou des machines. Par exemple, un agent tient pour vrai un énoncé complexe après avoir effectué un certain « calcul » basé sur les valeurs des expressions simples. La notion d'interprétation fait fi de ce calcul, seul le résultat compte.

Une des caractéristiques des systèmes sémantiques réels est justement de n'être que des approximations. Les interprétations partielles, par leur prise en compte du caractère parfois indéfini des valeurs sémantiques peuvent-elles être utilisées pour décrire des processus sémantiques plus fins que ceux dont rendent compte les interprétations totales ? C'est ce que nous allons examiner.

Une des caractéristiques communes aux logiques partielles présentées dans les chapitres précédents est que les énoncés de la forme $[\zeta \equiv \zeta]$, avec $\zeta \in Con_\tau$, ne sont pas toujours vrais (bien qu'ils ne soient jamais faux). Par contre, les énoncés de la forme $\wedge v_{n,\tau}[v \equiv v]$ sont valides. Ces deux propriétés sont relativement intuitives si on les interprète de la façon suivante : $[\zeta \equiv \zeta]$ est vrai en autant que ζ est défini. D'ailleurs $[\zeta \equiv \zeta]$ et $\mathfrak{I}(\zeta)$ sont équivalents et d'une manière générale, la règle :

$$\mathfrak{I}(\zeta) \vdash [\zeta \equiv \zeta]$$

et sa converse, sont valides.

La validité de $\wedge v_{n,\tau}[v \equiv v]$ provient de ce que la quantification porte sur les valeurs totalement définies. Bref, l'énoncé **Le Père Noël est le Père Noël** n'a probablement pas de valeur de vérité, quoiqu'il soit vrai que tout objet soit identique à lui-même. La première de ces propriétés permet, plus généralement, de rendre compte du fait que certains énoncés classiquement valides peuvent être indéfinis pour les interprétations partielles. Cela n'est pas vrai uniquement pour les énoncés d'identité. Prenons par exemple l'énoncé classiquement valide **Tous les hommes sont des hommes**. Selon les sections 3.4 et 3.5, la traduction de cet énoncé en logique intensionnelle est la suivante :

$$\wedge w([hw] \supset \vee v([hv] \wedge [w \equiv v])).$$

Cette expression est une expression valide du calcul des prédicats avec égalité classique. Mais elle n'est pas valide pour les interprétations partielles : si h n'a pas une valeur totale, l'expression est indéfinie. Par contre, si nous substituons à h une variable et que nous prenons la clôture universelle, l'expression obtenue est valide.

L'interprétation que l'on peut donner de cette propriété est la suivante. Une expression du genre « Tous les A sont des A » est vraie si pour tout objet, cet objet est un A ou un non-A.

Cette particularité des interprétations partielles capture ainsi une caractéristique assez intéressante de la logique des langues naturelles, celle d'un engagement ontologique plus ou moins explicite. Lorsque nous évaluons un énoncé de la forme « Tous les A sont des B », au-delà du vrai et du faux se pose la question de savoir de quoi nous parlons : nous n'avons pas à présupposer qu'il y a des A et des B et des non-A et des non-B, mais que tout est A ou non-A et B ou non-B. Sinon, nous retenons notre jugement.

La sémantique partielle semble ainsi capturer une propriété relativement fondamentale de la « logique épistémique ».

9.2 Logique partielle et agent épistémique

Nous allons examiner dans quelle mesure un modèle partiel $\langle \mathcal{B}, \langle i, j \rangle \rangle$ peut représenter un agent épistémique ou, plus précisément, un état épistémique d'un agent à un instant donné. Nous allons ensuite mettre l'accent sur certaines propriétés de ces états épistémiques et discuter de leur pertinence. Nous travaillerons en logique intensionnelle. Les résultats s'appliquent aux langues naturelles par traduction.

DÉFINITION 9.2.1

On appelle *état épistémique* un modèle partiel logiquement possible $\langle \mathcal{B}, \langle i, j \rangle \rangle$ pour *LI*. Pour tout énoncé ζ, on dira que l'agent *accepte* ζ ssi $g(\zeta)(i, j) = \mathbf{1}$, qu'il *rejette* ζ ssi $g(\zeta)(i, j) = \mathbf{0}$ et que ζ est *indéterminé* ssi $g(\zeta)(i, j) = \perp$. On notera $E_{\langle \mathcal{B}, \langle i, j \rangle \rangle}$ l'ensemble des énoncés vrais pour le modèle, c'est-à-dire acceptés dans l'état épistémique $\langle \mathcal{B}, \langle i, j \rangle \rangle$.

PROPOSITION 9.2.1

Pour tout agent et tout état, les conséquences valides au sens partiel des énoncés acceptés sont acceptées.

PROPOSITION 9.2.2

La clôture universelle de toute instance d'énoncé classiquement valide ne contenant pas de constante est acceptée par tout agent dans tout état.

PROPOSITION 9.2.3

Soit ξ un énoncé classiquement valide contenant les constantes $c_{\tau_1}, \ldots, c_{\tau_n}$ et les variables libres $v_{\tau_1}, \ldots, v_{\tau_n}$. Si $\Im(c_{\tau_1}), \ldots, \Im(c_{\tau_n}), \Im(v_{\tau_1}), \ldots, \Im(v_{\tau_n})$ sont acceptés, alors ξ est accepté.

PROPOSITION 9.2.4

(Modus ponens.) Si ξ est accepté et $\xi \supset \eta$ est accepté, alors η est accepté (c'est un cas particulier de la proposition 9.2.1).

PROPOSITION 9.2.5

F est rejeté.

●

Ces propriétés sont des conséquences relativement triviales du fait que les logiques partielles sont consistantes et fermées sous la notion de conséquence au sens partiel. On a quand même ici une propriété très particulière. L'assimilation d'un état d'un agent à un modèle partiel ne requiert pas l'omniscience logique au sens classique. Bien au contraire, même si l'ensemble des énoncés qui sont acceptés par l'agent est fermé sous la relation de conséquence logique au sens partiel, cet ensemble ne contient pas toujours les énoncés classiquement valides dont les composantes ne sont pas acceptées ou rejetées. Cette propriété est liée à la $\vee$-saturation. En effet, la $\vee$-saturation plus l'omniscience logique entraînent l'omniscience tout court : si l'agent doit accepter $(\xi \vee \neg\xi)$, alors cet agent doit accepter ξ ou accepter $\neg\xi$, quel que soit ξ. Quelle est la valeur de notre conception d'un état épistémique ? Le véritable test pour notre approche sera sa capacité à exprimer les notions centrales de la dynamique des états épistémiques. Par dynamique des états épistémiques, nous entendons l'étude des propriétés des états épistémiques et des contraintes gouvernant les transitions entre ces états.

Or, l'absence de système complet pour la logique intensionnelle partielle rend la réalisation de cette tâche difficile, voire impossible pour le moment. Nous allons donc nous restreindre à la protothétique (les résultats sont bien sûr facilement exportables au calcul des prédicats du premier ordre). Il est clair cependant que muni d'un système soit complet si cela s'avérait réalisable, soit suffisamment puissant pour exprimer une portion intéressante des thèses valides de la logique intensionnelle, la plupart des propriétés que nous présentons pour la protothétique partielle sont aussi directement exportables à la logique intensionnelle.

9.3 Le système AGM

Le système de dynamique des états épistémiques le plus connu est celui développé par Alchourrón, Gärdenfors et Makinson [Alc85], dit système AGM. Il n'est pas question ici de faire une évaluation critique exhaustive de ce système et nous nous contenterons d'en exposer les grands principes et de mettre l'accent, dans un second temps, sur les différences qu'il comporte relativement à notre approche.

Le cadre dans lequel nous exposerons le système AGM est celui du calcul propositionnel classique. Cette hypothèse est un peu trop forte. En fait, le système AGM suppose simplement que la relation de conséquence est au moins aussi forte que celle du calcul propositionnel classique.

Un état épistémique est un ensemble d'énoncés K fermé sous la notion de conséquence logique : si K est un état épistémique et $K \vdash \xi$, alors $\xi \in K$. Un énoncé ξ est accepté, rejeté ou indéterminé selon que $\xi \in K$, $\neg\xi \in K$ ou $\xi \notin K$ et $\neg\xi \notin K$. L'état inconsistant est l'état qui contient tous les énoncés et est noté Λ. Le système AGM consiste en un ensemble de postulats que doivent satisfaire les fonctions d'expansion, de contraction et de révision.

9.3.1 L'expansion

L'expansion d'un état épistémique consiste en l'ajout d'un énoncé ξ à l'état épistémique et à considérer le nouvel état ainsi obtenu. Si l'on note $Cn(K)$ l'ensemble des conséquences de K, $K^+_\xi = Cn(K \cup \{\xi\})$. Les postulats régissant l'expansion sont relativement triviaux[1].

(K^+1) K^+_ξ est un état épistémique.

(K^+2) $\xi \in K^+_\xi$.

(K^+3) $K \subseteq K^+_\xi$.

(K^+4) Si $\xi \in K$, alors $K^+_\xi = K$.

(K^+5) Si $K \subseteq H$, alors $K^+_\xi \subseteq H^+_\xi$.

(K^+6) K^+_ξ est le plus petit ensemble satisfaisant (K^+1)-(K^+5).

On montre facilement que :

PROPOSITION 9.3.1.1[2]

Une fonction d'expansion satisfait (K^+1)-(K^+6) ssi $K^+_\xi = Cn(K \cup \{\xi\})$.

●

9.3.2 La contraction

La contraction d'un état épistémique K par rapport à ξ consiste à former un état épistémique K^-_ξ qui ne contient plus ξ mais qui *diffère minimalement de K*. Les postulats AGM pour la contraction sont :

(K^-1) K^-_ξ est un état épistémique.

(K^-2) $K^-_\xi \subseteq K$.

(K^-3) Si $\xi \notin K$, $K^-_\xi = K$.

(K^-4) Si $\nvdash \xi$, alors $\xi \notin K^-_\xi$.

(K^-5) Si $\xi \in K$, alors $K \subseteq (K^-_\xi)^+_\xi$.

(K^-6) Si $\vdash (\xi \equiv \eta)$, alors $K^-_\xi = K^-_\eta$.

---

1. C'est sans doute pour cette raison que dans sa présentation de 1992 dans [Gär92], Gärdenfors ne présente plus de postulats pour l'expansion contrairement à sa présentation de 1988 [Gär88].

2. Voir [Gär88], p. 211.

Ces postulats sont appelés « postulats de base ». À ceux-ci s'ajoutent deux postulats concernant les conjonctions :

(K^-7) $K_\xi^- \cap K_\eta^- \subseteq K_{\xi\wedge\eta}^-$.

(K^-8) Si $\xi \notin K_{\xi\wedge\eta}^-$, alors $K_{\xi\wedge\eta}^- \subseteq K_\eta^-$.

Le problème est alors de définir de manière explicite des fonctions de contraction. Il s'agit de décrire la façon dont certains éléments seront enlevés de K pour former K_ξ^- de sorte que $K_\xi^- \nvdash \xi$ et que K_ξ^- soit le plus « gros » possible. La notion de maximalité est introduite. Un sous-ensemble K' de K dont on ne peut déduire ξ est *maximal* relativement à ξ (on dira qu'il est ξ-maximal) ssi

(i) $K' \subseteq K$;

(ii) $\xi \notin Cn(K')$;

(iii) pour tout K'' tel que $K' \subset K'' \subseteq K$, $\xi \in Cn(K'')$.

L'idée est alors de construire un ensemble K_ξ^- à partir des ensembles ξ-maximaux. La première variante proposée par Gärdenfors est la suivante. Il montre d'abord que tout ensemble maximal satisfaisant (K^-1)-(K^-6) satisfait également la propriété suivante :

(K^-F) Si $\eta \in K$ et $\eta \notin K_\xi^-$, alors $(\eta \supset \xi) \in K_\xi^-$.

Il montre également la réciproque, soit que toute fonction de contraction qui satisfait (K^-1)-(K^-6) et (K^-F) est une fonction qui sélectionne un ensemble maximal.

C'est ce que nous appellerons le *théorème de représentation*. Cette notion de contraction est beaucoup trop faible et a des conséquences difficilement acceptables[3]. Soit, par exemple, un énoncé η indéterminé pour un état épistémique K, c'est-à-dire que $\eta \notin K$ et $\neg\eta \notin K$ et $\xi \in$ K. Par la définition d'un état épistémique, $\eta \supset \xi \in K$. Considérons maintenant K_ξ^-. Par le théorème de représentation, ou bien $(\eta \supset \xi) \in K_\xi^-$ ou bien $(\eta \supset \xi) \supset \xi \in K_\xi^-$. Mais $((\eta \supset \xi) \supset \xi)$ est logiquement équivalent à $(\neg\eta \supset \xi)$. Nous venons donc de montrer ceci :

PROPOSITION 9.3.2.1

Soit K un état épistémique et X un ensemble ξ-maximal.

Alors, pour tout η, $(\eta \supset \xi) \in X$ ou $(\neg\eta \supset \xi) \in X$.

•

3. L'aspect problématique de cette propriété a été souligné par les promoteurs de la théorie eux-mêmes. Voir, par exemple, [Mak85].

Cette conséquence est intuitivement inacceptable : un agent qui n'a pas d'opinion sur l'énoncé **Il pleut en ce moment à Sydney** et qui n'a pas d'opinion non plus sur **Il pleut en ce moment à Paris** parce qu'il vient d'abandonner cette dernière croyance, croit ou bien **S'il pleut en ce moment à Sydney, il pleut en ce moment à Paris** ou **S'il ne pleut pas en ce moment à Sydney, il pleut en ce moment à Paris**. Ou encore, par équivalence logique, l'agent croit $(\eta \vee \xi)$ ou $(\neg\eta \vee \xi)$. Cette conséquence générale provient du fait que :

(i) si un agent accepte ξ, il accepte $(\eta \vee \xi)$ ou $(\neg\eta \vee \xi)$ pour tout η, même ceux qui sont indéterminés ;

(ii) l'abandon de la croyance que ξ fera en sorte que l'agent devra abandonner une des deux croyances $(\eta \vee \xi)$ ou $(\neg\eta \vee \xi)$ (car ξ est logiquement équivalent à $(\eta \vee \xi) \wedge (\neg\eta \vee \xi))$ et devra conserver l'autre.

La contrainte est donc définitivement trop faible et il est fortement souhaitable que lorsque η est indéterminé et que l'agent abandonne la croyance que ξ, il abandonne également $(\eta \vee \xi)$. D'une manière générale, le respect du principe suivant semble désirable :

PRINCIPE DE RATIONALITÉ DISJONCTIVE

Un agent rationnel qui abandonne une croyance ξ, abandonne également toutes les croyances de la forme $(\eta \vee \xi)$ à moins qu'il ne croie préalablement que η.

Le respect de ce principe a pour effet de vider les états épistémiques lors d'une contraction des disjonctions qui étaient acceptées sur la base de l'énoncé qui fait justement l'objet d'une contraction.

La première variante de Gärdenfors est très loin de satisfaire ce principe ; bien au contraire, elle le viole systématiquement puisque, pour tout η, $(\eta \vee \xi) \in K^-_\xi$ ou $(\neg\eta \vee \xi) \in K^-_\xi$.

La seconde variante proposée par Gärdenfors est, elle, trop forte.

Il s'agit de prendre comme état épistémique non pas un sous-ensemble maximal mais l'intersection de tous les sous-ensembles maximaux : c'est ce que Gärdenfors appelle *full meet contraction functions* que nous traduirons par « fonctions de contraction intersectives totales ».

(M) $K^-_\xi = \bigcap_i X_i$ où les X_i sont les sous-ensembles ξ-maximaux de K.

Cette définition est inacceptable : toute fonction satisfaisant (K^-1)-(K^-6) et (M) satisfait également

(K^-I) $K^-_{\eta \wedge \xi} = K^-_\eta \cap K^-_\xi$.

C'est-à-dire que toute contraction sur une conjonction est une contraction sur *tous* les conjoints. Cela conduit au théorème de représentation suivant : toute fonction de contraction qui satisfait ($K^{-}1$)-($K^{-}6$) et ($K^{-}I$) est une fonction de contraction intersective totale [Mak85].

Pour voir en quoi cette définition est vraiment trop forte, remarquons que selon la définition des ensembles maximaux de Gärdenfors, deux ensembles ξ-maximaux qui contiennent les mêmes implications matérielles de la forme $(\eta \supset \xi)$ sont identiques.

PROPOSITION 9.3.2.2

Si X' et X'' sont ξ-maximaux et tels que pour tout η,
$(\eta \supset \xi) \in X'$ ssi $(\eta \supset \xi) \in X''$, alors $X' = X''$.

PREUVE

Supposons qu'un certain η soit tel que
$\eta \in X'$ et $\eta \notin X''$.
Comme $\xi \notin X'$, $(\eta \supset \xi) \notin X'$ et, par hypothèse, $(\eta \supset \xi) \notin X''$.
Mais $\eta \notin X''$ et X'' étant maximal, on a $(\eta \supset \xi) \in X''$.
D'où contradiction.
●

La proposition suivante montre qu'il y a une grande diversité d'ensembles maximaux.

PROPOSITION 9.3.2.3

Soit $\xi \in K$, et soit Y un sous-ensemble de K tel que $Y \nvdash \xi$. Il existe alors un X ξ-maximal tel que $Y \subseteq X$.

PREUVE

Soit (η_i) une énumération des formules de K.
On construit la suite (X_i) des ensembles tels que $X_0 = Y$.
Si $X_i \cup \{\eta_{i-1}\} \nvdash \xi$, $X_{i+1} = X_i \cup \{\eta_{i-1}\}$.
Si $X_i \cup \{\eta_{i-1}\} \vdash \xi$, $X_{i+1} = X_i \cup \{(\eta_{i-1} \supset \xi)\}$.
On montre que
$X = \bigcup_i X_i \nvdash \xi$.

Il suffit de montrer que pour tout i, $X_i \nvdash \xi$.
$X_0 \nvdash \xi$ par hypothèse.
Si $X_i \cup \{\eta_{i-1}\} \nvdash \xi$, alors $X_{i+1} = X_i \cup \{(\eta_{i-1})\}$ et $X_{i+1} \nvdash \xi$.
Si $X_i \cup \{\eta_{i-1}\} \vdash \xi$, alors $X_{i+1} = X_i \cup \{(\eta_{i-1} \supset \xi)\}$.

Supposons que
$X_i \cup \{(\eta_{i-1} \supset \xi)\} \vdash \xi$.
On a (théorème de déduction) $X_i \vdash ((\eta_{i-1} \supset \xi) \supset \xi)$ et donc
$X_i \vdash (\neg\eta_{i-1} \supset \xi)$.
Mais de $X_i \cup \{\eta_{i-1}\} \vdash \xi$ on déduit que (théorème de déduction) $X_i \vdash (\eta_{i-1} \supset \xi)$
et donc que $X_i \vdash \xi$ (car $X_i \vdash (\eta_{i-1} \vee \neg\eta_{i-1})$).
●

En fait, les ensembles ξ-maximaux sont tellement nombreux et variés que lorsque l'on prend l'intersection de tous ces ensembles il ne reste pas grand-chose comme l'indique le résultat suivant [Gär88].

PROPOSITION 9.3.2.4
L'intersection de tous les X_i ξ-maximaux de K est telle que
$$\bigcap_i X_i = Cn(\{\neg\xi\}) \cap K.$$
●

Venons-en à la troisième variante proposée par Gärdenfors. Celle-ci est un intermédiaire entre les deux extrêmes précédents et s'appelle *partial meet contraction functions* que nous traduirons par « fonctions de contraction intersectives partielles ».

(PM) $K_\xi^- = \bigcap_i X_i$ où les X_i sont des sous-ensembles ξ-maximaux de K dont on ne peut déduire ξ.

La différence avec le principe (M) est qu'ici les X_i ne parcourent pas l'ensemble de tous les sous-ensembles maximaux mais une partie de celui-ci seulement.

On a le théorème de représentation suivant : une fonction de contraction est une fonction intersective partielle ssi elle satisfait (K^-1)-(K^-6). Cette solution intermédiaire évite-t-elle les écueils des solutions extrêmes ? Il semble qu'elle en partage les défauts.

On ne voit pas, par exemple, pourquoi ce que nous avons appelé le principe de rationalité disjonctive serait respecté. Il n'y a rien dans la définition des fonctions de contraction intersectives partielles qui permette d'exprimer une telle contrainte.

Par ailleurs, comme chaque ensemble maximal contient soit $(\eta \supset \xi)$ ou $(\neg\eta \supset \xi)$ mais jamais les deux (et ce, quel que soit η), l'agent qui croit η après contraction croira $(\neg\eta \supset \xi)$ même s'il n'y a aucun lien entre η et ξ. Cela a pour conséquence que si l'agent devait réviser sa croyance envers η pour accepter $\neg\eta$, il devrait du même coup accepter ξ.

Tous ces problèmes, on l'avait compris, sont liés au non-respect du *principe de rationalité disjonctive*, non-respect lui-même lié à l'acceptation du principe du tiers exclu, lui-même imposé par le fait qu'un agent croit toutes les tautologies. Nous allons voir plus loin que ces problèmes sont évités par l'adoption de modèles partiels comme états épistémiques.

9.3.3 La révision

La révision d'un état épistémique K par rapport à ξ (notée K^*_ξ) consiste à former un état épistémique qui diffère minimalement de K, dans lequel ξ est accepté et qui est consistant si K l'est. Les postulats AGM pour la révision sont les suivants.

(K*1) Pour tout ξ et tout K, K^*_ξ est un état épistémique.

(K*2) $\xi \in K^*_\xi$.

(K*3) $K^*_\xi \subseteq K^+_\xi$.

(K*4) Si $\neg\xi \notin K$, alors $K^+_\xi \subseteq K^*_\xi$.

(K*5) $K^*_\xi = \Lambda$ ssi $\vdash \neg\xi$.

(K*6) Si $\vdash \xi \equiv \eta$, alors $K^*_\xi = K^*_\eta$.

(K*1)-(K*6) sont les postulats de base. Comme pour la contraction, deux postulats concernant la conjonction s'ajoutent.

(K*7) $K^*_{\xi\wedge\eta} \subseteq (K^*_\xi)^+_\eta$.

(K*8) Si $\neg\eta \notin K^*_\xi$, alors $(K^*_\xi)^*_\eta \subseteq K^*_{\xi\wedge\eta}$.

Ces postulats peuvent être reliés à ceux concernant l'expansion et la contraction à travers l'identité dite de Levi.

(L*) $K^*_\xi = (K^-_{\neg\xi})^+_\xi$.

La pertinence de cette définition est appuyée par la propriété suivante :

PROPOSITION 9.3.3.1

Si une fonction de contraction satisfait les postulats (K^-1)-(K^-4) et (K^-6), alors la fonction de révision K* obtenue par (L*) satisfait (K*1)-(K*6). De plus, si (K^-7) est satisfait, (K*7) l'est et si (K^-8) est satisfait, (K*8) l'est.

•

L'usage de (L*) pour définir une fonction fait en sorte que les difficultés soulignées pour la définition des fonctions de contraction se retrouvent pour les fonctions de révision. Par exemple, si la fonction de contraction est une fonction de contraction intersective totale, $(K^*_\xi) = Cn(\{\xi\})$, [Alc82].

Si on utilise une fonction de contraction qui sélectionne un élément maximal (c'est-à-dire satisfaisant (K^-1)-(K^-6) et (K^-F)), la situation est encore pire : comme $K^-_{\neg\xi}$ contient soit $(\neg\eta \supset \neg\xi)$ ou $(\eta \supset \neg\xi)$ pour tout η, il contient également $(\xi \supset \eta)$ ou $(\xi \supset \neg\eta)$ et donc K^*_ξ contient η ou $\neg\eta$[4] !

Et ici encore les fonctions de contraction intermédiaires donnent des fonctions de révision qui possèdent un mélange de ces propriétés indésirables : les états révisés contiennent en général beaucoup d'énoncés dont la présence n'est due qu'au non-respect du principe de rationalité disjonctive et au fait que les agents sont logiquement omniscients alors que d'autres énoncés ont été éliminés simplement parce qu'ils n'appartiennent pas à tous les ensembles maximaux sélectionnés. Pour un ξ accepté, la logique classique ne peut faire de différence entre l'énoncé $(\eta \vee \xi)$ lorsque η est indéterminé et le même énoncé lorsque η est déterminé.

9.4 Les modèles partiels comme états épistémiques

9.4.1 Quelques arguments en faveur du principe de rationalité disjonctive

Le principe de rationalité disjonctive se trouve automatiquement satisfait si on arrive à imposer aux états épistémiques d'être $\vee$-saturés. Malheureusement, comme nous l'avons signalé plus haut, la $\vee$-saturation ajoutée au tiers exclu entraîne l'omniscience tout court : l'agent croit que $(\xi \vee \neg\xi)$ pour tout ξ et donc croit ξ ou $\neg\xi$. C'est là, sans aucun doute, la principale objection que l'on peut poser contre le principe de rationalité disjonctive : combiné à un système de déduction quelconque mais suffisamment puissant pour pouvoir dériver les tautologies classiques, il implique l'omniscience.

Les modèles partiels ont heureusement cette propriété de ne pas contenir tous les énoncés classiquement valides et en particulier de ne contenir $(\eta \vee \neg\eta)$ que s'ils contiennent η ou $\neg\eta$.

La question que l'on peut poser concerne la différence en logique partielle entre un état épistémique E qui ne contient pas $(\eta \vee \neg\eta)$ et son

4. Ce résultat est également dû à [Alc82].

expansion $E^+_{\eta\vee\neg\eta}$. Il est facile de se convaincre que si $E^+_{\eta\vee\neg\eta} \vdash \xi$ et que $E \nvdash \xi$, c'est que $E \cup \{\neg\xi\} \vdash \mathbf{F}$, c'est-à-dire que l'ajout à un état épistémique d'un énoncé classiquement valide du type $(\eta\vee\neg\eta)$ n'augmente pas son pouvoir déductif de manière essentielle : les énoncés dérivables de $E^+_{\eta\vee\neg\eta}$ qui ne l'étaient pas de E sont des énoncés qui sont des conséquences classiquement valides de E. L'argument est ici sémantique. Si $E \cup \{\neg\xi\} \not\models \mathbf{F}$, alors il existe un modèle de $E \cup \{\neg\xi\}$. Donc, il existe un modèle total de $E \cup \{\neg\xi\}$. Si $E^+_{\eta\vee\neg\eta} \models \xi$, alors tout modèle de $E^+_{\eta\vee\neg\eta}$ est un modèle de ξ. Mais tout modèle total de E est un modèle de $E^+_{\eta\vee\neg\eta}$ (à moins que η ne soit un énoncé toujours indéfini, mais dans ce cas $E^+_{\eta} \models \mathbf{F}$ et $E^+_{\neg\eta} \models \mathbf{F}$). Donc tout modèle total de E est un modèle de ξ.

L'abandon du tiers exclu semble donc relativement inoffensif. La $\vee$-saturation a cependant un aspect contre-intuitif, et ce, indépendamment du fait qu'elle entraîne l'omniscience du point de vue classique. Considérons l'exemple suivant. Pierre et Paul sont seuls dans le salon, hors de notre vue. Soudain nous provient un bruit de vase qui se fracasse. Vous accourez et voyez le plancher couvert des éclats du vase donné en cadeau par tante Helma. Il semble bien que l'énoncé : **Pierre a brisé le vase ou Paul a brisé le vase** devienne une de vos connaissances sans que ni **Pierre a brisé le vase** ni **Paul a brisé le vase** ne le deviennent.

Une première objection à l'encontre de ce type d'inférence est qu'il viole le principe de compositionalité. Or ce principe, pour une certaine intuition de « savoir », est très naturel. Pouvons-nous vraiment savoir que Pierre a brisé le vase ou Paul a brisé le vase, sans savoir que Pierre a brisé le vase ni que Paul a brisé le vase ?

La $\vee$-saturation semble être une contrainte applicable à un concept de savoir extrêmement rigide mais primitif et fondamental : je n'ai de raison suffisante d'affirmer $(\xi \vee \eta)$ que si j'ai une raison suffisante d'affirmer ξ ou d'affirmer η.

Entre la certitude que $(\xi \vee \eta)$ et celle que ξ ou que η, y a-t-il une place pour le doute ? L'argument de la compositionalité devient ici un argument épistémique : l'absence de certitude sur les deux disjoints est une absence de certitude sur la disjonction.

Cela suggère que l'on doit pouvoir traiter les formes d'attitude propositionnelle moins radicales que le savoir comme des *ensembles* d'états épistémiques. Pour notre exemple du vase brisé, il semble que cet état soit formé d'une paire d'états épistémiques $\vee$-saturés sur lesquels se distribue une probabilité (dont la somme est presque un). Bref, il n'y a pas de raison a priori qui interdise de construire les états épistémiques primitifs comme des ensembles $\vee$-saturés. Il semble au contraire que ceux-ci peuvent être utilisés pour élaborer des structures permettant de rendre compte de propriétés plus souples. Il reste à voir si la dynamique des ensembles $\vee$-saturés possède des propriétés intéressantes.

9.4.2 L'expansion

Rappelons que nous nous restreignons au cadre de la protothétique. Par le théorème de complétude et de représentation du chapitre VII, à chaque modèle partiel canonique $\langle \mathcal{B}, j_k \rangle$ correspond (relativement à une énumération quelconque) un et un seul ensemble CFMS (c'est-à-dire consistant, fermé et multisaturé) d'énoncés, que nous noterons $E_{\langle \mathcal{B}, j_k \rangle}$. On peut donc utiliser indifféremment les modèles canoniques et les ensembles CFMS d'énoncés. Par souci de simplicité, nous n'utiliserons que les ensembles CFMS.

DÉFINITION 9.4.2.1

Soit E un ensemble consistant d'énoncés et ζ un énoncé. On appellera *expansion de E par* ζ l'ensemble $E_\zeta^+ = E_{\langle \mathcal{B}, j_\zeta^+ \rangle}$, où $\langle \mathcal{B}, j_\zeta^+ \rangle$ est le modèle canonique défini à partir d'une extension CFMS de $E \cup \{\zeta\}$, si $E \cup \{\zeta\}$ est consistant; sinon E_ζ^+ est l'ensemble de tous les énoncés (comme précédemment, on notera Λ cet ensemble qui est l'état épistémique chaotique).

●

Notre notion d'expansion n'est pas tout à fait « classique ». Le problème vient du fait qu'il n'y a pas, en général, *une* extension multisaturée mais plusieurs. Nous reviendrons sur cette question plus loin. Pour l'instant, contentons-nous de supposer qu'il existe une fonction *d'enracinement épistémique* qui, lorsque l'alternative entre ξ et η se pose pour satisfaire la $\vee$-saturation, permet de choisir soit ξ soit η. La nécessité d'utiliser une telle notion même au niveau de l'expansion ne saurait constituer un argument bien solide contre l'utilisation d'ensembles $\vee$-saturés. De toutes façons, comme nous l'avons vu plus haut, l'usage d'une telle fonction est nécessaire pour la contraction des conjonctions qui n'est, après tout, que la duale de l'expansion par une disjonction. Nous supposerons donc l'existence d'une fonction $S^+(E, \xi) = E_\xi^+$ qui sélectionne *une* expansion multisaturée de $E \cup \{\xi\}$.

On vérifie facilement la validité de l'équivalent de cinq des six postulats du système AGM.

EXERCICE 9.4.2.1

Montrez que toute expansion d'un état épistémique au sens de la définition 9.4.2.1 satisfait E-1 à E-5 :

E-1 E_ζ^+ est un état d'agent épistémique consistant si $E \cup \{\zeta\}$ est consistant, sinon $E_\zeta^+ = \Lambda$.

E-2 $\zeta \in E_\zeta^+$.

E-3 $E \subseteq E_\zeta^+$.

E-4 Si $\zeta \in E$, alors $E_\zeta^+ = E$.

E-5 E_ζ^+ est le plus petit ensemble CFMS incluant $E \cup \{\zeta\}$.

●

Le postulat de Gärdenfors qui n'a pas d'équivalent est le suivant :

$$\text{si } E \subseteq F, \text{ alors } E_\zeta^+ \subseteq F_\zeta^+.$$

L'absence de cette propriété provient du fait que les ensembles d'énoncés acceptés sont $\vee$-saturés. Par exemple : $\varnothing \subseteq \{\eta\}, \varnothing \subseteq \{\neg\eta\}$, mais l'extension saturée de $\varnothing \cup \{\eta \vee \neg\eta\}$ ne sera pas contenue dans l'extension saturée de $\{\eta\} \cup \{\eta \vee \neg\eta\}$ ni dans celle de $\{\neg\eta\} \cup \{\eta \vee \neg\eta\}$. En général, un agent qui passe d'un état où $(\eta \vee \zeta)$ n'est pas défini à un état où la disjonction est acceptée peut le faire en acceptant η ou ζ.

9.4.3 La contraction

Soit E un état épistémique. L'ensemble E_ξ^- résultant de la contraction par rapport à ξ possède les propriétés suivantes :

C-1 E_ξ^- est un état épistémique.

C-2 $E_\xi^- \subseteq E$.

C-3 Si $\xi \notin E$, alors $E_\xi^- = E$.

C-4 Si $\nvdash \xi$, alors $\xi \notin E_\xi^-$.

C-5 Si $\eta \dashv\vdash \xi$, alors $E_\xi^- = E_\eta^-$.

La construction qui suit satisfait ces propriétés.

DÉFINITION 9.4.3.1

Soit E un ensemble CFMS et e une énumération des éléments de E. On appelle *sous-ensemble CFMS de E relativement à* ξ, tout ensemble $X \subseteq E$ tel que $X \nvdash \xi$ et X est CFMS.

On notera $S_e(X \cup Y)$ une extension CFMS de $X \cup Y$ relativement à l'énumération e.

PROPOSITION 9.4.3.1

Pour tout ensemble E CFMS et pour toute énumération e, il existe un sous-ensemble CFMS et ξ-maximal $X \subseteq E$, c'est-à-dire que pour tout $\eta \in E - X$, $X \cup \{\eta\} \vdash \xi$ ou $S_e(X \cup \{\eta\}) \not\subseteq E$.

PREUVE

Soit E un ensemble CFMS et e une énumération des formules de E. On définit la suite X_i de sous-ensembles saturés de E de la façon suivante. (i) $X_0 = \varnothing$; (ii) s'il y a une extension CFMS $S_e(X_i \cup \{\eta_i\})$ de $X_i \cup \{\eta_i\}$ telle que $S_e(X_i \cup \{\eta_i\}) \nvdash \xi$ et $S_e(X_i \cup \{\eta_i\}) \subseteq E$, alors $X_{i+1} = S_e(X_i \cup \{\eta_i\})$. Sinon $X_{i+1} = X_i$.

Soit $X = \bigcup_i X_i$.

On montre que :

(1) $X \subseteq E$.

(2) $\xi \notin X$.

(3) X est CFMS.

(4) X est maximal.

(1) Trivial.

(2) Trivial.

(3) Par définition, pour tout i, $X_i \subseteq X_{i+1}$ et X_{i+1} $(= X_i \cup X_{i+1})$ est CFMS. Donc $X(= \bigcup_i X_i)$ est CFMS.

(4) Soit $\eta \in E - X$. Si X n'est pas maximal, alors $X \cup \{\eta\} \nvdash \xi$ et $S_e(X \cup \{\eta\}) \subseteq E$.

Cela n'est pas possible car si $X \cup \{\eta\} \nvdash \xi$, alors il existe un i tel que $\eta_i = \eta$ et $X_i \cup \{\eta_i\} \nvdash \xi$. Dans ce cas, ou bien X_{i+1} est une extension CFMS de $X_i \cup \{\eta_i\}$ telle que $X_{i+1} \nvdash \xi$ et $\eta_i \subset X$, ou bien cette extension n'est pas incluse dans E et dans ce cas $S_e(X_i \cup \{\eta\}) \not\subseteq E$ et donc $S_e(X \cup \{\eta\}) \not\subseteq E$. Les deux possibilités contredisent l'hypothèse.

DÉFINITION 9.4.3.2

On appelle *fonction de choix de contraction* une fonction S^- qui pour tout ξ et tout E choisit un sous-ensemble $S^-(E,\xi)$ CFMS et ξ-maximal de E, noté E_ξ^-. (Si $\vdash \xi$, on convient que $E_\xi^- = E$.)

PROPOSITION 9.4.3.2

Pour tout E et tout ξ, E_ξ^- satisfait les conditions C-1 à C-5.

PREUVE

C-1 est trivial.
C-2 est trivial.
C-3 Pour $\xi \notin E$, il existe un seul sous-ensemble CFMS de E, soit E lui-même.
C-4 Cela découle de la propriété de maximalité.
C-5 n'est pas totalement triviale du fait qu'en logique partielle l'équidérivabilité n'entraîne pas la substituabilité universelle. En fait, ce n'est pas parce que $\zeta \dashv\vdash \eta$ que $\vdash \xi\langle\zeta|\eta\rangle \equiv \xi$. Intuitivement, ce n'est pas parce que ζ et η sont vrais dans les mêmes modèles qu'ils ont la même valeur dans tous les modèles. L'exemple de la section 5.1 illustre cette propriété. En effet, $p \wedge \neg p \dashv\vdash q \wedge \neg q$ mais non $\neg(p \wedge \neg p) \dashv\vdash \neg(q \wedge \neg q)$. Il s'agit donc ici de montrer que la relation d'équidérivabilité est suffisamment fine pour assurer l'équivalence des contractions. La preuve est presque immédiate. En effet, si $\zeta \dashv\vdash \eta$, tout ensemble CFMS $X \subseteq E$ qui est ζ-maximal est η-maximal. Donc l'ensemble des sous-ensembles CFMS et ζ-maximaux de E est le même et donc $E_\zeta^- = E_\eta^-$ car la fonction de sélection a dans les deux cas le même argument.

PROPOSITION 9.4.3.3 (PRINCIPE DE RATIONALITÉ DISJONCTIVE)

Si $\eta \notin E$, alors $(\eta \vee \xi) \notin E_\xi^-$.

●

9.4.4 *La révision*

L'application de l'identité de Levi aux ensembles CFMS donne les résultats suivants.

PROPOSITION 9.4.4.1

Soit $E_\xi^* = {E_{\neg\xi}^-}_\xi^+$.

R-1 Pour tout ξ, E^*_ξ est un état épistémique.

R-2 $\xi \in E^*_\xi$.

R-3 $E^*_\xi \subseteq E^+_\xi$.

R-4 Si $E \cup \{\xi\} \nvdash \mathbf{F}$, alors $E^+_\xi \subseteq E^*_\xi$.

R-5 Si ξ H η, alors $E^*_\xi = E^*_\eta$.

PREUVE

R-1 suit de E-1 et C-1.
R-2 suit de E-2.
R-3 Il y a deux cas. (1) $\neg\xi \notin E$. Dans ce cas, $E^-_{\neg\xi} = E$ et donc $E^-_{\neg\xi}{}^+_\xi = E^+_\xi$. (2) $\neg\xi \in E$. Dans ce cas E^+_ξ est inconsistant et donc $E^*_\xi \subseteq E^+_\xi$.
R-4 Si $E \cup \{\xi\} \nvdash \mathbf{F}$, alors $\{\neg\xi\} \notin E$. Donc $E^-_{\neg\xi} = E$ et $E^+_\xi = E^*_\xi$.
R-5 Trivial.
●

9.5 Une dynamique générale des états épistémiques

La triade expansion/contraction/révision que nous avons définie possède des propriétés minimales d'interdéfinition auxquelles on est en droit de s'attendre. Par contre, l'usage d'une fonction arbitraire d'enracinement épistémique pour la construction des extensions saturées semble de prime abord jeter un certain discrédit sur l'ensemble de la construction. Rappelons que l'usage de cette fonction est rendue nécessaire par le traitement de la disjonction : enrichir un état épistémique de $(\xi \vee \eta)$ doit l'enrichir de ξ ou de η (et de ses conséquences). C'est la pertinence de l'utilisation d'ensembles $\vee$-saturés qui semble remise en cause. Le cas des tautologies $(\xi \vee \neg\xi)$ est à cet égard particulièrement significatif. Un état épistémique ne peut contenir $\xi \vee \neg\xi$ sans contenir soit ξ, soit $\neg\xi$. Nous avons apporté plusieurs arguments à la défense de la $\vee$-saturation. Premièrement, d'un point de vue intuitif, on ne voit absolument pas la pertinence pour un agent d'avoir une opinion sur $\xi \vee \neg\xi$ s'il n'a d'opinion ni sur ξ ni sur $\neg\xi$. Deuxièmement, cette intuition est fortement appuyée par la propriété formelle suivante. Soit E un ensemble consistant d'énoncés et E' un sous-ensemble de E ξ-maximal et $\vee$-saturé. Quelles sont les conséquences de

E' qui ne sont pas des conséquences de E ? Nous avons vu que ce sont des tautologies construites à partir de ξ qui sont indéfinies lorsque ξ est indéfini. Bref, la différence entre E et E', du point de vue des conséquences logiques, n'a aucune pertinence épistémique ! Pour faire court : à quoi bon savoir que $\xi \vee \neg\xi$ si je ne sais ni que ξ ni que $\neg\xi$? De tels énoncés sont vides de contenu, ils ne sont d'aucune utilité dans la gestion des états épistémiques ni dans la conduite d'une action rationnelle.

Quelle est donc alors la source du problème ? Elle réside dans la définition purement *propositionnelle* de la triade expansion/contraction/révision. En effet, autant dans l'approche de Gärdenfors que dans celle que nous venons de présenter, toute modification d'un état épistémique se fait par adjonction ou retrait d'énoncés. Pour rendre compte du fait qu'un agent apprend que la neige est blanche, par exemple, on ajoute à son état l'énoncé **La neige est blanche** et on réaménage le tout.

La logique intensionnelle partielle nous permet d'élaborer un modèle plus raffiné. Lorsqu'un agent apprend que la neige est blanche, c'est la valeur sémantique de **blanche** qui se trouve modifiée de manière à subsumer la valeur de **neige** (peut-être celle de **neige** se trouve-t-elle également modifiée, selon l'analyse que l'on donne de cette phrase). La logique intensionnelle partielle permet de rendre compte de ce phénomène. Les objets sémantiques sont des *fonctions* et toute modification d'un état épistémique se fait par modification des valeurs des fonctions pour certains arguments. C'est là une formulation forte du principe de compositionalité : les valeurs des complexes sont fonctions des valeurs des simples. *Aucune* approche de modélisation des états épistémiques qui impose que les tautologies classiques soient dans tous les états épistémiques ne peut satisfaire le principe de compositionalité. La $\vee$-saturation est une des conséquences triviales du principe de compositionalité et sa version partielle est soumise aux contraintes de monotonie.

Ainsi, la dynamique de base des états épistémiques devrait concerner les modifications d'équilibre suite au fait qu'une fonction devient plus définie — c'est l'expansion — ou moins définie — c'est la contraction. Le nouvel équilibre logique des énoncés peut être décrit comme une conséquence de ces modifications plus primitives.

DÉFINITION 9.5.1

Soit $\langle \mathcal{B}, j \rangle$ un modèle canonique, et soit $v_{n_1,\tau_1}, \ldots, v_{n_i,\tau_i}$ des variables et $x_{\tau_1}, \ldots, x_{\tau_i}$ des fonctions partielles respectivement de type $\tau_1, \ldots, \tau_i$ telles que $j(\langle n_k, \tau_k \rangle) \sqsubseteq x_{\tau_k}$ pour tout $k \leq i$.

On appelle *expansion* de $\langle \mathcal{B}, j \rangle$ relativement à $x_{\tau_1},\ldots,x_{\tau_i}$ le modèle $\langle \mathcal{B}, j^{n_1,\tau_1,\ldots,n_i,\tau_i}_{x_{\tau_1},\ldots,x_{\tau_i}} \rangle$. (Rappelons que $j^{n_1,\tau_1,\ldots,n_i,\tau_i}_{x_{\tau_1},\ldots,x_{\tau_i}}$ est le contexte qui diffère au plus de j par le fait que $j^{n_1,\tau_1,\ldots,n_i,\tau_i}_{x_{\tau_1},\ldots,x_{\tau_i}}(\langle n_k, \tau_k \rangle) = x_{\tau_k}$ pour tout $k \leq i$.)

DÉFINITION 9.5.2

Soit $\langle \mathcal{B}, j \rangle$ un modèle canonique, et soit v_{n_1,τ_1}, ..., v_{n_i,τ_i} des variables et $x_{\tau_1},\ldots,x_{\tau_i}$ des fonctions partielles respectivement de type $\tau_1,\ldots,\tau_i$ telles que $x_{\tau_k} \sqsubseteq j(\langle n_k, \tau_k \rangle)$ pour $k \leq i$. On appelle *contraction* de $\langle \mathcal{B}, j \rangle$ relativement à $x_{\tau_1},\ldots,x_{\tau_i}$ le modèle $\langle \mathcal{B}, j^{n_1,\tau_1,\ldots,n_i,\tau_i}_{x_{\tau_1},\ldots,x_{\tau_i}} \rangle$.

●

Par simplicité (et sans perte de généralité) nous allons considérer les expansions et les contractions ne contenant qu'une seule variable.

PROPOSITION 9.5.1

Soit $E(= E_{\langle \mathcal{B}, j \rangle})$ un ensemble CFMS dont $\langle \mathcal{B}, j \rangle$ est le modèle canonique, et soit $\langle \mathcal{B}, j^{n,t}_x \rangle$ et $\langle \mathcal{B}, j^{n,t}_y \rangle$ respectivement une expansion et une contraction de $\langle \mathcal{B}, j \rangle$. Dans ce cas $E_{\langle \mathcal{B}, j^{n,t}_y \rangle} \subseteq E \subseteq E_{\langle \mathcal{B}, j^{n,t}_x \rangle}$, où $E_{\langle \mathcal{B}, j^{n,t}_y \rangle}$ (resp. $E_{\langle \mathcal{B}, j^{n,t}_x \rangle}$) est l'extension CFMS de l'ensemble des énoncés vrais selon $\langle \mathcal{B}, j^{n,t}_y \rangle$ (resp. $\langle \mathcal{B}, j^{n,t}_x \rangle$) construite avec la même énumération que celle ayant servi à définir E.

DÉFINITION 9.5.3

Soit $\langle \mathcal{B}, j \rangle$ un modèle canonique et $v_{n,\sigma}$ une variable. On appelle *révision* relativement à $v_{n,\sigma}$ l'état épistémique $\langle \mathcal{B}, j^{n,\sigma}_x \rangle$.

PROPOSITION 9.5.2

Pour tout x de type σ, la révision $\langle \mathcal{B}, j^{n,\sigma}_x \rangle$ est l'expansion par x de la contraction par $\mathbf{inf}(x, j(\langle n, \sigma \rangle))$, c'est-à-dire $\langle \mathcal{B}, j^{n,\sigma}_x \rangle = \langle \mathcal{B}, j^{n,\sigma\ \ n,\sigma}_{\mathbf{inf}(x, j(\langle n,\sigma \rangle))\ x} \rangle$.

●

Ainsi combinées, contraction et expansion réduisent la révision relativement à une variable à contraction et expansion sur projection. Ces cas demeurent particuliers. Est-il possible de généraliser cette approche ? Plus précisément, étant donné une suite d'expressions $\eta_{\sigma_1},\ldots,\eta_{\sigma_n}$ dont les valeurs dans l'état épistémique (le modèle canonique) $\langle \mathcal{B}, j\rangle$ sont respectivement $j(\eta_{\sigma_i})$, peut-on caractériser l'état épistémique *révisé* au sens où les expressions η_{σ_i} ont maintenant la valeur x_{σ_i} ? Nous retrouvons la question de l'enracinement épistémique.

Nous savons qu'un contexte j est entièrement défini par la valeur donnée aux variables et que la valeur d'une variable est entièrement déterminée par ses projections. Cette propriété va être utilisée pour développer une notion d'enracinement épistémique comme une sorte de distance entre contextes basée sur l'intuition suivante. Considérons deux contextes j et j' qui ne diffèrent que par la valeur que ces contextes donnent à une variable $v_{n,\sigma}$ (on supposera, sans perte de généralité, que $j(\langle n,\sigma\rangle) \sqsubseteq j'(\langle n,\sigma\rangle)$). On peut penser qu'un « coût » du passage de j à j' peut être défini comme fonction des enracinements épistémiques des projections qui sont modifiées pour passer de j à j'. Bref, une notion primitive d'enracinement épistémique des projections devrait induire une notion similaire sur les contextes.

À quelle propriété formelle une telle « distance » entre contextes devrait-elle obéir ? Le respect des postulats suivants nous semble minimal.

DÉFINITION 9.5.4

Une *fonction d'enracinement épistémique* est une fonction $e : J \times J \to \mathbb{R}^+$ telle que

P-1 $e(j,j) = 0$

P-2 si $j \sqsubseteq j' \sqsubseteq j''$, alors $e(j,j') \leq e(j,j'')$

P-3 pour tout j, j', $e(j,j') = e(j',j)$

P-4 pour tout $j, j', e(j,j') = e(j,\mathbf{inf}(j,j')) + e(\mathbf{inf}(j,j'))$.

Ces postulats méritent quelques commentaires.

P-1 exprime la banalité que le prix à payer pour ne pas bouger est nul.

P-2 exprime la monotonie de e.

P-1 et P-2 constituent les contraintes universelles minimales.

P-3 exprime que l'enracinement est symétrique : l'aller et le retour ont la même valeur.

P-4 exprime le fait que le plus court chemin entre j et j' passe par l'**inf**.

P-3 et P-4 ont comme conséquence qu'il suffit de définir e pour les couples (j, j') tels que $j \sqsubseteq j'$. Ces contraintes sont très faibles et la variété des fonctions satisfaisant la définition 9.5.4 est immense. Nous allons examiner deux exemples.

DÉFINITION 9.5.5

Soit $\langle \mathcal{B}, j \rangle$ un état épistémique et $v_{n,\sigma}$ une variable. On appelle *fonctions d'enracinement épistémique singulier de $v_{n,\sigma}$ relativement à j*, des fonctions $f^{\mathbf{0}}_{v_{n,\sigma}}$ et $f^{\mathbf{1}}_{v_{n,\sigma}}$ telles que, pour tout projecteur $\vec{p}$ de $j(\langle n, \sigma \rangle)$ tel que $j(\langle n, \sigma \rangle)(\vec{p}) = \bot$, $f^{\mathbf{0}}_{v_{n,\sigma}}(\vec{p}) \in \mathbb{R}^+$ et $f^{\mathbf{1}}_{v_{n,\sigma}}(\vec{p}) \in \mathbb{R}^+$.

●

Ces fonctions attribuent à chaque projecteur pour lequel la variable n'est pas définie le « coût » à payer pour modifier la valeur de la variable de sorte qu'elle prenne la valeur **0** (ou **1**) pour ce projecteur.

Le coût d'une modification quelconque peut être défini à partir des enracinements singuliers. Une première définition consiste à prendre, comme enracinement épistémique, la somme des modifications élémentaires.

DÉFINITION 9.5.6

Soit $\langle \mathcal{B}, j \rangle$ un état épistémique, $v_{n,\sigma}$ une variable et x tel que $j(\langle n, \sigma \rangle) \sqsubseteq x$. L'*enracinement épistémique* de j par rapport à $j_x^{n,\sigma}$ est $e(j, j_x^{n,\sigma}) = \sum_{\vec{p} \in Pr^{\mathbf{0}}(v_{n,\sigma}, x)} f^{\mathbf{0}}_{v_{n,\sigma}}(\vec{p}) + \sum_{\vec{p} \in Pr^{\mathbf{1}}(v_{n,\sigma}, x)} f^{\mathbf{1}}_{v_{n,\sigma}}(\vec{p})$,

où $Pr^{\mathbf{0}}(v_{n,\sigma}, x)$ (resp. $Pr^{\mathbf{1}}(v_{n,\sigma}, x)$) est l'ensemble des projecteurs $\vec{p}$ de $j(\langle n, \sigma \rangle)$ tels que $j(\langle n, \sigma \rangle)(\vec{p}) = \bot$ et $x(\vec{p}) = \mathbf{0}$ (resp. $x(\vec{p}) = \mathbf{1}$).

●

Quoique relativement intuitive, cette définition de l'enracinement épistémique est fondée uniquement parce que les domaines sont finis (sinon les sommations divergent). Nous sommes maintenant en mesure de donner deux exemples d'enracinement épistémique d'un contexte relativement à un autre contexte, mieux défini.

DÉFINITION 9.5.7

Soit j, j' tels que $j \sqsubseteq j'$ et j' ne diffère de j que par un nombre fini de variables. L'enracinement épistémique de j vis-à-vis j' est

$$e(j, j') = \sum_{v_{n,\sigma} \in D(j,j')} (e(j, j_x^{n,\sigma})),$$

où $j_x^{n,\sigma} = j'(\langle n, \sigma \rangle)$

et $D(j, j') = \{ v_{n,\sigma} : j(\langle n, \sigma \rangle) \neq j'(\langle n, \sigma \rangle) \}$.

●

La définition 9.5.7 contient une clause concernant le fait que les deux contextes ne doivent différer l'un de l'autre que sur un nombre fini de variables. Malgré son aspect arbitraire, cette restriction est assez naturelle. Un agent épistémique modifie son état de façon finitaire. Ou, si l'on veut, deux états épistémiques qui diffèrent sur un nombre infini de variables sont infiniment distincts. On remarquera que les postulats P-1 et P-2 de la définition 9.5.4 sont satisfaits (P-3 et P-4 peuvent être considérés comme une définition de e pour les cas où la classe $j \sqsubseteq j'$ n'est pas satisfaite).

Voici un second exemple de fonction d'enracinement épistémique.

DÉFINITION 9.5.8

Soit $\langle \mathcal{B}, j \rangle$ un état épistémique, $v_{n,\sigma}$ une variable et x tel que $j(\langle n, \sigma \rangle) \sqsubseteq x$. L'enracinement épistémique de $v_{n,\sigma}$ par rapport à x est

$$e(j, j_x^{n,\sigma}) = \underset{\vec{p} \in Pr^i(v_{n,\sigma}, x)}{Max} (f^i_{v_{n,\sigma}}(\vec{p})), \text{ où } i = \mathbf{0}, \mathbf{1}.$$

EXERCICE 9.5.1

Montrez que les définitions 9.5.7 et 9.5.8 définissent bien une fonction d'enracinement épistémique au sens de la définition 9.5.4.

●

On peut envisager beaucoup d'autres fonctions d'enracinement épistémique basées sur l'enracinement des projections.

Avec ces constructions, nous avons un modèle relativement plausible de la dynamique des états épistémiques. Cela ne nous donne pas pour autant une logique épistémique. En effet, les notions épistémiques sont ici traitées d'un point de vue strictement métalogique et il n'a pas été question des *conditions de vérité* des énoncés contenant des expressions épistémiques. Il s'agit maintenant d'examiner dans quelle mesure notre approche peut servir à élaborer une telle logique. C'est l'objet de la prochaine section.

9.6 Agent épistémique et logique intensionnelle partielle

Nous allons indiquer comment la construction précédente peut être généralisée à la logique intensionnelle partielle. N'étant pas en mesure de fournir un système complet, les constructions ne sont valables que d'un point de vue sémantique. En effet, les extensions CFMS ne constituent des modèles que si l'on dispose d'un tel système.

Nous revenons donc à la définition 9.2.1 d'un agent épistémique. À défaut d'avoir un système déductif complet pour la logique intensionnelle partielle, les définitions de la section 9.4 ne sont pas acceptables. Nous pouvons cependant adapter les définitions de la section 9.5. D'abord la définition 9.5.1 devrait être remplacée par la suivante :

DÉFINITION 9.6.1

Soit $\langle \mathcal{B}, \langle i, j \rangle \rangle$ un état épistémique, avec $\mathcal{B} = \langle B, (G_\gamma)_{\gamma \in \Gamma}, f \rangle$. Soit également $v_{n_1,\sigma_1}, \ldots, v_{n_k,\sigma_k}$, k variables respectivement de type $\sigma_1, \ldots, \sigma_k$; $c_{m_1,\tau_1}, \ldots, c_{m_l,\tau_l}$, l constantes respectivement de type $\tau_1, \ldots, \tau_l$; et soit $x_{\alpha_1}, \ldots, \alpha_{\alpha_k}$, $x_{\beta_1}, \ldots, \alpha_{\beta_l}$, $k + l$ fonctions partielles respectivement de type $x_{\sigma_1}, \ldots, x_{\sigma_k}$, $x_{\tau_1}, \ldots, x_{\tau_l}$ et telles que :

$j(\langle n_i, \sigma_i \rangle) \sqsubseteq x_{\sigma_i}$ pour tout $i \leq k$;

$f(c_{m_i,\tau_i})(i) \sqsubseteq x_{\tau_i}$ pour tout $i \leq l$.

On appelle *expansion* de $\langle \mathcal{B}, \langle i, j \rangle \rangle$ relativement à $x_{\sigma_1}, \ldots, x_{\sigma_k}$ pour les variables et relativement à $x_{\tau_1}, \ldots, x_{\tau_l}$ pour les constantes, l'état épistémique $\langle \mathcal{B}', \langle i, j^{n_1,\sigma_1,\ldots,n_k,\sigma_k}_{x_{\sigma_1},\ldots,x_{\sigma_k}} \rangle \rangle$, où $\mathcal{B}' = \langle B, (G_\gamma)_{\gamma \in \Gamma}, f' \rangle$ et f' est identique à f sauf que $f'(c_{m_i,\tau_i})(i, j) = x_{\tau_i}$ pour tout $i \leq l$.

●

Suivant les mêmes lignes, on définit la notion de contraction (définition 9.5.2) et celle de révision (définition 9.5.3).

9.7 Vers une logique épistémique

L'application que nous avons faite des modèles partiels pour rendre compte des contextes épistémiques est purement métalinguistique. Un agent est assimilé à un modèle partiel logiquement possible et la dynamique du changement d'états est décrite en termes de modifications maximales des modèles.

Cette explication est métalinguistique parce qu'elle ne traite en aucune façon de la sémantique des énoncés d'attitude propositionnelle. **Pierre croit qu'il pleut** est un énoncé vrai (métalinguistiquement) si dans le modèle partiel associé à Pierre, l'énoncé **il pleut** est vrai ou encore, dans une version plus faible, si dans le dialecte de Pierre un énoncé ayant le sens de **il pleut** reçoit la valeur « vrai ».

Peut-on utiliser les différentes constructions pour élaborer une sémantique de la croyance ? C'est ce que nous allons examiner.

Nous allons, encore une fois, travailler directement en logique intensionnelle.

DÉFINITION 9.7.1

La classe des *noms d'agents épistémiques* est un ensemble $NA \subseteq Con_{g(4)}$. Pour tout $c_{n,g(4)} \in NA$, le modèle partiel logiquement possible $\langle \mathcal{B}_{c_{n,g(4)}}, \langle i, j_{c_{n,g(4)}} \rangle \rangle$, avec $\mathcal{B}_{c_{n,g(4)}} = \langle B, (G_\gamma)_{\gamma \in \Gamma}, f_{c_{n,g(4)}} \rangle$, est un état épistémique, nommément l'état épistémique de l'agent correspondant à $c_{n,g(4)}$[5].

●

Pour alléger l'écriture, nous utiliserons a, b, c, ... pour désigner les noms des agents épistémiques.

DÉFINITION 9.7.2

Soit C une constante du type $\langle\langle s,t\rangle,\langle g(4),t\rangle\rangle$ tenant lieu de l'opérateur de croyance. On appellera *énoncés de croyance* les énoncés de la forme $[[C\ \zeta_{\langle s,t\rangle}]a]$ (c'est-à-dire « a croit ζ »), où $a \in NA$ et ζ ne contient aucune occurrence de C.

●

Nous allons maintenant définir une interprétation épistémique. Intuitivement, il s'agira d'un modèle partiel logiquement possible qui aura la propriété suivante :

---

5. $g(4)$ est le type des noms propres. Pour simplifier, on peut considérer que $g(4) = e$.

(1) toute expression reçoit une valeur totale ;
(2) pour tout $a \in NA$ et pour tout énoncé de croyancc $[[C\ \zeta_{\langle s,t\rangle}]a]$, la valeur de $[[C\ \zeta_{\langle s,t\rangle}]a]$ est le vrai si celle de $\breve{\ }\zeta_{\langle s,t\rangle}$ relativement au modèle $\langle \mathcal{B}_a, \langle i, j_a\rangle\rangle$ est le vrai, sinon $[[C\ \zeta_{\langle s,t\rangle}]a]$ a pour valeur le faux.

L'idée est claire. Il s'agit de définir un modèle *total* qui attribue à chaque expression « ordinaire » une valeur classique (ou plutôt, un correspondant partiel d'une valeur classique) et une valeur correspondant à un état épistémique précis aux énoncés de croyance.

DÉFINITION 9.7.3

On appelle *interprétation épistémique* un modèle partiel logiquement possible $\langle \mathcal{B}, \langle i, j\rangle\rangle$, où $\mathcal{B} = \langle B, (G_\gamma)_{\gamma \in \Gamma}, f\rangle$, tel que :

(1) Pour toute constante $c_{n,\tau}$, $f(c_{n,\tau})(i,j) \in DPT_\tau$.

(2) Pour toute variable $v_{n,\tau}$, $j(\langle n, \tau\rangle) \in DPT_\tau$.

(3) Pour tout $a \in NA$ et pour tout énoncé de croyance $[[C\ \zeta_{\langle s,t\rangle}]a]$:

$$g([[C\zeta_{\langle s,t\rangle}]a])(i,j) = \begin{cases} \mathbf{1} \text{ si } g_a(\breve{\ }\zeta)(i, j_a) = \mathbf{1} \\ \mathbf{0} \text{ sinon} \end{cases}$$

où g_a est l'assignation de signification déterminée par l'interprétation $\mathcal{B}_a$ (= $\langle B, (G_\gamma)_{\gamma \in \Gamma}, f_a\rangle$) de $\langle \mathcal{B}_a, \langle i, j_a\rangle\rangle$.

●

On aura remarqué que rien ne garantit que les états épistémiques $\langle \mathcal{B}_a, \langle i, j_a\rangle\rangle$ soient compatibles avec l'interprétation de référence $\langle \mathcal{B}, \langle i, j\rangle\rangle$. En d'autres termes, non seulement un agent épistémique $\langle \mathcal{B}_a, \langle i, j_a\rangle\rangle$ peut attribuer à une expression arbitraire η une valeur qui diverge faiblement de celle que $\langle \mathcal{B}, \langle i, j\rangle\rangle$ lui attribue, par exemple $g_a(\eta)(i, j_a) \sqsubseteq g(\eta)(i,j)$, mais il peut aussi lui en attribuer une qui en diverge *fortement*, c'est-à-dire $g_a(\eta)(i, j_a) \neq_* g(\eta)(i,j)$. Cependant, puisque les états sont des modèles logiquement possibles, il n'y a pas de déviance possible concernant l'interprétation des constantes logiques. On a donc ici une contrainte minimale à la déviance. On pourrait peut-être imaginer des contraintes plus fortes. Nous reviendrons sur cette question au chapitre suivant.

La définition 9.7.3 pose également certains problèmes. D'abord, nous avons un problème de compositionalité : $g([[C\zeta_{\langle s,t\rangle}]a])(i,j)$ n'est pas une fonction de $g(a)(i,j)$ ni de $g(\zeta)(i,j)$. Mais cet écart à la compositionalité est inoffensif du fait que nous supposons que pour tout a, $\langle \mathcal{B}_a, \langle i, j_a \rangle\rangle$ est bien défini.

D'autre part, comme nous le montrerons plus loin, il n'est pas possible d'interpréter adéquatement un énoncé de croyance $[[C\,\zeta_{\langle s,t\rangle}]a]$ lorsque $\zeta_{\langle s,t\rangle}$ contient des occurrences de variables liées à l'extérieur.

Finalement, il y a la question de la réitération, que cette définition ne permet pas non plus de traiter. Nous examinerons plus loin cette question.

La définition 9.7.3 permet cependant de rendre compte de situations simples. Considérons, par exemple, l'énoncé **Il pleut et Jean croit qu'il pleut mais Marie ne croit pas qu'il pleut**.

Le lecteur se convaincra facilement que, selon la définition 9.7.3, la valeur de vérité de cet énoncé correspond à ce qu'intuitivement on attend. Par exemple, s'il pleut, si Jean croit qu'il pleut et que Marie n'a pas d'opinion sur le fait qu'il pleuve ou non, l'énoncé est vrai. Par contre, dans le même contexte, l'énoncé **Il pleut et Jean croit qu'il pleut mais Marie croit qu'il ne pleut pas**, est faux. Examinons maintenant le pouvoir inférentiel de notre interprétation.

Commençons par l'exemple 4.4 (**2**), qui était :

Jean croit que Marie est sa meilleure amie.
Marie est la femme qui complote contre Jean.

Jean croit que la femme qui complote contre lui est sa meilleure amie.

Il n'est évidemment pas valide. Or, le schéma suivant, qui donne la forme d'une de ses traductions possibles dans *LI*, ne l'est pas non plus selon notre analyse :

$$\frac{\begin{array}{c}[[C^{\frown}[\zeta_{\langle e,t\rangle}\eta_e]]a]\\ [\eta_e \equiv \xi_e]\end{array}}{[[C^{\frown}[\zeta_{\langle e,t\rangle}\xi_e]]a]}$$

Par contre, selon notre analyse, celui-ci l'est :

$$\frac{\begin{array}{c}[[C^{\frown}[\zeta_{\langle e,t\rangle}\eta_e]]a]\\ [[C^{\frown}[\eta_e \equiv \xi_e]]a]\end{array}}{[[C^{\frown}[\zeta_{\langle e,t\rangle}\xi_e]]a]}$$

Dans le même ordre d'idée, notre analyse n'autorise pas la substitution des équivalents logiques. Le schéma suivant, intuitivement non valide, ne l'est pas non plus selon notre analyse (on suppose que ζ_t et ξ_t sont deux énoncés logiquement équivalents au sens classique) :

$$\frac{\begin{array}{c}[[C\,\hat{}\zeta_t]a] \\ [\hat{}\zeta_t \equiv \hat{}\xi_t]\end{array}}{[[C\,\hat{}\xi_t]a]}$$

Par contre, celui-ci est valide :

$$\frac{\begin{array}{c}[[C\,\hat{}\zeta_t]a] \\ [[C\,\hat{}[\hat{}\zeta_t \equiv \hat{}\xi_t]]a]\end{array}}{[[C\,\hat{}\xi_t]a]}$$

Le raisonnement de l'exemple 4.4 (**3**), qui était valide en logique intensionnelle classique, pose toutefois problème :

Jean croit tout ce que Marie croit.
Marie croit que la Terre est ronde.

Jean croit que la Terre est ronde.

En effet, sa traduction est :

$$\frac{\begin{array}{c}\bigwedge v_{n,\langle s,t\rangle}([[Cv]a] \supset [[Cv]b]) \\ [[C\,\hat{}\zeta_t]a]\end{array}}{[[C\,\hat{}\zeta_t]b]}$$

Or comment interpréter $\bigwedge v_{n,\langle s,t\rangle}([[Cv]a] \supset [[Cv]b])$? La définition 9.7.3 ne fait pas de distinction entre $g([[C\zeta_{\langle s,t\rangle}]a])(i,j)$ et $g([[C\zeta_{\langle s,t\rangle}]a])(i,j_x^{n,\tau})$. Si la valeur $g([[C\zeta_{\langle s,t\rangle}]a])(i,j_x^{n,\tau})$ est basée sur la valeur $g_a(\hat{}\zeta)(i,j_a)$, alors nous avons :

$$g(\bigwedge v_{n,\langle s,t\rangle}([[Cv]a] \supset [[Cv]b]))(i,j) = \mathbf{1} \text{ ssi}$$
$$j_a(\langle n,\langle s,t\rangle\rangle)(i) = \mathbf{0} \text{ ou } j_b(\langle n,\langle s,t\rangle\rangle)(i) = \mathbf{1},$$

ce qui n'est évidemment pas approprié. Si par contre la valeur $g([[C\zeta_{\langle s,t\rangle}]a])(i,j_x^{n,\tau})$ est basée sur la valeur $g_a(\hat{}\zeta)(i,j_{a\,x}^{\;n,\tau})$, alors nous avons :

$$g(\bigwedge v_{n,\langle s,t\rangle}([[Cv]a] \supset [[Cv]b]))(i,j) = \mathbf{1} \text{ ssi}$$
$$\text{pour tout } x \in DP_{\langle s,t\rangle}, x(i) = \mathbf{0} \text{ ou } x(i) = \mathbf{1},$$

ce qui n'est guère mieux. Il n'est donc pas possible de rendre le sens de **Jean croit tout ce que Marie croit** en logique partielle. En ce qui concerne l'exemple 4.4 (**4**),

> **Marie croit que la Terre est ronde ou n'est pas ronde.**
> **Il est nécessaire que la Terre soit ronde ou non.**
> ———
> **Il y a quelque chose que Marie croit et qui est nécessaire.**

un problème similaire se pose. Sa traduction est :

$$\frac{\begin{array}{c}[[C\ {}^{\frown}\zeta_t]a] \\ \Box\zeta_t\end{array}}{\bigvee v_{n,\langle s,t\rangle}(\Box\ \breve{}\ v \wedge [[Cv]a])}$$

et là c'est la conclusion qui n'est pas adéquatement interprétable.

Il y a donc une limite importante à notre formalisation. Celle-ci fonctionne très bien lorsque $\zeta_{\langle s,t\rangle}$ dans le contexte $[[C\,\zeta_{\langle s,t\rangle}]a]$ est une expression *close*, et, plus généralement, lorsque $\zeta_{\langle s,t\rangle}$ ne contient pas d'occurrence de variable liée *à l'extérieur* de ce contexte. Autrement, les assignations de valeurs interfèrent. Notre formalisation ne nous permet donc pas, pour l'instant, de traiter convenablement les attitudes *de re* (voir la section 4.5.2). La seule solution satisfaisante à ce problème consisterait à redéfinir la quantification de sorte que $g(\bigvee v_{n,t}[[C\zeta_{\langle s,\tau\rangle}]a])(i,j) = \mathbf{1}$ ssi il existe une expression ξ de type τ telle que $g_a(\breve{}\zeta)(i, j_{a\,g_a(\xi)(i,j_a)}^{\,n,\tau}) = \mathbf{1}$. La généralisation de cette intuition pose cependant des difficultés techniques considérables.

Le raisonnement de l'exemple 4.4 (**5**) nous amène à aborder la question du savoir :

> **Marie sait que la Terre est ronde.**
> ———
> **La Terre est ronde.**

Bien que notre approche vaut au premier chef pour la croyance, nous pourrions l'adapter pour rendre compte du savoir. Il suffirait, par exemple, de définir l'opérateur S de savoir contextuellement, comme ceci :

DÉFINITION 9.7.4

$$[[S\zeta_{\langle s,t\rangle}]a] =_{\text{déf.}} ([[C\zeta]a] \wedge {}^{\smile}\zeta)$$

●

Autrement dit, savoir que ζ, c'est croire que ζ, ζ étant *vrai*. De nombreuses objections peuvent être faites contre cette définition, mais il n'en demeure pas moins que selon elle le raisonnement ci-dessus est trivialement valide, puisqu'il équivaut au schéma suivant :

$$\frac{([[C\ {}^{\frown}\zeta_t]a] \wedge \zeta_t)}{\zeta_t}$$

Finalement, la question des désignateurs rigides sera traitée au chapitre suivant. Pour terminer, disons quelques mots sur le problème de la réitération, par exemple, **Marie croit que Pierre croit que la Terre est ronde**. Pour rendre compte de ce genre d'énoncé, on pourrait songer à définir récursivement des modèles de différents niveaux de réitération. Appelons *expression de niveau 0* toute expression ne contenant aucune occurrence de C. Appelons *expression de niveau n+1* toute expression contenant des énoncés de croyance $[[C^{\frown}\zeta_t]a]$ où ζ_t est (au plus) de niveau n. Au niveau zéro, on aurait les états épistémiques $\langle \mathcal{B}_a^0, \langle i, j_a\rangle\rangle$ s'appliquant seulement aux expressions de niveau 0. Au niveau n + 1, on aurait des états s'appliquant seulement aux expressions de niveau n + 1, etc.

CHAPITRE X

Le puzzle de Kripke

10.1 Introduction

Les « théories » sémantiques ont un pouvoir explicatif plus ou moins grand dans la mesure ou elles rendent compte d'un nombre plus ou moins grand de situations. On peut considérer, par exemple, que le pouvoir explicatif de la logique intensionnelle est plus grand que celui du calcul des prédicats parce que : (1) les inférences intuitivement valides dont le calcul des prédicats rend compte demeurent valides en logique intensionnelle ; (2) certaines inférences intuitivement valides sont valides en logique intensionnelle mais ne sont même pas exprimables en calcul des prédicats du premier ordre.

Il est cependant difficile de donner une formulation exacte du « critère » qui permettrait de jauger le pouvoir explicatif d'une construction ou encore de comparer les pouvoirs explicatifs de différentes constructions. Le problème provient du fait que le critère repose sur l'intuition, qui est loin d'être la chose la mieux partagée au monde. Heureusement, il nous reste la solution des *énigmes*.

Une énigme logico-sémantique est la description d'une situation problématique dont la solution donnée par une théorie — théorie souvent plus ou moins explicite et largement admise par une communauté d'individus de bonne foi — est en contradiction avec l'intuition universellement partagée par les individus de cette communauté. Les philosophes de tradition analytique ont comme stratégie commune essentielle de promouvoir la supériorité de leurs constructions en s'appuyant sur le fait qu'elles apportent une meilleure solution à certaines énigmes reconnues comme telles par la communauté des philosophes analytiques. Les théories de Carnap ne sont pas plus falsifiables que celles de Heidegger, mais contrairement à ces dernières, elles tentent de fournir une explication de situations problématiques dont les aspects essentiels se manifestent sous forme d'énigmes reconnues unanimement par la communauté des philosophes analytiques.

Une des énigmes logico-sémantiques qui a fait couler beaucoup d'encre il y a quelques années est connue sous le nom de « Puzzle de Kripke » [Kri79]. Nous allons montrer comment cette énigme trouve une solution naturelle dans le cadre de la logique partielle.

10.2 Le puzzle

Pierre est un Français locuteur normal du français et ne parle aucune autre langue. Bien qu'il n'ait jamais quitté la France, il a beaucoup appris sur Londres et il est fortement enclin à croire que Londres est jolie, croyance qu'il manifeste en donnant son assentiment à l'énoncé **Londres est jolie**.

Pour des raisons qui n'ont aucune importance ici, Pierre émigre en Angleterre et s'installe dans un quartier particulièrement laid de Londres. Il ne sait pas qu'il se trouve à Londres. Au fil du temps il devient un locuteur normal de l'Anglais et apprend que la ville qu'il habite s'appelle **London**. Il trouve que cette ville est très laide. Lorsqu'on le sollicite en anglais, il manifeste sa croyance que Londres n'est pas jolie en donnant son assentiment à l'énoncé **London is not pretty**. Lorsque sollicité en français, Pierre continue bien sûr à donner son assentiment à l'énoncé **Londres est jolie** et donc à manifester sa croyance que Londres est jolie. Comme le remarque Kripke, il est difficile de nier que Pierre, comme locuteur du français ne croit pas ou ne croit plus que Londres est jolie. Aucune des choses qu'il a apprises depuis son arrivée en Angleterre n'est venue modifier le contenu sémantique qu'il associe aux expressions **Londres**, **est** et **jolie**. Le même raisonnement vaut pour la compétence de Pierre en tant que locuteur de l'anglais. En fait, prise isolément, la première composante de l'histoire, c'est-à-dire la partie française, permet d'affirmer que Pierre croit que Londres est jolie. D'une façon analogue, l'épopée anglaise de Pierre, également prise de façon isolée, permet d'affirmer que Pierre croit que Londres n'est pas jolie. Pierre a donc deux croyances platement contradictoires. C'est le puzzle de Kripke[1].

1. Nous laissons de côté toute la discussion préalable sur la question de la traduction des reports de croyances d'une langue à l'autre. On montre facilement qu'un puzzle peut être construit à l'intérieur d'une seule langue. De toute façon, nous acceptons que Pierre croit et ne croit pas que Londres est jolie en un sens qui deviendra clair un peu plus loin.

Cette énigme a été introduite par Kripke dans un cadre bien précis qu'il vaut la peine d'évoquer brièvement. Depuis plusieurs années, Kripke défendait une théorie que l'on a baptisée « nouvelle théorie de la référence ». Selon cette théorie, qui remonte à Mill, les noms propres n'ont pas de signification ; ce ne sont que des étiquettes attachées à un objet et leur rôle sémantique se limite à renvoyer directement à l'objet dont elles sont le nom propre. Pour une telle théorie, le puzzle semble à première vue particulièrement dévastateur.

En effet, **Londres** et **London** étant deux étiquettes du même objet, le contenu sémantique de n'importe quelle expression complexe *A* contenant des occurrences du mot **Londres** est exactement le même que celui de l'expression *A'* obtenue à partir de *A* en remplaçant certaines occurrences de **Londres** par des occurrences de **London**. En particulier, **Londres est jolie** et **London is pretty** ont exactement le même contenu sémantique (on suppose que **est** et **is**, **jolie** et **pretty** ont le même contenu et que Pierre en tant que locuteur compétent des deux langues attribue bien ce même contenu aux expressions en question). Bien sûr, il y a une façon de poser le problème qui le rend trivial : Pierre ne sait pas que **Londres** et **London** sont deux noms propres du même objet. Dans ce cas, le problème semble devenir une preuve par l'absurde de l'inadéquation de la théorie de la référence directe : si la fonction sémantique d'un nom propre est de désigner rigidement l'objet dont il est un nom propre, alors un locuteur compétent doit utiliser ce nom propre pour renvoyer à l'objet dont il est un nom propre. Comme Pierre est compétent et qu'il utilise **Londres** pour désigner Londres et **London** également pour désigner Londres, **Londres est jolie** devrait être sémantiquement équivalent à **London is pretty**. Or cela n'est pas le cas. Donc la théorie de la référence directe est fausse.

Ce n'est cependant pas pour discréditer sa propre théorie que Kripke a présenté son puzzle. Son but est plus subtil : montrer que la théorie concurrente, celle de la tradition de Frege-Russell, qui attribue aux noms propres une signification qui est, soit une propriété, soit un ensemble de propriétés, n'est pas logée à meilleure enseigne. Bref, Kripke va montrer que, contrairement à ce qu'on pourrait croire, son puzzle est aussi dévastateur pour la théorie de Frege-Russell que pour la théorie millienne.

En gros, l'argument de Kripke est le suivant. On ne peut pas soutenir que la valeur sémantique d'un nom propre est une propriété parce que différents locuteurs par ailleurs compétents associent différentes propriétés au même nom. Par exemple, pour certains, le nom **Aristote** a la signification de **Le maître d'Alexandre le Grand** alors que pour d'autres il aurait celle de **L'élève de Platon**. Cette diversité des significations entre dialectes de locuteurs par ailleurs compétents a comme conséquence fâcheuse que certains énoncés n'auront pas le même statut logico-sémantique. Par exemple l'énoncé **Aristote est le maître d'Alexandre le Grand** serait analytique pour certains locuteurs et non pour d'autres.

On pourrait croire que le problème peut être résolu en disant que la signification d'un nom propre est un ensemble de propriétés qui serait, pour notre exemple d'Aristote, un sous-ensemble de propriétés qui sont exprimées par des croyances largement partagées par la communauté des locuteurs compétents à propos d'Aristote. Kripke remarque avec raison qu'il est douteux qu'il existe un tel ensemble de croyances en général. Par exemple, nous pouvons comprendre l'énoncé **Marie ne sait pas qu'Aristote est l'élève de Platon** affirmé par quelqu'un qui comme nous sait qu'Aristote est l'élève de Platon. Dans un tel cas, il est difficile de cerner un ensemble de croyances communes à Marie et aux deux interlocuteurs de manière à ce que l'énoncé ait un sens non trivial. Mais l'argument massue que Kripke oppose aux théories à la Frege-Russell est qu'elles sont impuissantes à expliquer le phénomène lui-même de la substituabilité des noms propres sémantiquement équivalents. En effet, deux noms propres peuvent pour un même locuteur être associés au même ensemble de propriétés sans pour autant être substituables l'un à l'autre. Par exemple, **La Grande Ourse** et **La Petite Ourse**, pour celui qui ne sait pas les reconnaître mais croit de chacune que c'est une constellation visible dans l'hémisphère nord qui a une forme de casserole, etc. Un tel locuteur peut associer exactement les mêmes propriétés à ces deux expressions sans pour autant croire que la Grande Ourse est la Petite Ourse[2]. Bref, l'identité de propriétés n'est pas un critère suffisant pour l'identité !

Nous allons maintenant examiner dans quelle mesure la logique partielle résout ces difficultés.

10.3 Compétences et valeurs partielles

Afin de pouvoir poser son puzzle, Kripke doit faire appel à la notion de *locuteur normal*. Cette notion est loin d'être transparente. Il ne suffit pas de dire qu'un locuteur normal « utilise tous les mots de la phrase d'une manière standard, les combine syntaxiquement de façon appropriée, etc. : bref, il utilise la phrase pour signifier ce qu'un locuteur normal devrait signifier en l'utilisant »[3]. Pour Kripke, cette normalité

---

2. À strictement parler, un tel locuteur n'attribue pas exactement les mêmes propriétés puisqu'il croit de la Petite Ourse qu'elle possède la propriété d'être identique à la Petite Ourse, ce qu'il ne croit pas de la Grande Ourse.

3. [Kri79], p. 249.

s'applique aussi bien aux expressions syncatégorématiques qu'aux expressions catégorématiques. Cela pose un sérieux problème. Supposons que l'on demande à Pierre de manifester son assentiment ou son dissentiment envers l'énoncé **We are in London** prononcé en sa présence, à Londres. Pierre donnera certainement son assentiment. Recommençons l'expérience avec l'énoncé **Nous sommes à Londres** prononcé dans les mêmes circonstances. Selon les données admises lors de la formulation du problème, Pierre exprimera son dissentiment. C'est là une autre forme du puzzle dirait-on. Pas du tout. Pour un locuteur normal, au sens de Kripke, les deux énoncés ont la même signification. La conclusion qu'il faut tirer est que Pierre n'est pas totalement normal au sens de la normalité introduite plus haut. Si un locuteur normal utilise une expression pour signifier ce qu'un locuteur normal devrait signifier en l'utilisant, alors deux expressions qui ont la même signification devraient être interchangeables pour un locuteur normal, du moins dans le cadre où l'expression est utilisée pour signifier quelque chose. On remarquera que la circularité de la pseudo-définition de la normalité n'a pas d'effet sur l'argument. La caractérisation de Kripke a la forme suivante. Si un énoncé ζ signifie que C, alors si L est normal, il utilisera ζ pour signifier que C. Supposons que η et ζ signifient tous les deux que C. On peut conclure que si L est normal, il utilise ζ et η pour signifier que C. En fait, la notion de normalité utilisée par Kripke, malgré l'imprécision de sa définition, est beaucoup trop forte.

Nous avons besoin d'une notion de normalité plus faible. La notion de normalité introduite par Kripke est une idéalité. Les locuteurs « normaux » réels ne sont pas des locuteurs idéaux. Au mieux, nous devons attendre d'un locuteur normal qu'il ne dévie pas trop de la normalité telle que définie ci-dessus.

Reprenons l'exemple de Pierre. Intuitivement, Pierre est un locuteur normal du français *et* de l'anglais. En tant que locuteur normal du français, nous devons supposer que la plupart des croyances que Pierre exprime à propos de Londres sont vraies. La même chose vaut pour le Pierre anglophone. Cela n'empêche pas Pierre d'avoir des croyances fausses et même contradictoires à propos de Londres. Ce n'est pas parce que Pierre croit qu'il n'est pas à Londres que sa normalité se trouve définitivement détruite. Encore une fois, il n'est pas facile de trouver un critère précis, d'autant plus que cette notion de normalité est nécessairement relative aux jeux de langage. Les gens qui croient que le soleil est une boule de feu ne sont pas anormaux pour les jeux de langage habituels. Les mêmes personnes plongées dans un colloque sur les derniers développements de la physique du soleil seraient considérées, à bon droit, comme des locuteurs anormaux. Nous devons donc supposer qu'un locuteur normal est un locuteur qui prête aux expressions du langage des significations qui ne divergent que marginalement des significations véritables[4].

Venons-en à notre solution. Nous proposons que la signification de **Londres**, qui est la même que celle de **London**, est celle qui est induite par traduction en logique intensionnelle (voir la section 3.5). Soit $\mathcal{L}(= \mathcal{L}_F \cup \{\textbf{London}\})$ un fragment significatif du français contenant, outre le mot **Londres**, le mot **London**. En supposant que **Londres** et **London** soient respectivement le n-ième et le m-ième noms propres de base, j(**Londres**) et j(**London**) sont des constantes de type $\langle s,\langle\langle s,\langle e,t\rangle\rangle,t\rangle\rangle$ telles que, dans tous les modèles logiquement possibles de LI induisant l'interprétation de $\mathcal{L}$, les énoncés suivants sont vrais.

(1) $(j(\textbf{Londres}) \equiv {}^\wedge\lambda P[{}^\vee P v_{2n,e}])$

(2) $(j(\textbf{London}) \equiv {}^\wedge\lambda P[{}^\vee P v_{2m,e}])$

Ceci n'assure cependant pas que **Londres** et **London** aient la même signification. Pour qu'ils aient la même signification, il faut et il suffit qu'ils aient le même référent. Voilà pourquoi nous imposons le postulat additionnel voulant que dans tous les modèles logiquement possibles de LI induisant l'interprétation de $\mathcal{L}$, l'énoncé suivant est vrai[5].

(3) $[v_{2n,e} \equiv v_{2m,e}]$

Soit $K_{\mathcal{L}} \subseteq K_0$ la classe des modèles satisfaisant toutes ces conditions. Par la proposition 6.6.7, pour chaque $\mathcal{M} \in K_{\mathcal{L}}$ il existe un

---

4. Il s'agit bien sûr et encore d'une idéalisation car il est fort douteux que toutes les expressions catégorématiques aient une véritable signification, bien que ce soit une des hypothèses générales de notre approche formelle qu'aux expressions correspond une intension précise, qui à chaque monde associe une extension, etc. Remarquons que cette déviance par rapport à la normalité ne semble acceptable que pour les expressions catégorématiques. Par exemple, on pourra reconnaître comme normal un locuteur qui prête à l'expression **mammifère** une fonction qui identifie la plupart des mammifères véritables et rejette les non-mammifères même si cette fonction reste indéfinie pour les ornithorynques ou même les rejette. Par contre, il est douteux qu'une déviance ne soit acceptée pour l'identité, l'application fonctionnelle, les connecteurs, etc.

5. Ici, les variables $v_{2n,e}$ et $v_{2m,e}$ se comportent comme des désignateurs rigides (au sens millien ou kripkéen) du même objet. Étant donné (1), $v_{2n,e}$ signifie intuitivement « la chose appelée **Londres** » ; étant donné (2), $v_{2m,e}$ signifie « la chose appelée **London** ». Bien entendu, nous aurions pu utiliser des constantes à la place, sans que cela n'affecte fondamentalement notre analyse.

correspondant partiel $CP(\mathcal{M}) \in K_0^{PT}$. Ce correspondant partiel assigne bien entendu une valeur totale à toutes les expressions. Nous noterons $K_{\mathcal{L}}^{PT}$ la classe de ces correspondants partiels.

Supposons maintenant l'existence d'un modèle $\langle \mathcal{B}, \langle i_0, j_0 \rangle\rangle \in K_{\mathcal{L}}^{PT}$ qui corresponde à la « réalité ». Soit maintenant $\langle \mathcal{B}_p, \langle i_0, j_p \rangle\rangle \in K_0^P$ le modèle correspondant à l'état épistémique de Pierre. Notre notion de normalité impose que $g_p(j(\mathbf{Londres}))(i_0, j_p)$ dans $\langle \mathcal{B}_p, \langle i_0, j_p \rangle\rangle$ ne diverge pas trop de $g(j(\mathbf{Londres}))(i_0, j_0)$ dans $\langle \mathcal{B}, \langle i_0, j_0 \rangle\rangle$, et de même pour $j(\mathbf{London})$. Intuitivement, notre contrainte de normalité impose que l'usage que Pierre fait de l'expression **Londres** suite à un apprentissage de locuteur du français ne diverge pas trop de l'usage prescrit par l'interprétation réelle. La même chose vaut pour l'usage de **London**. Mais rien n'impose que ces deux usages doivent être identiques (bien qu'ils ne puissent trop diverger sans que la normalité de Pierre ne devienne douteuse).

Faisons le point. Comment Pierre peut-il croire que Londres est jolie *et* que Londres n'est pas jolie ?

Parce que J (la valeur qu'il attribue à l'adjectif **jolie** à (i_0, j_p)) est telle que d'une part :

$(g_p(j(\mathbf{Londres}))(i_0, j_p))(i_0)J = \mathbf{1}$ et d'autre part :

$(g_p(j(\mathbf{London}))(i_0, j_p))(i_0)J = \mathbf{0}$.

Cette analyse implique évidemment que $[v_{2n,e} \equiv v_{2m,e}]$ est *faux* pour Pierre. Pour lui, le lieu appelé **Londres** est résolument distinct du lieu appelé **London**. Pierre se trouve cependant dans un état épistémique tout à fait consistant, sauf que cet état n'est dominé par aucun modèle de $K_{\mathcal{L}}^{PT}$ pour la bonne raison que dans tous les modèles de $K_{\mathcal{L}}^{PT}$, $[v_{2n,e} \equiv v_{2m,e}]$ est *vrai*. Les modèles totaux compatibles avec les croyances de Pierre sont métaphysiquement impossibles bien que logiquement possibles.

Pierre ne cesse pas pour autant d'être un locuteur normal parce qu'en général, les significations qu'il accorde aux expressions ne divergent pas trop des significations véritables[6].

---

6. On touche ici les limites du puzzle de Kripke. Pierre ne doit pas savoir simultanément que :

(1) Londres est la capitale de l'Angleterre.

(2) London is England's capital.

(3) **England** est le nom anglais de **Angleterre**.

Cette déviance de Pierre ne se limite pas aux noms propres. Dans l'exemple précédent on peut remplacer **Angleterre** par une description du genre **L'ex-grande puissance coloniale où la langue parlée est l'anglais**. On peut multiplier les exemples de ce genre indéfiniment. En fait, les connaissances géographiques, politiques, historiques de Pierre doivent être très

Notre tâche n'est pourtant pas terminée pour autant. Si notre structure de modèle arrive à bien rendre compte du fait que Pierre entretient des croyances contradictoires en montrant comment il peut entretenir de telles croyances sans savoir qu'elles sont contradictoires, il nous reste à montrer comment cette même structure de modèle peut rendre compte du fait que Pierre croit que Londres est Londres, que London is London, mais pas que London est Londres[7].

10.4 Énoncés *a priori*, énoncés nécessaires et énoncés analytiques

Retournons un instant à l'exemple 3.5.1. En substituant **Londres** à **Hespérus** et **London** à **Phosphorus**, l'énoncé **Londres est Londres** se traduit par $[v_{2n,e} \equiv v_{2n,e}]$, **Londres est London** se traduit par $[v_{2n,e} \equiv v_{2m,e}]$ et enfin, **London is London** se traduit par $[v_{2m,e} \equiv v_{2m,e}]$. Quel que soit l'état épistémique de Pierre, le premier et le troisième de ces énoncés sont vrais en autant que $v_{2n,e}$ et $v_{2m,e}$ soient respectueusement définies, ce qui est équivalent à dire que les énoncés $\bigvee v_{0,e}[v_{0,e} \equiv v_{2n,e}]$ et $\bigvee v_{0,e}[v_{0,e} \equiv v_{2m,e}]$ sont vrais pour Pierre, c'est-à-dire que le lieu appelé **Londres** existe et que le lieu appelé **London** existe. Quant au second énoncé, il sera vrai, faux ou indéfini selon que $v_{2n,e}$ et $v_{2m,e}$ sont définies et égales, définies et différentes, ou enfin que l'une ou l'autre est indéfinie.

Dans les premier et troisième cas, nous avons un critère intéressant pour caractériser le caractère *a priori* d'un énoncé.

DÉFINITION 10.4.1

Soit $\eta(\zeta)$ un énoncé ne contenant que des expressions syncatégorématiques et des occurrences de l'expression catégorématique ζ. $\eta(\zeta)$ est *a priori* si, et seulement si, $\eta(\zeta)$ est vrai dans tous les modèles $\langle \mathfrak{B}, \langle i,j \rangle \rangle$ où $\mathfrak{I}(\zeta)$ est vrai.
●

minces. Cette remarque confirme qu'un agent peut être reconnu comme normal tout en déviant passablement de l'agent idéal.

7. Une conséquence (annoncée) de notre approche est bien que Pierre croit que Londres est jolie et que Londres n'est pas jolie et donc que Pierre a bien des croyances contradictoires : il ne le voit cependant pas. Cela n'entraîne pas que Pierre donnerait son assentiment à l'énoncé **Londres est jolie et Londres n'est pas jolie**. Le critère assentiment/croyance marche dans un sens mais pas dans l'autre.

On ne peut malheureusement pas donner une axiomatisation de cette propriété. On peut cependant en donner une caractérisation métalogique générale.

DÉFINITION 10.4.2

Soit $(\zeta_i)_i$ une famille d'expressions catégorématiques de base et η un énoncé ne contenant que les expressions ζ_i et des expressions syncatégorématiques. On dira que η est *a priori* si, et seulement si, η est vrai dans tout modèle $\langle \mathfrak{B}, \langle i, j \rangle \rangle$ où $\mathfrak{I}(\zeta_i)$ est vrai pour tout i.

●

Nous avons, grâce à cette définition, une notion d'énoncé *a priori* fondée sur des considérations purement métasémantiques : un énoncé est *a priori* si un agent quelconque lui attribue la valeur *vrai* dès que les composantes catégorématiques de base de l'énoncé ont une valeur totalement définie. Cette notion n'est pas véritablement sémantique au sens où cette propriété n'est pas fonction exclusive des valeurs des expressions catégorématiques qui composent l'expression. L'énoncé **Londres est Londres** est *a priori*, que le nom **Londres** ait ou non une valeur définie.

Par conséquent, si **Londres est Londres** est *a priori*, ce n'est pas parce que la valeur sémantique de **Londres** est la même que celle de **Londres**. Si c'était le cas, **Londres est London** serait également *a priori*, ce qui n'est pas le cas.

Ce point nous semble essentiel. Pour bien en comprendre la portée, revenons à notre fameux Pierre. Pour simplifier les choses, supposons que les croyances de Pierre à propos de Londres sont très majoritairement vraies, que celles-ci soient exprimées en français ou en anglais et que les seules croyances fausses sont d'une grande banalité. Par exemple, Pierre croit de chacune des maisons, de chaque caillou, bref de chaque objet de son environnement, qu'il n'est pas à Londres (il croit également que chacun des ces objets est à Londres). Supposons maintenant que Pierre, à force de fréquenter d'autres agents bilingues, en arrive à être obligé d'accepter que **Londres** et **London** sont bien deux noms de la ville qu'il habite. Peu importe le détail du mécanisme, on peut supposer que cela se fait sans que Pierre n'apprenne quoi que ce soit d'autre sur Londres. Que fera Pierre ? On peut penser qu'il révisera son état épistémique, c'est-à-dire qu'il fera une contraction (en particulier, pour chaque paire d'énoncés contradictoires du genre de ceux ci-dessus, l'un des deux devra être abandonné) suivie d'une expansion. Est-ce tout ? Certainement pas. La modification de la situation épistémique de Pierre est beaucoup plus profonde. Ce ne sont pas seulement les valeurs sémantiques que Pierre attribue à **Londres** et à **London** qui ont été modifiées mais la structure de modèle elle-même. Du moment où Pierre réalise que **Londres** et **London** sont deux noms propres de la même ville, non seulement ces noms prennent la même valeur mais — en considérant ces deux noms comme des désignateurs rigides — ils prennent la même valeur à tout point de référence $\langle i, j \rangle$ de la structure de modèle. En fait, **Londres est London** aura dorénavant le même caractère de vérité nécessaire que **Londres est Londres** (bien que nous hésiterions à qualifier **Londres est London** d'énoncé *a priori*).

La notion d'énoncé *a priori* est donc très loin de coïncider avec celle d'énoncé analytique. Un énoncé est analytique lorsqu'il est vrai dans tous les modèles logiquement possibles. **Londres est Londres** est un exemple d'énoncé *a priori* mais non analytique.

Remarquons que la notion d'énoncé analytique ne coïncide pas non plus avec celle d'énoncé nécessaire. La notion d'énoncé nécessaire est profondément métaphysique. Elle repose sur l'adoption de classes de mondes qui sont admis comme possibles. Ce caractère peut faire l'objet d'une enquête épistémique : Pierre peut découvrir que Londres est London. Les énoncés analytiques sont bien entendu nécessaires, mais les énoncés nécessaires ne sont pas tous analytiques. Par ailleurs, les énoncés *a priori* ne sont pas tous nécessaires (par exemple, **Le Père Noël est le Père Noël**) et les énoncés nécessaires ne sont pas tous *a priori*.

Le puzzle de Kripke nous a montré les limites de l'approche sémantique. Il faut bien admettre que le puzzle lui-même, dans la forme où il constitue une énigme, suppose que Pierre a des croyances contradictoires. La tension provient du fait que l'on persiste à considérer Pierre non seulement comme un être rationnel mais comme un locuteur normal au sens de Kripke. Notre solution a l'avantage d'expliquer de façon naturelle comment Pierre, tout en croyant des choses impossibles ne pourrait certainement pas donner son assentiment à la négation d'un énoncé *a priori*. La notion de nécessité est métaphysique et opaque et l'abandon d'une croyance impossible s'opère lors d'une confrontation où jouent des croyances métaphysiques. Si Pierre apprend que **Londres** et **London** ont le même référent — et ce dans tous les mondes —, alors il découvre une nouvelle vérité nécessaire. Ce caractère de nécessité n'est cependant en aucune façon lié à la manière dont fonctionne le langage. L'introspection, la réflexion et une connaissance parfaite de la langue ne sont pas suffisantes pour permettre à Pierre de découvrir que Londres *est* London. Le caractère nécessaire de l'énoncé **Londres est London** repose sur le fait, c'est là une trivialité, que **Londres** et **London** *ont* le même référent. Même si on admet que Pierre sait comme locuteur normal que

Londres et **London** sont des désignateurs rigides, rien n'assure dans l'esprit de Pierre qu'ils désignent le *même* objet.

Quant à l'approche métaépistémique pour caractériser les énoncés *a priori*, elle nous semble incontournable. L'innovation principale de notre approche est de représenter les agents comme très imparfaits, très éloignés de l'omniscience. Elle permet de rendre compte des énoncés *a priori* d'une manière intuitive et efficace.

Remarquons, pour terminer, que notre analyse du puzzle de Kripke est compatible avec l'analyse des énoncés de croyance présentée à la section 9.7 à la condition d'accepter de traduire **Pierre croit que Londres est jolie** par

$$[[C^\frown\zeta]p]$$

où ζ est la traduction de **Londres est jolie**. De la même façon, **Pierre croit que London is not pretty** sera traduit par

$$[[C^\frown\neg\eta]p]$$

tout en ayant dans le modèle que $[^\frown\eta \equiv {}^\frown\zeta]$. Ces croyances contradictoires peuvent être entretenues par Pierre sans que lui-même ne se trouve en flagrant délit de contradiction. Encore une fois, la crédibilité de l'analyse repose sur la générosité, pour ne pas dire le laxisme avec lequel on traite la question de la normalité : il faut permettre que les valeurs que Pierre assigne aux expressions puissent diverger des valeurs déterminées par l'interprétation. Le problème est alors de déterminer quel niveau de divergence est acceptable. Mais ceci est une autre question débordant le cadre de ce livre.

APPENDICE I

Quelques outils formels

A.1 Ensembles

Les notions présentées dans cet appendice relèvent de ce qu'il est convenu d'appeler la théorie naïve des ensembles. Un ensemble (quelques fois, on dira une *classe*) est une collection d'objets. On sait depuis Russell et son fameux paradoxe que toute propriété ne définit pas un ensemble. La plupart des propriétés et relations intuitivement associées aux ensembles sont cependant valides dans les axiomatiques classiques. La relation primitive est celle d'appartenance et est notée « $\in$ ». Soit A un ensemble ; « $a \in A$ » signifie « a appartient à A ». Si a n'appartient pas à A, on écrira « $a \notin A$ ». Un ensemble est totalement déterminé par ses éléments. Cette propriété peut être exprimée formellement par l'axiome d'extension.

AXIOME D'EXTENSION

> Deux ensembles A et B sont *égaux* (A et B sont le même ensemble) si, et seulement si, A et B ont exactement les mêmes éléments. Nous écrirons « $A = B$ ».
>
> •

Une des conséquences de cet axiome est que la façon dont un ensemble est donné ou décrit n'est pas une propriété pertinente en théorie des ensembles.

Nous avons dit que le principe voulant que toute propriété détermine un ensemble n'est pas acceptable puisqu'il permet de générer des paradoxes. Heureusement, il existe une forme affaiblie de ce principe qui est sécuritaire.

AXIOME DE SÉPARATION

Soit P une propriété quelconque et A un ensemble quelconque. L'ensemble des éléments de A qui possèdent la propriété P existe. Cet ensemble sera dénoté par $\{x : x \in A \text{ et } P(x)\}$ (on lit : « l'ensemble des x tels que $x \in A$ et x a la propriété P »).

●

Un ensemble qui joue un rôle bien spécial est l'ensemble vide, que l'on désigne généralement par « $\varnothing$ ». Nous pouvons le définir comme ceci.

DÉFINITION DE L'ENSEMBLE VIDE

$\varnothing =_{\text{déf.}} \{x : x \in A \text{ et } x \neq x\}$.

●

Comme tout objet est identique à lui-même, en vertu de l'axiome d'extension, tous les ensembles vides sont égaux — autrement dit, s'il existe un ensemble vide, il est unique. Remarquons que l'existence de l'ensemble vide dépend de l'existence d'au moins un autre ensemble : s'il existe un ensemble, il existe un ensemble vide.

Étant donné une collection d'ensembles, on peut définir sur cette collection deux opérations : l'intersection, notée « $\cap$ », et l'union, notée « $\cup$ ».

DÉFINITION DE L'INTERSECTION

Soit X un ensemble d'ensembles et soit $A, B \in X$.

$A \cap B =_{\text{déf.}} \{x : x \in A \text{ et } x \in B\}$.

●

En vertu de l'axiome de séparation, nous savons que l'intersection existe toujours. Deux ensembles A et B tels que $A \cap B = \varnothing$ sont dits *disjoints*.

DÉFINITION DE L'UNION

Soit X un ensemble d'ensembles et soit $A, B \in X$.

$A \cup B =_{\text{déf.}} \{x : x \in A \text{ ou } x \in B\}$.

●

Ici nous ne pouvons pas invoquer l'axiome de séparation. Nous avons besoin d'un axiome supplémentaire.

AXIOME DE L'UNION

Si A et B sont deux ensembles, alors $A \cup B$ existe.

•

Une relation très utile est *l'inclusion* entre ensembles. Un ensemble A est inclus dans un ensemble B si, et seulement si, tous les éléments de A sont également des éléments de B. Nous écrirons « $A \subseteq B$ ». On peut définir cette relation à partir de l'intersection.

DÉFINITION DE L'INCLUSION

$A \subseteq B$ ssi $A \cap B = A$.

•

Une autre opération élémentaire est la *complémentation relative.*

DÉFINITION DE LA COMPLÉMENTATION

Soit E un ensemble et $A \subseteq E$. Le *complément de A dans E*, noté $\overline{A}^E$, est l'ensemble des $x \in E$ qui n'appartiennent pas à A. On a donc $\overline{A}^E = \{x : x \in E \text{ et } x \notin A\}$.

•

Lorsque l'univers E du discours est fixé, on écrira simplement « $\overline{A}$ ».

Les opérations que nous venons de présenter permettent de définir une algèbre sur les ensembles. Nous supposerons que l'univers est E.

(1)	$A \cap B = B \cap A, \; A \cup B = B \cup A$	Commutativité
(2)	$A \cap (B \cup C) = (A \cap B) \cup (A \cap C)$	Distributivité
	$A \cup (B \cap C) = (A \cup B) \cap (A \cup C)$	
(3)	$A \cap (B \cap C) = (A \cap B) \cap C$	Associativité
	$A \cup (B \cup C) = (A \cup B) \cup C$	
(4)	$\overline{(A \cup B)} = \overline{A} \cap \overline{B}$	Loi de De Morgan
	$\overline{(A \cap B)} = \overline{A} \cup \overline{B}$	
(5)	$A \cup A = A, \; A \cap A = A$	Idempotence
(6)	$A \cup \varnothing = A, \; A \cap E = A$	Élément neutre
(7)	$A \cap \varnothing = \varnothing, \; A \cup E = E$	Élément absorbant
(8)	$\overline{\varnothing} = E, \; \overline{E} = \varnothing$	Complément
(9)	$\overline{\overline{A}} = A$	

Une façon très utile de construire des ensembles à partir d'autres ensembles consiste à former l'ensemble de ses sous-ensembles, nommé *ensemble puissance.*

AXIOME DE L'ENSEMBLE PUISSANCE

Soit A un ensemble quelconque. Il existe un ensemble, noté $\mathcal{P}(A)$, tel que $X \in \mathcal{P}(A)$ si, et seulement si, $X \subseteq A$. On a donc $\mathcal{P}(A) = \{ X : X \subseteq A\}$.

●

Pour tout ensemble A on aura $\varnothing \in \mathcal{P}(A)$ et $A \in \mathcal{P}(A)$. On montre facilement que si $A \subseteq B$, alors $\mathcal{P}(A) \subseteq \mathcal{P}(B)$.

Étant donné un ensemble A, il nous arrive parfois de vouloir former un ensemble de sous-ensembles non vides de A, disjoints deux à deux et dont l'union de tous égale A. Un tel ensemble s'appelle une *partition* de A. Par exemple, $\{\{1, 2\}, \{3\}, \{4\}\}$ et $\{\{1\}, \{2\}, \{3, 4\}\}$ sont des partitions de $\{1, 2, 3, 4\}$. Formellement nous avons :

DÉFINITION DE LA PARTITION

Soit A un ensemble. Une partition de A est un ensemble Π de sous-ensembles non vides de A et tel que :

(1) Pour tout $X, Y \in \Pi, X \cap Y = \varnothing$ ou $X = Y$.

(2) $\bigcup_{X \in \Pi} X = A.$

●

Les axiomes de séparation, de l'union et de l'ensemble puissance garantissent l'existence des partitions.

Une autre construction très utile mais qui nécessite l'introduction d'un nouvel axiome est celle de *paire ordonnée.* Il s'agit d'un ensemble de deux éléments disposés dans un certain ordre : un premier élément et un second.

DÉFINITION DE LA PAIRE ORDONNÉE

$\langle a,b \rangle =_{\text{déf.}} \{\{a\}, \{a, b\}\}.$

Pour que cette définition fonctionne, il faut que l'on puisse former un singleton (ensemble d'un seul élément) à partir d'un objet quelconque.

AXIOME DU SINGLETON

Si x existe, $\{x\}$ existe.

●

Ainsi, si a et b existent, $\{a\}$ existe, $\{b\}$ existe, et en vertu de l'axiome de l'union, $\{\{a\}\} \cup \{\{a\} \cup \{b\}\} = \{\{a\}, \{a, b\}\}$ existe.

On montre facilement que $\langle a,b \rangle = \langle c,d \rangle$ si, et seulement si, $a = c$ et $b = d$, ce qui est la propriété essentielle d'une paire ordonnée.

Une paire ordonnée n'est en fait qu'un cas particulier d'une *suite*. On peut en effet généraliser la définition précédente de la façon suivante.

DÉFINITION D'UNE SUITE

$$\langle x_1,\ldots,x_n\rangle =_{\text{déf.}} \{\{x_1\},\{x_1,x_2\},\ldots,\{x_1,\ldots,x_n\}\} .$$

●

Cette même définition est à son tour généralisable aux suites infinies. Dans tous les cas l'axiome du singleton s'applique et garantit l'existence des suites.

Enfin, pour deux ensembles quelconques A et B, on appelle *produit cartésien* de A et B l'ensemble des paires ordonnées dont le premier élément appartient à A et le second à B. On note « $A \times B$ » cet ensemble.

DÉFINITION DU PRODUIT CARTÉSIEN

$$A \times B =_{\text{déf.}} \{\langle a,b\rangle : a \in A \text{ et } b \in B\}.$$

●

On désigne fréquemment $A \times A$ par « A^2 ». Par généralisation, nous avons $A^n = \{\langle x_1,\ldots,x_n\rangle : x_i \in A \text{ pour tout } 1 \leq i \leq n\}$.

A.2 Relations et fonctions

A.2.1 Relations

Formellement, une relation R entre des éléments d'un ensemble A et ceux d'un ensemble B est un sous-ensemble de $A \times B$. L'intuition derrière cette définition est qu'une relation est entièrement déterminée par la donnée de toutes les paires $\langle a,b\rangle \in A \times B$ telles que a soit en relation avec b. On écrira « aRb » ou encore « $\langle a,b\rangle \in R$ ».

Certaines propriétés des relations méritent une attention particulière.

Soit $R \subseteq A \times A$.

- R est *réflexive* ssi pour tout $x \in A$, $\langle x,x\rangle \in R$.
- R est *antiréflexive* ssi pour tout $x \in A$, $\langle x,x\rangle \notin R$.
- R est *symétrique* ssi pour tout $x, y \in A$, si $\langle x,y\rangle \in R$, alors $\langle y,x\rangle \in R$.
- R est *antisymétrique* ssi pour tout $x, y \in A$, si $\langle x,y\rangle \in R$ et $\langle y,x\rangle \in R$, alors $x = y$.

• R est *asymétrique* ssi pour tout $x, y \in A$, si $\langle x,y \rangle \in R$, alors $\langle y,x \rangle \notin R$. Remarquons qu'une relation asymétrique est antiréflexive.
• R est *transitive* ssi pour tout $x, y, z \in A$, si $\langle x,y \rangle \in R$ et $\langle y,z \rangle \in R$, alors $\langle x,z \rangle \in R$.
• R est une *relation d'équivalence* ssi R est réflexive, symétrique et transitive.
• R est une *relation d'ordre (partiel)* ssi R est réflexive, antisymétrique et transitive.
• R est une *relation d'ordre strict (partiel)* ssi R est antiréflexive, antisymétrique et transitive.
• R est une *relation d'ordre total* ssi pour tout $x, y \in A$, si $x \neq y$, alors $\langle x,y \rangle \in R$ ou $\langle y,x \rangle \in R$.

Par exemple, soit A un ensemble. La relation $\subseteq$ sur $\mathcal{P}(A)$ est une relation d'ordre partiel, parce que :
(1) pour tout $X \in \mathcal{P}(A)$, $X \subseteq X$;
(2) pour tout $X, Y \in \mathcal{P}(A)$, si $X \subseteq Y$ et $Y \subseteq X$, alors $X = Y$;
(3) pour tout $X, Y, Z \in \mathcal{P}(A)$, $X \subseteq Y$ et $Y \subseteq Z$, alors $X \subseteq Z$.
Nous reviendrons plus loins sur cette notion d'ordre partiel.

Un exemple de relation d'équivalence est l'identité au sens habituel. Un autre exemple est l'équivalence logique définie pour les expressions du calcul propositionnel classique. Une *classe d'équivalence* est un ensemble d'éléments équivalents selon une certaine relation d'équivalence. Soit R une relation d'équivalence sur un ensemble A, et soit $x \in A$. L'ensemble $\{y : y \in A \text{ et } xRy\}$ est une classe d'équivalence. Toute relation d'équivalence sur un ensemble induit une partition de cet ensemble. La partition de A générée par R est l'ensemble Π_R des sous-ensembles de A tel que pour tout $X \in \Pi_R$, $X = \{y : x \in A \text{ et } xRy\}$. Inversement, toute partition d'un ensemble génère une relation d'équivalence. Si Π est une partition d'un ensemble A, alors la relation $R_\Pi = \{\langle x, y \rangle : X \in \Pi \text{ et } x, y \in X\}$ est une relation d'équivalence.

A.2.2 Fonctions

Un genre particulier de relation très important est celui de *relation fonctionnelle*. Les relations de ce genre sont plus simplement appelées *fonctions*.

Une fonction *f de A dans B* (on note « $f: A \rightarrow B$ ») est une relation $f \subseteq A \times B$ telle que pour tout $a \in A$, il existe un et un seul $b \in B$ tel que $\langle a,b \rangle \in f$. On dit que la fonction a pour *domaine* l'ensemble A et *codomaine* l'ensemble B et que b est l'*image* de a par f. À cause de l'existence et de l'unicité, on peut écrire « $f(a) = b$ ». L'ensemble des fonctions de A dans B est noté « B^A ».

Certaines propriétés des fonctions méritent une attention particulière.

Soit $f : A \to B$.

- f est *injective* (on dit que c'est une injection) ssi pour tout x, $y \in A$, si $f(x) = f(y)$, alors $x = y$ (c'est-à-dire que deux éléments différents de A ont des images différentes).
- f est *surjective* (on dit que c'est une surjection) ssi pour tout $y \in B$, il y a au moins un $x \in A$ tel que $f(x) = y$.
- f est *bijective* ssi f est injective et surjective.

Voyons deux exemples intéressants de bijection. D'abord nous allons monter que pour tout ensemble A, il existe une bijection entre $\mathcal{P}(A)$ et $\{\mathbf{0},\mathbf{1}\}^A$, soit l'ensemble des fonctions de A dans $\{\mathbf{0},\mathbf{1}\}$.

Soit $X \subseteq A$. On définit *la fonction caractéristique* f_X de X de la façon suivante :

$$\begin{aligned} f_X &: A \to \{\mathbf{0},\mathbf{1}\} \\ &x \mapsto \mathbf{1} \text{ si } x \in X \\ &x \mapsto \mathbf{0} \text{ sinon.} \end{aligned}$$

En particulier :

$$\begin{aligned} f_\varnothing &: A \to \{\mathbf{0},\mathbf{1}\} \\ &x \mapsto \mathbf{0} \\ f_A &: A \to \{\mathbf{0},\mathbf{1}\} \\ &x \mapsto \mathbf{1} \end{aligned}$$

Soit la fonction $h : \mathcal{P}(A) \to \{\mathbf{0},\mathbf{1}\}^A$
$\quad X \mapsto f_X$

Cette fonction est injective. En effet, supposons que $X \neq Y$. Alors il existe un $x \in X$ tel que $x \notin Y$ ou un $y \in Y$ tel que $y \notin X$. La situation étant parfaitement symétrique, il suffit de traiter le premier cas. On a $f_X(x) = \mathbf{1}$ et $f_Y(x) = \mathbf{0}$ et donc $f_X \neq f_Y$. h est également surjective. En effet, soit $f \in \{\mathbf{0},\mathbf{1}\}^A$. On définit $B = \{x : x \in A \text{ et } f(x) = \mathbf{1}\}$. On vérifie évidemment que $f = f_B$. Nous avons donc une bijection.

Un autre cas de bijection très intéressant est celui connu sous le nom de *théorème de Schönfinkel*. Ce théorème s'énonce comme suit : il existe une bijection

$$F : \left(\ldots \left(A_0^{A_1} \right)^{\cdot^{\cdot^{\cdot}}} \right)^{A_n} \to A_0^{A_1 \times \ldots \times A_n}$$

telle que pour tout

$$f \in \left(\dots \left(A_0^{A_1} \right)^{\cdot^{\cdot^{\cdot}}} \right)^{A_n}, \text{ tout } a_n \in A_n, \dots, \text{ tout } a_1 \in A_1$$

$$F(f)(\langle a_1, \dots, a_n \rangle) = f(a_n) \dots (a_1).$$

On vérifie facilement que F existe, est surjective et injective.

Pour terminer cette section, abordons la notion de composition.

Soit $f : A \to B$ et $g : B \to C$. On appelle *fonction composée* de f et g, la fonction $g \circ f : A \to C$ telle que, pour tout $x \in A$, $(g \circ f)(x) = g(f(x))$. On montre facilement que $h \circ (g \circ f) = (h \circ g) \circ f$.

Soit $f : A \to B$. On dit que f *admet un inverse à gauche* si, et seulement si, il existe un $g : B \to A$ tel que pour tout $x \in A$, $(g \circ f)(x) = x$.

Soit $f : A \to B$. On dit que f *admet un inverse à droite* si, et seulement si, il existe un $g : B \to A$ tel que pour tout $y \in B$, $(f \circ g)(y) = y$.

On montre facilement que $f : A \to B$ est injective si, et seulement si, f admet un inverse à gauche.

On montre également facilement que $f : A \to B$ est surjective si, et seulement si, f admet un inverse à droite.

On peut conclure de ce qui précède qu'une fonction est bijective si, et seulement si, elle admet un inverse à gauche et à droite.

A.3 Structures et morphismes

La définition d'une relation sur un ensemble induit sur cet ensemble une structure. Par exemple, l'ensemble $\mathcal{P}(A)$ est structuré par la relation $\subseteq$. On notera « $\langle A, R \rangle$ » un ensemble A structuré par la relation R. Un cas particulier de relation est l'opération. Par exemple, l'addition dans l'ensemble des nombres naturels est une opération induisant sur cet ensemble une structure.

La variété des structures est immense, mais certaines sont similaires. On peut caractériser cette similitude entre structures en définissant une fonction entre les ensembles de sorte que la structure est respectée. C'est la notion de *morphisme*. Nous allons présenter quelques morphismes intéressants.

A.3.1 Morphismes d'ordre

Soit $\langle A, \sqsubseteq_A \rangle$ et $\langle B, \sqsubseteq_B \rangle$ deux ensembles partiellement ordonnés ($\sqsubseteq_A$ et $\sqsubseteq_B$ sont des relations d'ordre partiel sur A et B respectivement).

Une fonction $f\colon A \to B$ est un *morphisme d'ordre* (on dit aussi que c'est une fonction *isotone*, ou *monotone*) si, et seulement si, pour tout $x, y \in A$, si $x \sqsubseteq_A y$, alors $f(x) \sqsubseteq_B f(y)$.

Par exemple, la fonction :

$$f\colon \mathcal{P}(\{1,2\}) \to \mathcal{P}(\{1,2,3\})$$
$$X \mapsto X \cup \{3\}$$

est un morphisme d'ordre de $\langle \mathcal{P}(\{1,2\}), \subseteq \rangle$ dans $\langle \mathcal{P}(\{1,2,3\}), \subseteq \rangle$. Un morphisme d'ordre injectif, comme f, est un *monomorphisme*. Un morphisme d'ordre surjectif est un *épimorphisme*.

Une fonction $f\colon A \to B$ est un *isomorphisme d'ordre* si, et seulement si, elle est bijective et pour tout $x, y \in A$, $x \sqsubseteq_A y$ si, et seulement si, $f(x) \sqsubseteq_B f(y)$.

Cette notion d'isomorphisme d'ordre est absolument centrale. En effet, lorsque deux ensembles ordonnés sont isomorphes, on peut simplement considérer qu'ils sont des représentations d'une même structure. Nous allons examiner un exemple très simple mais philosophiquement intéressant.

Soit la relation $\leqslant$ sur $\{\mathbf{0},\mathbf{1}\}^A$ telle que :

$$f \leqslant g \text{ ssi pour tout } x \in A, \text{ si } f(x) = \mathbf{1}, \text{ alors } g(x) = \mathbf{1}.$$

On vérifie facilement que $\leqslant$ est une relation d'ordre partiel sur $\{\mathbf{0},\mathbf{1}\}^A$. Considérons la fonction $h\colon \mathcal{P}(A) \to \{\mathbf{0},\mathbf{1}\}^A$ définie à la section A.2.2 (h assigne à chaque élément de $\mathcal{P}(A)$ sa fonction caractéristique). On a montré que h est bijective. En outre, on vérifie facilement que pour tout $X, Y \in \mathcal{P}(A)$, $X \subseteq Y$ si, et seulement si, $h(X) \leqslant h(Y)$. Cet isomorphisme est extrêmement fort : il signifie que pour tout énoncé portant sur un ensemble, il existe un énoncé équivalent portant sur sa fonction caractéristique.

A.3.2 Morphismes d'opération

Soit A, B deux ensembles munis respectivement des opérations $O_{A^n}\colon A^n \to A$ et $O_{B^n}\colon B^n \to B$. La fonction $f\colon A \to B$ est un *morphisme d'opération* (ou *homomorphisme*) si, et seulement si, pour tout $\langle x_1, \ldots, x_n \rangle \in A^n$, $f(O_{A^n}(\langle x_1, \ldots, x_n \rangle)) = O_{B^n}(\langle f(x_1), \ldots, f(x_n) \rangle)$.

Un morphisme d'opération injectif est un monomorphisme ; s'il est surjectif, il est un épimorphisme ; s'il est bijectif, il est un isomorphisme.

A.3.3 Morphismes de treillis

Pour donner des exemples de morphisme d'opération, nous allons considérer une structure très intéressante et particulièrement utilisée dans cet ouvrage : la structure de treillis.

Nous avons besoin pour présenter la notion de treillis des éléments suivants.

Soit $\langle A, \sqsubseteq \rangle$ un ensemble partiellement ordonné, et soit $X \subseteq A$. Le *supremum* de X est l'unique $y \in A$ (s'il existe) tel que pour tout $x \in X$, $x \sqsubseteq y$ et pour tout $z \in A$ tel que $x \sqsubseteq z$, $y \sqsubseteq z$. Autrement dit, le supremum d'un sous-ensemble X de A est le plus petit des plus grands éléments communs à ses éléments Le supremum de X est noté « $\mathbf{sup}(X)$ ». Si X est un doublet $\{x, y\}$, on note son supremum « $\mathbf{sup}(x, y)$ ».

La notion duale de supremum est celle d'infimum.

Pour tout $X \subseteq A$, l'*infimum* de X est l'unique $y \in A$ (s'il existe) tel que pour tout $x \in X$, $y \sqsubseteq x$ et pour tout $z \in A$ tel que $z \sqsubseteq x$, $z \sqsubseteq y$. L'infimum d'un sous-ensemble X de A est donc le plus grand de tous les plus petits éléments communs à ses éléments. L'infimum de X est noté « $\mathbf{inf}(X)$ ». Si X est un doublet $\{x, y\}$, on note son infimum « $\mathbf{inf}(x, y)$ ».

Un *treillis* est un ensemble partiellement ordonné $\langle A, \sqsubseteq \rangle$ tel que pour tout $x, y \in A$, $\mathbf{sup}(x, y)$ et $\mathbf{inf}(x, y)$ existent. Un treillis est dit *complet* si $\mathbf{sup}(X)$ et $\mathbf{inf}(X)$ existent pour tout $X \subseteq A$. Notons que tout treillis n'est pas nécessairement complet, bien que tout treillis *fini* est complet. Un exemple de treillis qui n'est pas complet est $\langle \mathbb{N}, \leq \rangle$, l'ensemble des nombres naturels dans leur ordre habituel : il y a en effet un sous-ensemble de $\mathbb{N}$, soit $\mathbb{N}$ lui-même, qui n'a pas de supremum.

Un *inf-semi-treillis* (resp. *sup-semi-treillis*) est un ensemble partiellement ordonné $\langle A, \sqsubseteq \rangle$ pour lequel $\mathbf{inf}(x,y)$ (resp. $\mathbf{sup}(x,y)$) existe pour tout $x, y \in A$.

Un *morphisme de treillis* est un morphisme pour les opérations **inf** et **sup**. C'est-à-dire que si $\langle A, \sqsubseteq_A \rangle$ et $\langle B, \sqsubseteq_B \rangle$ sont des treillis, alors $f: A \to B$ est une morphisme (de treillis) si, et seulement si, $f(\mathbf{inf}(x, y))$ $= \mathbf{inf}(f(x), f(y))$ et $f(\mathbf{sup}(x, y)) = \mathbf{sup}(f(x), f(y))$. On peut montrer que tout morphisme de treillis — et plus généralement tout morphisme pour **inf** ou pour **sup** — est un morphisme d'ordre (mais la converse n'est pas vraie en général).

Un exemple simple de treillis est $\langle \mathcal{P}(A), \subseteq \rangle$, c'est-à-dire l'ensemble puissance d'un ensemble A ordonné par l'inclusion : nous avons que pour tout X, $Y \in \mathcal{P}(A)$, $\mathbf{sup}(X, Y) = X \cup Y$ et $\mathbf{inf}(X, Y) = X \cap Y$.

Un autre exemple de treillis est $\langle \{\mathbf{0}, \mathbf{1}\}^A, \lll \rangle$, où :

$\mathbf{inf}(f,g) : A \to \{\mathbf{0},\mathbf{1}\}$
$x \mapsto \mathbf{1}$ si $f(x) = g(x) = \mathbf{1}$
$x \mapsto \mathbf{0}$ sinon

$\mathbf{sup}(f,g) : A \to \{\mathbf{0},\mathbf{1}\}$
$x \mapsto \mathbf{1}$ si $f(x) = \mathbf{1}$ ou $g(x) = \mathbf{1}$
$x \mapsto \mathbf{0}$ sinon

Nous savons que ce dernier treillis a exactement la même structure d'ordre que $\langle \mathcal{P}(A), \subseteq \rangle$. Or, on vérifie facilement que notre isomorphisme d'ordre $h: \mathcal{P}(A) \to \{\mathbf{0},\mathbf{1}\}^A$ préserve également les opérations **inf** et **sup**. Il ne s'agit pas là d'une propriété particulière à notre exemple : c'est un fait général que, pour les treillis, la notion d'isomorphisme pour l'ordre est la même que celle d'isomorphisme pour les opérations **inf** et **sup**.

Voici une propriété intéressante des morphismes de treillis. Soit $\langle A, \sqsubseteq_A \rangle$ et $\langle B, \sqsubseteq_B \rangle$ deux treillis et $f: A \to B$ un épimorphisme (c'est-à-dire un morphisme surjectif). On montre que, pour tout $y \in B$, l'ensemble $f^{-1}(y) = \{x : x \in A \text{ et } f(x) = y\}$ est un treillis. Il suffit de montrer que pour tout $x, z \in f^{-1}(y)$, $f(\mathbf{inf}(x,z)) = f(\mathbf{sup}(x,z)) = y$. Or cela est le cas puisque f étant un morphisme, $f(\mathbf{inf}(x,z)) = \mathbf{inf}(f(x), f(z)) = \mathbf{inf}(y,y) = \mathbf{sup}(y,y) = y$.

A.3.4 Morphismes d'algèbre de Boole

Une autre structure d'ordre particulièrement intéressante en logique est celle d'algèbre de Boole.

Une *algèbre de Boole* est un ensemble muni de deux opérations binaires $\wedge$ et $\vee$ et d'une opération unaire ', possédant deux éléments distingués **0** et **1** et satisfaisant les postulats suivants :

(1)	$\mathbf{0}'=\mathbf{1}$	$\mathbf{1}'=\mathbf{0}$
(2)	$B \wedge \mathbf{0} = \mathbf{0}$	$B \vee \mathbf{1} = \mathbf{1}$
(3)	$B \wedge \mathbf{1} = B$	$B \vee \mathbf{0} = B$
(4)	$B \wedge B' = \mathbf{0}$	$B \vee B' = \mathbf{1}$
(5)	$B'' = B$	
(6)	$B \wedge B = B$	$B \vee B = B$
(7)	$(B \wedge C)' = B' \vee C'$	$(B \vee C)' = B' \wedge C'$
(8)	$B \wedge C = C \wedge B$	$B \vee C = C \vee B$
(9)	$(B \wedge C) \wedge D = B \wedge (C \wedge D)$	$(B \vee C) \vee D = B \vee (C \vee D)$
(10)	$B \wedge (C \vee D) = (B \wedge C) \vee (B \wedge D)$	$B \vee (C \wedge D) = (B \vee C) \wedge (B \vee D)$

Toute algèbre de Boole est un treillis où les opérations **inf** et **sup** sont respectivement $\wedge$ et $\vee$. L'ensemble $\{\mathbf{0}, \mathbf{1}\}$ forme à lui seul une algèbre de Boole.

Voici un exemple de morphisme d'algèbre de Boole.

Soit A un ensemble et $\mathcal{P}(A)$ l'algèbre de Boole des parties de A. Pour chaque $x \in A$, on a un épimorphisme

$$f_x : \mathcal{P}(A) \to \{\mathbf{0}, \mathbf{1}\}$$

$$X \mapsto \begin{cases} \mathbf{1} \text{ si } x \in X \\ \mathbf{0} \text{ autrement.} \end{cases}$$

Ceci termine notre présentation des notions de base de la théorie des ensembles.

APPENDICE II

Solution des exercices

EXERCICE 1.1.1

Réécrivez sous forme fonctionnelle (en utilisant $F_{\neg}$ et $F_{\wedge}$) l'expression suivante : $\neg((\neg(p_0) \wedge p_1))$.

◊ $\neg((\neg(p_0) \wedge p_1))$ est tout simplement

$F_{\neg}(\langle F_{\wedge}(\langle F_{\neg}(\langle p_0 \rangle), p_1 \rangle)\rangle)$.

●

EXERCICE 1.1.2

Donnez explicitement le polynôme F_q tel que

$F_q(\langle x, y \rangle) = ax^2 + bxy + c$ en termes de $F_{\cdot}$ et de F_{+}.

◊ L'expression $ax^2 + bxy + c$ est ambiguë car elle suppose l'associativité de l'addition et de la multiplication. Si nous restaurons les parenthèses pour lever l'ambiguïté, nous aurons (c'est une des lectures possibles) :

$$F_q(\langle x, y \rangle) = (a \cdot (x \cdot x) + b \cdot (x \cdot y)) + c =$$

$$F_{+}(\langle F_{+}(\langle F_{\cdot}(\langle C_{a2A}(\langle x, y \rangle), F_{\cdot}(\langle I_{12A}(\langle x, y \rangle),$$
$$I_{12A}(\langle x, y \rangle)\rangle)\rangle), F_{\cdot}(\langle C_{b2A}(\langle x, y \rangle), F_{\cdot}(\langle I_{12A}(\langle x, y \rangle),$$
$$I_{22A}(\langle x, y \rangle)\rangle)\rangle)\rangle), C_{c2A}(\langle x, y \rangle)\rangle)$$

●

EXERCICE 1.2.1

Décrivez explicitement un langage «équivalent» au langage de l'exemple 1.2.1 mais en notation polonaise.

◊ Soit $\Delta = \{0,1,2\}$

$$X_0 = \{p_0, p_1, \ldots, p_2, \ldots\}$$
$$X_1 = \{\neg\}$$
$$X_2 = \{\wedge, \vee, \supset\}$$
$$F_0 = Conc_2$$
$$F_1 = Conc_3$$

Les règles sont :

$$\langle F_0, \langle 1,0 \rangle, 0 \rangle \text{ et } \langle F_1, \langle 2,0,0 \rangle, 0 \rangle$$

●

EXERCICE 1.3.1.1

En utilisant les données de l'exemple 1.3.1.1, montrez que $\varphi = (p_0 \supset (p_1 \supset p_0))$ est une tautologie, c'est-à-dire que $g(\varphi) = \mathbf{1}$ pour tout g.

◊ Nous savons que $g(p_0 \supset (p_1 \supset p_0)) = g(F_3'(\langle p_0, F_3'(\langle p_1, p_0 \rangle)\rangle))$.

D'où $G_3(\langle g(p_0), G_3(\langle g(p_1), g(p_0)\rangle)\rangle)$.

Si $g(p_0) = f(p_0) = \mathbf{0}$,

alors $G_3(\langle \mathbf{0}, G_3(\langle g(p_1), \mathbf{0}\rangle)\rangle) = \mathbf{1}$,

sinon nous avons $G_3(\langle g(p_1), \mathbf{1}\rangle) = \mathbf{1}$

et donc $G_3(\langle \mathbf{1}, G_3(\langle g(p_1), \mathbf{1}\rangle)\rangle) = \mathbf{1}$

ou, plus simplement, $G_3(\langle \mathbf{1}, \mathbf{1}\rangle) = \mathbf{1}$

●

EXERCICE 1.3.2.2.1

Montrez que pour deux énoncés quelconques φ et ψ, φ est K-équivalent à ψ ssi $\varphi \models_K \psi$ et $\psi \models_K \varphi$.

◊ Cela suit immédiatement des définitions 1.3.2.2.4-5-6-7-8.

●

EXERCICE 2.3.1

Soit ζ une expression bien formée de *LI* et $\beta = v_{n,\tau}$.

Montrez que si β est liée dans ζ, alors quel que soit x,

$g(\zeta)(i, j_x^{n,\tau}) = g(\zeta)(i, j)$.

◊ La démonstration se fait par induction sur les règles de formation des expressions.

(1) Si $\zeta \in Con_\sigma$, alors $g(\zeta)(i,j)$ est indépendant de j et donc $g(\zeta)(i, j_x^{n,\tau}) = g(\zeta)(i,j)$.

(2) Si $\zeta \in Var_\sigma$, ou bien $\zeta = v_{n,\tau}$ et alors β n'est pas liée dans ζ, ou bien $\zeta = v_{m,\sigma}$, où $\langle m,\sigma\rangle \neq \langle n,\tau\rangle$, et dans ce cas

$g(\zeta)(i, j_x^{n,\tau}) = j_x^{n,\tau}(\langle m,\sigma\rangle) = j(\langle m,\sigma\rangle) = g(\zeta)(i,j)$.

(3) Si $\zeta = [\eta\xi]$, alors

$g(\zeta)(i, j_x^{n,\tau}) = g(\eta)(i, j_x^{n,\tau})(g(\xi)(i, j_x^{n,\tau}))$	définition 2.3.2 (5)(a)
$= g(\eta)(i,j)(g(\xi)(i,j))$	hypothèse d'induction
$= g(\zeta)(i,j)$	définition 2.3.2 (5)(a).

(4) Si $\zeta = [\eta \equiv \xi]$, alors

$g(\zeta)(i, j_x^{n,\tau}) = g[\eta \equiv \xi](i, j_x^{n,\tau}) = \mathbf{1}$ ssi	définition 2.3.2 (5)(b)
$g(\eta)(i, j_x^{n,\tau}) = g(\xi)(i, j_x^{n,\tau})$ ssi	hypothèse d'induction
$g(\eta)(i,j) = g(\xi)(i,j)$ ssi	définition 2.3.2. (5)(b)
$g[\eta \equiv \xi](i,j) = \mathbf{1}$ ssi $g(\zeta)(i,j)$.	

(5) Si $\zeta = {}^\frown\eta$, alors $g(\zeta)(i, j_x^{n,\tau}) = g({}^\frown\eta)(i, j_x^{n,\tau})$, soit cette fonction p de domaine I telle que

$p(k) = f(\eta)(k, j_x^{n,\tau})$	définition 2.3.2 (5)(c)
$= g(\eta)(k,j)$	hypothèse d'induction

laquelle par définition est précisément $g({}^\frown\eta)(i,j)$.

(6) Si $\zeta = {}^\smile\eta$, alors

$g(\zeta)(i, j_x^{n,\tau}) = g({}^\smile\eta)(i, j_x^{n,\tau})$	
$= g(\eta)(i, j_x^{n,\tau})(i)$	définition 2.3.2 (5)(d)
$= g(\eta)(i,j)(i)$	hypothèse d'induction
$= g({}^\smile\eta)(i,j)$	définition 2.3.2 (5)(d)
$= g(\zeta)(i,j)$.	

(7) Si $\zeta = \lambda v_{m,\sigma}\eta$, alors $g(\zeta)(i, j_x^{n,\tau}) = g(\lambda v_{m,\sigma}\eta)(j_x^{n,\tau})$, soit cette fonction p de domaine D_σ telle que, selon la définition 2.3.2 (5)(e), $p(y) = g(\eta)(i, j_x^{n,\tau}{}_y^{m,\sigma})$. Or, d'après la définition 2.2.3, β est liée dans ζ si

l'une des conditions (a) ou (b) suivante est satisfaite.

(a) $\beta = v_{m,\sigma}$. Dans ce cas,

$p(y) = g(\eta)(i, j_{x}^{m,\sigma}{}_{y}^{m,\sigma}) = g(\eta)(i, j_{y}^{m,\sigma})$

et donc p est la fonction $g(\lambda v_{m,\sigma}\eta)(i,j) = g(\zeta)(i,j)$.

(b) $\beta = v_{n,\tau} \neq v_{m,\sigma}$ et toutes ses occurrences sont dans la portée de $\lambda v_{n,\tau}$ dans η et alors

$p(y) = g(\eta)(i, j_{y}^{m,\sigma}{}_{x}^{n,\tau})$

$= g(\eta)(i, j_{y}^{m,\sigma})$ hypothèse d'induction

et donc p est la fonction $g(\lambda v_{m,\sigma}\eta)(i,j) = g(\zeta)(i,j)$.

●

EXERCICE 2.3.2

Vérifiez que selon la définition 2.3.3, pour tout *i,j*,

$g(\bigwedge\alpha\varphi)(i,j) = \mathbf{1}$ ssi $g(\varphi)(i, j_{x}^{n,\tau}) = \mathbf{1}$ quel que soit $x \in D_{\tau}$.

◊ $g(\bigwedge\alpha\varphi)(i,j) = \mathbf{1}$ ssi $g([\lambda\alpha\varphi \equiv \lambda\alpha[\alpha \equiv \alpha]])(i,j) = \mathbf{1}$ ssi $g(\lambda\alpha\varphi)(i,j) = g(\lambda\alpha[\alpha \equiv \alpha])(i,j)$ (définition 2.3.2 (5)(b)).

Or, $g(\lambda\alpha[\alpha \equiv \alpha])(i,j)$ est cette fonction p telle que pour tout x, $p(x) = g([\alpha \equiv \alpha])(i, j_{x}^{n,\tau}) = \mathbf{1}$. Donc $g(\bigwedge\alpha\varphi) = \mathbf{1}$ ssi pour tout x, $g(\varphi)(i, j_{x}^{n,\tau}) = \mathbf{1}$.

●

EXERCICE 2.3.3

Montrez que $g(\neg\varphi)(i,j) = \mathbf{1}$ ssi $g(\varphi)(i,j) = \mathbf{0}$.

◊ $g(\neg\varphi)(i,j) = \mathbf{1}$ ssi — définition 2.3.4

$g([\varphi \equiv \bigwedge\beta\beta])(i,j) = \mathbf{1}$ ssi — définition 2.3.2 (5)(b)

$g(\varphi)(i,j) = g(\bigwedge\beta\beta)(i,j)$.

Donc $g(\neg\varphi)(i,j) = \mathbf{1}$ ssi $g(\varphi)(i,j) = g(\bigwedge\beta\beta)(i,j)$.

Or, selon l'exercice 2.3.2, $g(\bigwedge\beta\beta)(i,j) = \mathbf{1}$ ssi $g(\beta)(i, j_{x}{}^{0,t}) = \mathbf{1}$ pour tout $x \in D_{t}$.

Mais comme $g(\beta)(i, j_{\mathbf{0}}{}^{0,t}) = \mathbf{0}$, $g(\bigwedge\beta\beta)(i,j) = \mathbf{0}$.

Donc $g(\neg\varphi)(i,j) = \mathbf{1}$ ssi $g(\varphi)(i,j) = \mathbf{0}$.

●

EXERCICE 2.3.4

En utilisant la définition 2.3.5 bis, montrez que
$g(\varphi \wedge \psi)(i,j) = \mathbf{1}$ ssi
$g(\varphi)(i,j) = g(\psi)(i,j) = \mathbf{1}$. Nous appellerons cette proposition C.

◊ $g(\varphi \wedge \psi)(i,j) = \mathbf{1}$ ssi — définition 2.3.5 bis
$g(\bigwedge\gamma[\psi \equiv [[\gamma\psi] \equiv [\gamma\varphi]]])(i,j) = \mathbf{1}$ ssi — exercice 2.3.2
$g([\psi \equiv [[\gamma\psi] \equiv [\gamma\varphi]]])(i, {j_x}^{n,\langle t,t\rangle}) = \mathbf{1}$
pour tout $x \in D_{\langle t,t\rangle}$ ssi — définition 2.3.2
(5)(b)
$g(\psi)(i, {j_x}^{n,\langle t,t\rangle}) = g([[\gamma\psi] \equiv [\gamma\varphi]])(i, {j_x}^{n,\langle t,t\rangle})$
pour tout $x \in D_{\langle t,t\rangle}$ ssi — exercice 2.3.1
$g(\psi)(i,j) = g([[\gamma\psi] \equiv [\gamma\varphi]])(i, {j_x}^{n,\langle t,t\rangle})$
pour tout $x \in D_{\langle t,t\rangle}$. Nous avons alors deux possibilités.
(a) $g(\psi)(i,j) = \mathbf{1}$.
Dans ce cas, C tiendra ssi pour tout $x \in D_{\langle t,t\rangle}$,
$g([[\gamma\psi] \equiv [\gamma\varphi]])(i, {j_x}^{n,\langle t,t\rangle}) = \mathbf{1}$ ssi — définition 2.3.2
(5)(b)
$g([\gamma\psi])(i, j_x^{n,\langle t,t\rangle}) = g([\gamma\varphi])(i, j_x^{n,\langle t,t\rangle})$ ssi — définition 2.3.2
(5)(a)
$g(\gamma)(i, {j_x}^{n,\langle t,t\rangle})(g(\psi)(i, {j_x}^{n,\langle t,t\rangle})) =$
$g(\gamma)(i, {j_x}^{n,\langle t,t\rangle})(g(\varphi)(i, {j_x}^{n,\langle t,t\rangle}))$ ssi — exercice 2.3.1
$g(\gamma)(i, {j_x}^{n,\langle t,t\rangle})(g(\psi)(i,j)) =$
$g(\gamma)(i, {j_x}^{n,\langle t,t\rangle})(g(\varphi)(i,j))$.
En particulier pour $x = 1_{\{\mathbf{1},\mathbf{0}\}}$ (la fonction identité sur $\{\mathbf{1},\mathbf{0}\}$) cela entraîne que $g(\psi)(i,j) = g(\varphi)(i,j) = \mathbf{1}$.
(b) $g(\psi)(i,j) = \mathbf{0}$.
Dans ce cas, C vaudra ssi pour tout $x \in D_{\langle t,t\rangle}$
$g([[\gamma\psi] \equiv [\gamma\varphi]])(i, {j_x}^{n,\langle t,t\rangle}) = \mathbf{0}$ ssi — définition 2.3.2
(5)(b)
$g([\gamma\psi])(i, j_x^{n,\langle t,t\rangle}) \neq g([\gamma\varphi])(i, j_x^{n,\langle t,t\rangle})$ ssi — définition 2.3.2
(5)(a)
$g(\gamma)(i, {j_x}^{n,\langle t,t\rangle})(g(\psi)(i, {j_x}^{n,\langle t,t\rangle})) \neq$
$g(\gamma)(i, {j_x}^{n,\langle t,t\rangle})(g(\varphi)(i, {j_x}^{n,\langle t,t\rangle}))$ ssi — exercice 2.3.1
$g(\gamma)(i, {j_x}^{n,\langle t,t\rangle})(g(\psi)(i,j)) \neq$

$g(\gamma)(i, j_x^{n,\langle t,t\rangle})(g(\varphi)(i, j))$.
Or, cela est impossible car si x est $T_{\{\mathbf{1},\mathbf{0}\}}$ — l'opérateur de tautologie, c'est-à-dire lorsque $x(\mathbf{1}) = x(\mathbf{0}) = \mathbf{1}$ — la condition devient que $\mathbf{1} \neq \mathbf{1}$. Donc si $g(\psi)(i, j) = \mathbf{0}$, C est fausse.

●

EXERCICE 2.3.5

Trouvez un contre-exemple à la propriété précédente lorsque l'on utilise la définition 2.3.5.

◊ Le contre-exemple qui suit rend $\bigwedge\gamma[\psi \equiv [[\gamma\psi] \equiv [\gamma\varphi]]]$ faux alors que φ et ψ sont vrais.
Soit $\gamma = v_{0,\langle t,t\rangle}$ et j tels que $g(\gamma)(i, j) = 1_{\{\mathbf{1},\mathbf{0}\}}$, et soit $\varphi = [\alpha \equiv \alpha]$ et $\psi = [\gamma[\alpha \equiv \alpha]]$, où α est la variable $v_{0,e}$; on vérifie facilement que $g(\varphi)(i, j) = g(\psi)(i, j) = \mathbf{1}$. Selon l'exercice 2.3.1 et la définition 2.3.2 (5)(b), nous avons :

$g(\bigwedge\gamma[\psi \equiv [[\gamma\psi] \equiv [\gamma\varphi]]])(i, j) = \mathbf{1}$ ssi pour tout $x \in D_{\langle t,t\rangle}$,

$$g(\gamma)(i, j_x^{0,\langle t,t\rangle})(g([\alpha \equiv \alpha])(i, j_x^{0,\langle t,t\rangle})) = g([[\gamma[\gamma[\alpha \equiv \alpha]]] \equiv [\gamma[\alpha \equiv \alpha]]])(i, j_x^{0,\langle t,t\rangle}).$$

Or, $g(\gamma)(i, j_x^{0,\langle t,t\rangle}) = x$ et $g([\alpha \equiv \alpha])(i, j_x^{0,\langle t,t\rangle}) = \mathbf{1}$. Donc, $g(\gamma)(i, j_x^{0,\langle t,t\rangle})(g([\alpha \equiv \alpha])(i, j_x^{0,\langle t,t\rangle})) = x(\mathbf{1})$ et par conséquent :

$g(\bigwedge\gamma[\psi \equiv [[\gamma\psi] \equiv [\gamma\varphi]]])(i, j) = \mathbf{1}$ ssi pour tout $x \in D_{\langle t,t\rangle}$,

$$g([[\gamma[\gamma[\alpha \equiv \alpha]]] \equiv [\gamma[\alpha \equiv \alpha]]])(i, j_x^{0,\langle t,t\rangle}) = x(\mathbf{1}).$$

Soit x tel que $x(\mathbf{1}) = x(\mathbf{0}) = \mathbf{0}$. Nous avons donc :

$g(\bigwedge\gamma[\psi \equiv [[\gamma\psi] \equiv [\gamma\varphi]]])(i, j) = \mathbf{1}$ seulement si
$g([[\gamma[\gamma[\alpha \equiv \alpha]]] \equiv [\gamma[\alpha \equiv \alpha]]])(i, j_x^{0,\langle t,t\rangle}) = \mathbf{0}$ ssi
$g([\gamma[\gamma[\alpha \equiv \alpha]]])(i, j_x^{0,\langle t,t\rangle}) \neq g([\gamma[\alpha \equiv \alpha]])(i, j_x^{0,\langle t,t\rangle})$
ssi $x(x(\mathbf{1})) \neq x(\mathbf{1})$ ssi $\mathbf{0} \neq \mathbf{0}$, ce qui est absurde.

Donc $g(\bigwedge\gamma[\psi \equiv [[\gamma\psi] \equiv [\gamma\varphi]]])(i, j) = \mathbf{0}$.

●

EXERCICE 2.3.9

(a) Montrez que
$g(\Box\varphi)(i,j)=\mathbf{1}$ ssi pour tout $k\in I$, $g(\varphi)(k,j)=\mathbf{1}$.

◊ $g(\Box\varphi)(i,j)=\mathbf{1}$ ssi — définition 2.3.9
$g([{}^\frown\varphi \equiv {}^\frown\bigwedge v[v\equiv v]])(i,j)=\mathbf{1}$ ssi — définition 2.3.2 (5)(b)
$g({}^\frown\varphi)(i,j)=g({}^\frown\bigwedge v[v\equiv v])(i,j)$.
Par la définition 2.3.2 (5)(c), $g({}^\frown\bigwedge v[v\equiv v])(i,j)$ est cette fonction p de domaine I telle que pour tout $k\in I$:
$p(k)=\mathbf{1}$ ssi $g(\bigwedge v[v\equiv v])(k,j)=\mathbf{1}$ ssi
quel que soit $x\in D_e$, $g([v\equiv v])(k,j_x^{0,e})=\mathbf{1}$ ssi
quel que soit $x\in D_e$, $g(v)(k,j_x^{0,e})=g(v)(k,j_x^{0,e})$ ssi
quel que soit $x\in D_e$, $x=x$.
Donc $g({}^\frown\varphi)(i,j)$ est cette fonction p de domaine I telle que pour tout $k\in I$, $p(k)=\mathbf{1}$. Or par la définition 2.3.2 (5)(c), $g({}^\frown\varphi)(i,j)(k)=g(\varphi)(k,j)$.

(b) Montrez que
$g((\zeta\equiv\eta))(i,j)=\mathbf{1}$ ssi $g({}^\frown\zeta)(i,j)=g({}^\frown\eta)(i,j)$.

◊ $g((\zeta\equiv\eta))(i,j)=g(\Box(\zeta\equiv\eta))(i,j)=\mathbf{1}$ ssi
pour tout $k\in I$, $g(\zeta\equiv\eta)(k,j)=\mathbf{1}$ ssi
pour tout $k\in I$, $g(\zeta)(k,j)=g(\eta)(k,j)$ ssi
$g({}^\frown\zeta)(i,j)=g({}^\frown\eta)(i,j)$, car $g({}^\frown\zeta)(i,j)$ est cette fonction p de domaine I telle que $p(k)=g(\zeta)(k,j)$ et $g({}^\frown\eta)(i,j)$ est cette fonction q de domaine I telle que $q(k)=g(\eta)(k,j)$.

●

EXERCICE 2.3.10

Montrez que si $\alpha=v_{n,\tau}$ et $\beta=v_{m,\tau}$, β n'étant pas liée dans ζ,
$g(\zeta\langle\alpha|\beta\rangle)(i,j)=g(\zeta)(i,j^{n,\tau}_{j(\langle m,\tau\rangle)})$.

◊ La démonstration se fait par induction sur les règles de formation des expressions.

(1) $\zeta=v_{l,\sigma}$

(a) si $\sigma\neq\tau$, alors
$g(\zeta\langle\alpha|\beta\rangle)(i,j)=g(\zeta)(i,j)$ — car $\zeta\langle\alpha|\beta\rangle=\zeta$

$= g(\zeta)(i, j^{n,\tau}_{j(\langle m,\tau\rangle)})$ exercice 2.3.1 ;

(b) si $\sigma = \tau$ et $l \neq n$, la démonstration est comme en (a) ;

(c) si $\sigma = \tau$ et $l = n$, alors

$$\begin{aligned} g(\zeta\langle\alpha|\beta\rangle)(i,j) &= g(\beta)(i,j) \\ &= j(\langle m,\tau\rangle) \\ &= g(v_{n,\tau})(i, j^{n,\tau}_{j(\langle m,\tau\rangle)}) \\ &= g(\zeta)(i, j^{n,\tau}_{j(\langle m,\tau\rangle)}). \end{aligned}$$

(2) $\zeta = c_{l,\sigma}$: la conclusion suit directement de l'exercice 2.3.1.

(3) $\zeta = [\eta\xi]$

Si β n'est pas liée dans ζ, elle ne l'est pas dans η ou dans ξ. Si θ est η ou ξ et β est liée dans θ, alors selon l'exercice 2.3.1, $g(\theta)(i,j) = g(\theta)(i, j^{n,\tau}_{j(\langle m,\tau\rangle)})$. Nous avons :

$\zeta\langle\alpha|\beta\rangle = ([\eta\xi])\langle\alpha|\beta\rangle = ([\eta\langle\alpha|\beta\rangle\xi\langle\alpha|\beta\rangle])$. Donc

$g(\zeta\langle\alpha|\beta\rangle(i,j)) = g([\eta\langle\alpha|\beta\rangle\xi\langle\alpha|\beta\rangle])(i,j) =$

$g(\eta\langle\alpha|\beta\rangle)(i,j)(g(\xi\langle\alpha|\beta\rangle)(i,j))$.

Par hypothèse d'induction, on aura donc

$$\begin{aligned} g(\zeta\langle\alpha|\beta\rangle)(i,j) &= g(\eta)(i, j^{n,\tau}_{j(\langle m,\tau\rangle)})(g(\xi)(i, j^{n,\tau}_{j(\langle m,\tau\rangle)})) \\ &= g([\eta\xi])(i, j^{n,\tau}_{j(\langle m,\tau\rangle)}) \\ &= g(\zeta)(i, j^{n,\tau}_{j(\langle m,\tau\rangle)}). \end{aligned}$$

(4) $\zeta = [\eta \equiv \xi]$

Si β n'est pas liée dans ζ, elle ne l'est pas dans η ou dans ξ. Si θ est η ou ξ et β est liée dans θ, alors selon l'exercice 2.3.1, $g(\theta)(i,j) = g(\theta)(i, j^{n,\tau}_{j(\langle m,\tau\rangle)})$. Nous avons :

$g(\zeta\langle\alpha|\beta\rangle)(i,j) = g([\eta \equiv \xi]\langle\alpha|\beta\rangle)(i,j) =$

$g([\eta\langle\alpha|\beta\rangle \equiv \xi\langle\alpha|\beta\rangle])(i,j) = \mathbf{1}$ ssi

$g(\eta\langle\alpha|\beta\rangle)(i,j) = g(\zeta\langle\alpha|\beta\rangle)(i,j)$ ssi (hypothèse d'induction)

$g(\eta)(i, j^{n,\tau}_{j(\langle m,\tau\rangle)}) = g(\xi)(i, j^{n,\tau}_{j(\langle m,\tau\rangle)})$ ssi

$g([\eta \equiv \xi])(i, j^{n,\tau}_{j(\langle m,\tau\rangle)}) = \mathbf{1}$.

Donc $g(\zeta\langle\alpha|\beta\rangle)(i,j) = g(\zeta)(i, j^{n,\tau}_{j(\langle m,\tau\rangle)})$.

(5) $\zeta = {}^\frown\eta$

Si β n'est pas liée dans $\frown\eta$, elle ne l'est pas dans η. Nous avons que $g(\zeta\langle\alpha|\beta\rangle)(i,j) = g(\frown\eta\langle\alpha|\beta\rangle)(i,j) =$ $g(\frown\eta\langle\alpha|\beta\rangle)(i,j)$, qui est cette fonction p de domaine I telle que $p(k) = g(\eta\langle\alpha|\beta\rangle)(k,j) = g(\eta)(k, j^{n,\tau}_{j(\langle m,\tau\rangle)})$ (hypothèse d'induction). Donc $g(\zeta\langle\alpha|\beta\rangle)(i,j) = g(\zeta)(i, j^{n,\tau}_{j(\langle m,\tau\rangle)})$.

(6) $\zeta = \smile\eta$

Si β n'est pas liée dans $\smile\eta$, elle ne l'est pas dans η. Nous avons : $g(\zeta\langle\alpha|\beta\rangle)(i,j) = g(\smile\eta\langle\alpha|\beta\rangle)(i,j) = g(\smile\eta\langle\alpha|\beta\rangle)(i,j)$ $= g(\eta\langle\alpha|\beta\rangle)(i,j)(i) = g(\eta)(i, j^{n,\tau}_{j(\langle m,\tau\rangle)})(i)$ (hypothèse d'induction). Donc $g(\zeta\langle\alpha|\beta\rangle)(i,j) = g(\zeta)(i, j^{n,\tau}_{j(\langle m,\tau\rangle)})$.

(7) $\zeta = \lambda v_{l,\sigma}\eta$

Si $l = m$ et $\sigma = \tau$, alors β est liée dans ζ et l'hypothèse ne s'applique pas. Sinon, $g(\zeta\langle\alpha|\beta\rangle)(i,j) = g(\lambda v_{l,\sigma}\eta\langle\alpha|\beta\rangle)(i,j)$ qui est cette fonction p de domaine D_σ telle que $p(x) = g(\eta\langle\alpha|\beta\rangle)(i, j^{l,\sigma}_x)$. Mais par hypothèse d'induction :

$p(x) = g(\eta)(i, j^{l,\sigma}_x{}^{n,\tau}_{j(\langle m,\tau\rangle)})$

$= g(\eta)(i, j^{n,\tau}_{j(\langle m,\tau\rangle)}{}^{l,\sigma}_x)$ car $\langle n,\tau\rangle \neq \langle l,\sigma\rangle$

$= g(\lambda v_{l,\sigma}\eta)(i, j^{n,\tau}_{j(\langle m,\tau\rangle)})$.

Donc $g(\zeta\langle\alpha|\beta\rangle)(i,j) = g(\zeta)(i, j^{n,\tau}_{j(\langle m,\tau\rangle)})$.

●

EXERCICE 2.3.21

Montrez que si ζ est d'une catégorie quelconque, $\eta, \theta \in C_\tau$, $\alpha = v_{n,\tau}$ et que η et θ sont libres pour α dans ζ, alors $\vDash_{K_0} (\eta \equiv \theta) \supset [\zeta\langle\alpha|\eta\rangle \equiv \zeta\langle\alpha|\theta\rangle]$.

◊ Procédons par induction.

(1) $\zeta = v_{m,\sigma}$

(a) Si $m = n$ et $\sigma = \tau$, alors $\zeta = v_{n,\tau}$ et $\zeta\langle\alpha|\eta\rangle = \eta$ et $\zeta\langle\alpha|\theta\rangle = \theta$. Il faut vérifier la validité de $((\eta \equiv \theta) \supset [\eta \equiv \theta])$, ce qui est trivial.

(b) Si $m \neq n$ ou $\sigma \neq \tau$, alors $\zeta\langle\alpha|\eta\rangle = v_{m,\sigma}$. Il faut vérifier la validité de $((\eta \equiv \theta) \supset [v_{m,\sigma} \equiv v_{m,\sigma}])$, ce qui est trivial.

(2) $\zeta = c_{m,\sigma}$

Dans ce cas $\zeta\langle\alpha|\eta\rangle = \zeta\langle\alpha|\theta\rangle = c_{m,\sigma}$.
Il faut vérifier la validité de $((\eta \equiv \theta) \supset [c_{m,\sigma} \equiv c_{m,\sigma}])$, ce qui est trivial.

(3) $\zeta = [\xi\psi]$

Dans ce cas $\zeta\langle\alpha|\eta\rangle = [\xi\psi]\langle\alpha|\eta\rangle = [\xi\langle\alpha|\eta\rangle\,\psi\langle\alpha|\eta\rangle]$ et $\zeta\langle\alpha|\theta\rangle = [\xi\langle\alpha|\theta\rangle\,\psi\langle\alpha|\theta\rangle]$. Mais :

$$g(\zeta\langle\alpha|\eta\rangle)(i,j) = g([\xi\langle\alpha|\eta\rangle\,\psi\langle\alpha|\eta\rangle])(i,j)$$
$$= g(\xi\langle\alpha|\eta\rangle)(i,j)(g(\psi\langle\alpha|\eta\rangle)(i,j))$$

par la définition 2.3.2 (5)(a).
De même, $g(\zeta\langle\alpha|\theta\rangle)(i,j) = g(\xi\langle\alpha|\theta\rangle)(i,j)(g(\psi\langle\alpha|\theta\rangle)(i,j))$.
Par hypothèse d'induction, on a que
$((\eta \equiv \theta) \supset [\xi\langle\alpha|\eta\rangle \equiv \xi\langle\alpha|\theta\rangle])$ et
$((\eta \equiv \theta) \supset [\psi\langle\alpha|\eta\rangle \equiv \psi\langle\alpha|\theta\rangle])$ sont K_0-valides.
Il faut montrer que cela entraîne que
$((\eta \equiv \theta) \supset [\zeta\langle\alpha|\eta\rangle \equiv \zeta\langle\alpha|\theta\rangle])$.
Supposons le contraire. Il y a donc un (i,j) tel que
$g((\eta \equiv \theta))(i,j) = \mathbf{1}$ et $g([\zeta\langle\alpha|\eta\rangle \equiv \zeta\langle\alpha|\theta\rangle])(i,j) = \mathbf{0}$, c'est-à-dire $g(\zeta\langle\alpha|\eta\rangle)(i,j) \neq g(\zeta\langle\alpha|\theta\rangle)(i,j)$, c'est-à-dire
$g(\xi\langle\alpha|\eta\rangle)(i,j)(g(\psi\langle\alpha|\eta\rangle)(i,j)) \neq$
$g(\xi\langle\alpha|\theta\rangle)(i,j)(g(\psi\langle\alpha|\theta\rangle)(i,j))$
ce qui n'est possible que si $g(\xi\langle\alpha|\eta\rangle)(i,j) \neq g(\xi\langle\alpha|\theta\rangle)(i,j)$ ou $g(\psi\langle\alpha|\eta\rangle)(i,j) \neq g(\psi\langle\alpha|\theta\rangle)(i,j)$,
ce qui contredit l'hypothèse d'induction.

(4) $\zeta = [\xi \equiv \psi]$

Dans ce cas, $\zeta\langle\alpha|\eta\rangle = [\xi \equiv \theta]\langle\alpha|\eta\rangle = [\xi\langle\alpha|\eta\rangle \equiv \psi\langle\alpha|\eta\rangle]$.
Si, par hypothèse d'induction,
$((\eta \equiv \theta) \supset [\xi\langle\alpha|\eta\rangle \equiv \xi\langle\alpha|\theta\rangle])$ et
$((\eta \equiv \theta) \supset [\psi\langle\alpha|\eta\rangle \equiv \psi\langle\alpha|\theta\rangle])$ sont K_0-valides, alors
$((\eta \equiv \theta) \supset [[\xi\langle\alpha|\eta\rangle \equiv \psi\langle\alpha|\eta\rangle] \equiv [\xi\langle\alpha|\theta\rangle \equiv \psi\langle\alpha|\theta\rangle]])$ est aussi K_0-valide. En effet, supposons que ce ne soit pas le cas. Il y a alors un (i,j) tel que $g((\eta \equiv \theta))(i,j) = \mathbf{1}$ et

$g([[\xi\langle\alpha|\eta\rangle \equiv \psi\langle\alpha|\eta\rangle] \equiv [\xi\langle\alpha|\theta\rangle \equiv \psi\langle\alpha|\theta\rangle]])(i,j) = \mathbf{0}$,
ce qui n'est possible que si :
$g([\xi\langle\alpha|\eta\rangle \equiv \psi\langle\alpha|\eta\rangle])(i,j) = \mathbf{0}$
et $g([\xi\langle\alpha|\theta\rangle \equiv \psi\langle\alpha|\theta\rangle])(i,j) = \mathbf{1}$
ou l'inverse. Les deux cas étant parfaitement symétriques, nous ne traiterons que celui-ci. On a
$g(\xi\langle\alpha|\eta\rangle)(i,j) \neq g(\xi\langle\alpha|\theta\rangle)(i,j)$
ou $g(\psi\langle\alpha|\eta\rangle)(i,j) \neq g(\psi\langle\alpha|\theta\rangle)(i,j)$
sinon les deux identités ci-dessus seraient contradictoires (par substitution des identiques). Mais cela contredit l'hypothèse d'induction, soit que
$((\eta \equiv \theta) \supset [\xi\langle\alpha|\eta\rangle \equiv \xi\langle\alpha|\theta\rangle])$
et $((\eta \equiv \theta) \supset [\psi\langle\alpha|\eta\rangle \equiv \psi\langle\alpha|\theta\rangle])$ sont K_0-valides.

(5) $\zeta = {}^{\frown}\xi$

Dans ce cas, $\zeta\langle\alpha|\eta\rangle = {}^{\frown}\xi\langle\alpha|\eta\rangle$ et $g(\zeta\langle\alpha|\eta\rangle)(i,j)$ est cette fonction p de domaine I telle que $p(k) = g(\xi\langle\alpha|\eta\rangle)(k,j)$ (définition 2.3.2 (5)(c)) et $g(\zeta\langle\alpha|\theta\rangle)(i,j)$ est cette fonction q de domaine I telle que $q(k) = g(\xi\langle\alpha|\theta\rangle)(k,j)$. Mais par hypothèse d'induction, $((\eta \equiv \theta) \supset [\xi\langle\alpha|\eta\rangle \equiv \xi\langle\alpha|\theta\rangle])$ est K_0-valide, si bien que quel que soit $k \in I$,
$g((\eta \equiv \theta))(k,j) = \mathbf{1}$ implique $g(\xi\langle\alpha|\eta\rangle \equiv \xi\langle\alpha|\theta\rangle)(k,j) = \mathbf{1}$, c'est-à-dire que $g(\xi\langle\alpha|\eta\rangle)(k,j) = g(\xi\langle\alpha|\theta\rangle)(k,j)$.
Or, $g((\eta \equiv \theta))(i,j) = \mathbf{1}$ entraîne que $g((\eta \equiv \theta))(k,j) = \mathbf{1}$ et donc $p(k) = q(k)$

(6) $\zeta = {}^{\smile}\xi$

Dans ce cas, $\zeta\langle\alpha|\eta\rangle = {}^{\smile}\xi\langle\alpha|\eta\rangle$. Selon la définition 2.3.2 (5)(d), $g({}^{\smile}\xi\langle\alpha|\eta\rangle)(i,j) = g(\xi\langle\alpha|\eta\rangle)(i,j)(i)$. Par hypothèse d'induction, $((\eta \equiv \theta) \supset [\xi\langle\alpha|\eta\rangle \equiv \xi\langle\alpha|\theta\rangle])$ est K_0-valide. Cela signifie que $g((\eta \equiv \theta))(i,j) = \mathbf{1}$ implique
$g(\xi\langle\alpha|\eta\rangle \equiv \xi\langle\alpha|\theta\rangle)(i,j) = \mathbf{1}$, c'est-à-dire
$g(\xi\langle\alpha|\eta\rangle)(i,j) = g(\xi\langle\alpha|\theta\rangle)(i,j)$, ce qui entraîne que
$g(\xi\langle\alpha|\eta\rangle)(i,j)(i) = g(\xi\langle\alpha|\theta\rangle)(i,j)(i)$, ce qui entraîne la K_0-validité de $((\eta \equiv \theta) \supset [{}^{\smile}\xi\langle\alpha|\eta\rangle \equiv {}^{\smile}\xi\langle\alpha|\theta\rangle])$.

(7) $\zeta = \lambda v_{m,\sigma}\xi$

(a) Si $m = n$ et $\sigma = \tau$, $\zeta\langle\alpha|\eta\rangle(\lambda v_{n,\tau}\xi)\langle\alpha|\eta\rangle = \lambda v_{m,\sigma}\xi$ car il n'y a pas d'occurrence libre de $v_{n,\tau}$ dans $\lambda v_{m,\sigma}\xi$. Il faut alors montrer la validité de $((\eta \equiv \theta) \supset [\lambda v_{m,\sigma}\xi \equiv \lambda v_{m,\sigma}\xi])$, ce qui est évident.

(b) Si $m \neq n$ ou $\sigma \neq \tau$, alors $\zeta\langle\alpha|\eta\rangle = \lambda v_{m,\sigma}\xi\langle\alpha|\eta\rangle$. Il faut montrer la K_0-validité de $((\eta \equiv \theta) \supset [\lambda v_{m,\sigma}\xi\langle\alpha|\eta\rangle \equiv \lambda v_{m,\sigma}\xi\langle\alpha|\theta\rangle])$. Supposons que cela ne soit pas le cas. Il y a donc un i et un j tels que $g((\eta \equiv \theta))(i, j) = \mathbf{1}$ et $g([\lambda v_{m,\sigma}\xi\langle\alpha|\eta\rangle \equiv \lambda v_{m,\sigma}\xi\langle\alpha|\theta\rangle])(i,j) = \mathbf{0}$, c'est-à-dire $g(\lambda v_{m,\sigma}\xi\langle\alpha|\eta\rangle)(i,j) \neq g(\lambda v_{m,\sigma}\xi\langle\alpha|\theta\rangle)(i,j)$, donc que la fonction p de domaine D_σ telle que $p(x) = g(\xi\langle\alpha|\eta\rangle)(i, j_x^{m,\sigma})$ est différente de la fonction q de même domaine telle que $q(x) = g(\xi\langle\alpha|\theta\rangle)(i, j_x^{m,\sigma})$. Or, par hypothèse d'induction, $((\eta \equiv \theta) \supset [\xi\langle\alpha|\eta\rangle \equiv \xi\langle\alpha|\theta\rangle])$ est K_0-valide, ce qui entraîne que pour tout i', j', si $g((\eta \equiv \theta))(i', j') = \mathbf{1}$, alors $g(\xi\langle\alpha|\eta\rangle)(i', j') = g(\xi\langle\alpha|\theta\rangle)(i', j')$; en particulier, $g(\xi\langle\alpha|\eta\rangle)(i, j_x^{m,\sigma}) = g(\xi\langle\alpha|\theta\rangle)(i, j_x^{m,\sigma})$ quel que soit x. D'où contradiction.

●

EXERCICE 2.3.23

Y a-t-il des désignateurs rigides qui n'appartiennent pas à *MC* ?

◊ Soit η une constante quelconque et $\alpha = v_{n,t}$. $\bigvee\alpha(\alpha \equiv [\eta \equiv \eta])$ est K_0-valide. En effet, $g(\bigvee\alpha(\alpha \equiv [\eta \equiv \eta]))(i,j) = \mathbf{1}$ ssi pour un certain x, $g((\alpha \equiv [\eta \equiv \eta]))(i, j_x^{n,t}) = \mathbf{1}$ (exercice 2.3.8) ssi pour un certain x, $g(\Box[\alpha \equiv [\eta \equiv \eta]])(i, j_x^{n,t}) = \mathbf{1}$ (définition 2.3.10) ssi pour un certain x et pour tout $k \in I$, $g([\alpha \equiv [\eta \equiv \eta]])(k, j_x^{n,t}) = \mathbf{1}$ (exercice 2.3.9) ssi pour un certain x et pour tout $k \in I$, $g(\alpha)(k, j_x^{n,t}) = g([\eta \equiv \eta])(k, j_x^{n,t})$. Mais $g([\eta \equiv \eta])(k, j_x^{n,t}) = \mathbf{1}$

ssi $g(\eta)(k, j_x^{n,t}) = g(\eta)(k, j_x^{n,t})$, ce qui est toujours le cas.
Donc $g(\bigvee\alpha(\alpha \equiv [\eta \equiv \eta]))(i,j) = \mathbf{1}$ ssi pour un certain x et pour tout $k \in I$,
$g(\alpha)(k, j_x^{n,\tau}) = \mathbf{1}$. Mais
$g(\alpha)(k, j_x^{n,t}) = x$. Il suffit de prendre $x = \mathbf{1}$.
Ceci montre que $[\eta \equiv \eta]$ est un désignateur rigide. Or, $[\eta \equiv \eta] \notin MC$.

●

EXERCICE 2.3.25

Montrez que pour $\eta \in Con_{\langle s,\tau \rangle}$, $[\check{\hat{}}\eta \equiv \eta]$ n'est pas valide.

◊ Pour montrer que $[\check{\hat{}}\eta \equiv \eta]$ n'est pas valide, il suffit de présenter un contre-exemple. Soit ξ une constante de type $\langle s,t \rangle$ telle que : $g(\xi)(i,j)(i) = \mathbf{1}$;
$g(\xi)(i,j)(k) = \mathbf{0}$ pour $k \neq i$;
$g(\xi)(k,j)(k') = \mathbf{1}$ pour $k \neq i$.
On a donc $g(\xi)(i,j)(k) = \mathbf{0}$, bien que
$g(\check{\hat{}}\xi)(i,j)(k) = g(\check{}\xi)(k,j) = g(\xi)(k,j)(k) = \mathbf{1}$.

●

EXERCICE 5.2.1

Démontrez la proposition 5.2.1 : « Soit V, V' deux modèles partiels tels que $V \sqsubseteq V'$; pour toute formule ξ de LP, $V(\xi) \sqsubseteq V'(\xi)$. »

◊ Si ξ est un symbole propositionnel, alors la propriété est satisfaite par définition. Soit ξ une formule ayant n sous-formules $\zeta_1, \ldots, \zeta_n$ et supposons, par hypothèse d'induction, que $V(\zeta_i) \sqsubseteq V'(\zeta_i)$ pour tout i tel que $1 \leq i \leq n$; alors par monotonie, $V(\xi) \sqsubseteq V'(\xi)$.

●

EXERCICE 5.2.3

Démontrez la proposition 5.2.4 : « Il n'y a aucune formule positivement valide. »

◊ Soit V le modèle partiel tel que $V(\xi) = \bot$ pour tout symbole propositionnel ξ ; il s'ensuit que $V(\xi) = \bot$ pour toute formule ξ — cela se vérifie par induction sur les sous-formules de ξ.

●

EXERCICE 5.2.4

Définissons d'abord les notions suivantes : ξ est une conséquence *classiquement valide* de Σ (notation : $\Sigma \models \xi$) ssi $V(\xi) = \mathbf{1}$ pour tout modèle *total* V tel que $V(\zeta) = \mathbf{1}$ pour toute formule $\zeta \in \Sigma$; ξ est une conséquence *négativement valide* de Σ (notation : $\Sigma \not\Dashv \xi$) ssi $V(\xi) \neq \mathbf{0}$ pour tout modèle partiel V tel que $V(\zeta) = \mathbf{1}$ pour toute formule $\zeta \in \Sigma$.

Démontrez que

(i) $\Sigma \models \xi$ ssi $\Sigma \not\Dashv \xi$;

(ii) si $\Sigma \mid\!\equiv \xi$, alors $\Sigma \models \xi$.

◊ (i) Supposons que $\Sigma \models \xi$ mais non $\Sigma \not\Dashv \xi$. Il existe donc un modèle partiel V vérifiant chaque formule dans Σ mais qui réfute ξ. Donc par la proposition 5.2.1 et son corollaire, il existe un modèle total V' tel que $V \sqsubseteq V'$, vérifiant chaque formule dans Σ mais qui réfute ξ, ce qui contredit l'hypothèse que $\Sigma \models \xi$. Conversement, si $\Sigma \not\Dashv \xi$, alors aucun modèle vérifiant chaque formule dans Σ ne réfute ξ, ce qui implique que tout modèle *total* vérifiant chaque formule dans Σ vérifie également ξ, ce qui signifie que $\Sigma \models \xi$.

(ii) Par définition, $\Sigma \mid\!\equiv \xi$ implique $\Sigma \not\Dashv \xi$; or par la précédente proposition, $\Sigma \not\Dashv \xi$ implique $\Sigma \models \xi$; donc $\Sigma \mid\!\equiv \xi$ implique $\Sigma \models \xi$.

●

EXERCICE 5.2.5

Démontrez dans *SPP* la règle du *modus ponens*, c'est-à-dire que $\xi,\ \xi \supset \zeta \vdash \zeta$. On convient que $\xi \supset \zeta$ est équivalente à $\neg(\xi \wedge \neg\zeta)$.

◊ 1. $\neg(\xi \wedge \neg\zeta) \vdash \neg(\neg\neg\xi \wedge \neg\neg\neg\zeta)$ [R5]
2. $\xi, \neg(\xi \wedge \neg\zeta) \vdash \neg(\neg\neg\xi \wedge \neg\neg\neg\zeta)$ [1, DR2]
3. $\xi, \neg\xi \vdash \xi \wedge \neg\xi$ [R6]
4. $\xi \wedge \neg\xi \vdash \neg\neg\zeta$ [R1]
5. $\xi, \neg\xi, \xi \wedge \neg\xi \vdash \neg\neg\zeta$ [4, DR2]
6. $\xi, \neg\xi \vdash \neg\neg\zeta$ [3, 5, DR1]
7. $\xi, \neg(\xi \wedge \neg\zeta), \neg\xi \vdash \neg\neg\zeta$ [6, DR2]
8. $\neg\neg\neg\zeta \vdash \neg\neg\zeta$ [R2]
9. $\xi, \neg(\xi \wedge \neg\zeta), \neg\neg\neg\zeta \vdash \neg\neg\zeta$ [8, DR2]
10. $\xi, \neg(\xi \wedge \neg\zeta), \neg(\neg\neg\xi \wedge \neg\neg\neg\zeta) \vdash \neg\neg\zeta$ [7, 9, R7]
11. $\xi, \neg(\xi \wedge \neg\zeta) \vdash \neg\neg\zeta$ [2, 10, DR1]
12. $\neg\neg\zeta \vdash \zeta$ [R2]
13. $\xi, \neg(\xi \wedge \neg\zeta), \neg\neg\zeta \vdash \zeta$ [12, DR2]
14. $\xi, \neg(\xi \wedge \neg\zeta) \vdash \zeta$ [11, 13, DR1]

●

EXERCICE 5.4.1

Trouvez la formule qui caractérise l'implication matérielle.

◊ $(p_0 \wedge p_1) \vee (\mathbf{F} \wedge \mathbf{F}) \vee (\neg p_0 \wedge p_1) \vee (\neg p_0 \wedge \neg p_1)$.

●

EXERCICE 6.5.1

Démontrez que les conditions de vérité de $\bigwedge v_{n,\tau}\varphi$ sont les suivantes :

$$g(\bigwedge v_{n,\tau}\varphi)(i,j) = \begin{cases} \mathbf{1} \text{ si pour tout } a \in DPT_\tau, g(\varphi)(i, j_a^{n,\tau}) = \mathbf{1} \\ \mathbf{0} \text{ s'il existe un } a \in DP_\tau \text{tel que } g(\varphi)(i, j_a^{n,\tau}) = \mathbf{0} \\ \bot \text{ autrement.} \end{cases}$$

◊ Nous allons considérer seulement les conditions de vérité et de fausseté, la condition de l'indéfini suivant trivialement de celles-ci. Par la définition 2.3.3 :
$g(\bigwedge v_{n,\tau}\varphi)(i,j) = g([\lambda v_{n,\tau}\varphi \equiv \lambda v_{n,\tau}[v \equiv v]])(i,j)$.
Selon la définition 6.5.6(5)(b) :

$g([\lambda v_{n,\tau}\varphi \equiv \lambda v_{n,\tau}[v \equiv v]])(i,j) = \mathbf{1}$ ssi

$g(\lambda v_{n,\tau}\varphi)(i,j) =_* g(\lambda v_{n,\tau}[v \equiv v])(i,j)$

et $g(\lambda v_{n,\tau}\varphi)(i,j) \in DPT_{\langle \tau,t \rangle}$.

Or, on vérifie facilement que $g(\lambda v_{n,\tau}[v \equiv v])(i,j)$ est la fonction de domaine DP_τ et dont la valeur est **1** pour tout argument $a \in DPT_\tau$ et est $\perp$ pour les autres arguments. Donc selon la définition 6.2.2,

$g(\lambda v_{n,\tau}\varphi)(i,j) \in DPT_{\langle \tau,t \rangle}$ et selon la définition 6.2.5,

$g(\lambda v_{n,\tau}\varphi)(i,j) =_* g(\lambda v_{n,\tau}[v \equiv v])(i,j)$ ssi pour tout $a \in DPT_\tau$,

$g(\varphi)(i, j_a^{n,\tau}) = \mathbf{1}$. Voilà pour la condition de vérité.

Voyons pour la condition de fausseté.

Selon les définitions 6.5.6(5)(b) et 6.2.3 :

$g([\lambda v_{n,\tau}\varphi \equiv \lambda v_{n,\tau}[v \equiv v]])(i,j) = \mathbf{0}$ ssi

$g(\lambda v_{n,\tau}\varphi)(i,j) \neq_* g(\lambda v_{n,\tau}[v \equiv v])(i,j)$ ssi

il existe un $a \in DP_\tau$ tel que

$g(\lambda v_{n,\tau}\varphi)(i,j)(a) \neq_* g(\lambda v_{n,\tau}[v \equiv v])(i,j)(a)$ ssi

il existe un $a \in DP_\tau$ tel que $g(\varphi)(i, j_a^{n,\tau}) \neq_* g([v \equiv v])(i, j_a^{n,\tau})$ ssi

il existe un $a \in DP_\tau$ tel que $g(\varphi)(i, j_a^{n,\tau}) = \mathbf{0}$.

●

EXERCICE 6.5.3

Vérifiez que la table de vérité de la conjonction de la définition 2.3.5 bis est la suivante :

	φ	ψ	$\varphi \wedge \psi$
1	**1**	**1**	**1**
2	**1**	**0**	**0**
3	**1**	$\perp$	$\perp$
4	**0**	**1**	**0**
5	**0**	**0**	**0**
6	**0**	$\perp$	$\perp$
7	$\perp$	**1**	$\perp$
8	$\perp$	**0**	**0**
9	$\perp$	$\perp$	$\perp$

◊ Nous allons calculer les valeurs pour les lignes 1, 6 et 8 et laisser au lecteur le soin de vérifier les autres lignes.

Ligne 1
Sur cette ligne, $g(\varphi)(i,j) = g(\psi)(i,j) = \mathbf{1}$.
Donc, par l'exercice 2.5.1, pour tout $a \in DPT_{\langle t,t\rangle}$,
$g(\psi)(i, j_a^{n,\langle t,t\rangle}) = \mathbf{1}$. Dans ce cas,
$g([v_{n,\langle t,t\rangle}\varphi])(i, j_a^{n,\langle t,t\rangle}) = g([v_{n,\langle t,t\rangle}\psi])(i, j_a^{n,\langle t,t\rangle}) = \mathbf{1}$ et
$g([[v_{n,\langle t,t\rangle}\varphi] \equiv [v_{n,\langle t,t\rangle}\psi]])(i, j_a^{n,\langle t,t\rangle}) = \mathbf{1}$.
Comme $g(\psi)(i,j) = \mathbf{1}$,
$g([\psi \equiv [[v_{n,\langle t,t\rangle}\varphi] \equiv [v_{n,\langle t,t\rangle}\psi]]])(i, j_a^{n,\langle t,t\rangle}) = \mathbf{1}$.
Donc $g(\bigwedge v_{n,\langle t,t\rangle}[\psi \equiv [[v_{n,\langle t,t\rangle}\varphi] \equiv [v_{n,\langle t,t\rangle}\psi]]])(i,j) = \mathbf{1}$.

Ligne 6
Sur cette ligne, $g(\varphi)(i,j) = \mathbf{0}$ et $g(\psi)(i,j) = \bot$.
Dans ce cas, $g(\psi)(i, j_a^{n,\langle t,t\rangle}) = \bot$ pour tout $a \in DPT_{\langle t,t\rangle}$
parce que $v_{n,\langle t,t\rangle}$ n'apparaît pas dans ψ. Donc
$g([\psi \equiv [[v_{n,\langle t,t\rangle}\varphi] \equiv [v_{n,\langle t,t\rangle}\psi]]])(i, j_a^{n,\langle t,t\rangle}) = \bot$ et
$g(\bigwedge v_{n,\langle t,t\rangle}[\psi \equiv [[v_{n,\langle t,t\rangle}\varphi] \equiv [v_{n,\langle t,t\rangle}\psi]]])(i,j) = \bot$.

Ligne 8
Sur cette ligne, $g(\varphi)(i,j) = \bot$ et $g(\psi)(i,j) = \mathbf{0}$. Il suffit de montrer qu'il existe un $a \in DP_{\langle t,t\rangle}$ tel que
$g([[v_{n,\langle t,t\rangle}\varphi] \equiv [v_{n,\langle t,t\rangle}\psi]])(i, j_a^{n,\langle t,t\rangle}) = \mathbf{1}$. Il n'y a qu'à prendre a tel que $a(\mathbf{1}) = a(\mathbf{0}) = a(\bot) = \mathbf{1}$.

•

EXERCICE 6.5.4

Vérifiez que la conjonction de la définition 6.5.9 est la conjonction forte de Kleene, c'est-à-dire $\wedge_4$.

◊ On vérifie facilement que si $g(\varphi)(i,j) = g(\psi)(i,j) = \mathbf{1}$, alors $g(\lambda\gamma[[\gamma\varphi]\psi])(i,j) = g(\lambda\gamma[[\gamma\mathbf{V}]\mathbf{V}])(i,j) \in DP_{\langle\langle t,\langle t,t\rangle\rangle,t\rangle}$ et donc $g([\lambda\gamma[[\gamma\varphi]\psi] \equiv \lambda\gamma[[\gamma\mathbf{V}]\mathbf{V}]])(i,j) = \mathbf{1}$. La converse est évidente.
D'autre part, la condition de fausseté est : il existe un $f \in DP_{\langle t,\langle t,t\rangle\rangle}$ tel que $f(g(\varphi)(i,j))(g(\psi)(i,j)) \neq_* f(\mathbf{1})(\mathbf{1})$.

Il est clair que $g(\varphi)(i,j)$ et $g(\psi)(i,j)$ ne peuvent pas être tous les deux $\mathbf{1}$; il est aussi exclu, puisque f est monotone, que l'un des deux soit $\perp$ et que l'autre soit $\mathbf{1}$. Toutefois, si $g(\varphi)(i,j)$ ou $g(\psi)(i,j)$ est $\mathbf{0}$, alors la condition de fausseté est satisfaite en considérant f comme la fonction de la conjonction forte de Kleene.

●

EXERCICE 7.5.1

Vérifiez que (**E2**) est bien un nom canonique de h.

◊ Appelons ζ la formule (**E2**).

Il faut donc vérifier que $g(\zeta)(j)=h$.

Soit $y\in\mathbf{1}(h)$. Par la définition de g :

$$g(\zeta)(j)(y)=g([\bigvee_{p\in\mathbf{1}(h)}\bigwedge_{\vec{g}\in Pr(\sigma)}\delta_p([\alpha(\vec{g})^c])])(j_y^{n,\sigma})$$

où $\alpha=v_{n,\sigma}$. Par l'exercice 2.3.10, le fait que $j_y^{n,\sigma}=j_{g(y^c)(j)}^{n,\sigma}$, la définition de δ_p et l'hypothèse d'induction :

$$g(\zeta)(j)(y)=g([\bigvee_{p\in\mathbf{1}(h)}\bigwedge_{\vec{g}\in Pr(\sigma)}\delta_p([y^c(\vec{g})^c])])(j)=\mathbf{1}$$

car pour $p=y, g(\bigwedge_{\vec{g}\in Pr(\sigma)}\delta_y([y^c(\vec{g})^c]))(j)=\mathbf{1}$,

selon la définition de δ_p.

●

EXERCICE 7.5.2

En utilisant la formule (**E3**), trouvez le nom canonique de l'identité entre objets de type t.

◊ L'identité entre objets de type t est la fonction $f\in D^{\circ}_{\langle t,\langle t,t\rangle\rangle}$ telle que pour tout projecteur $\langle x,y\rangle\in D^{\circ}_t\times D^{\circ}_t$, $f(x)(y)=\mathbf{1}$ ssi $x=y$. Les éléments de $\mathbf{1}(f)$ sont donc $a=\langle\mathbf{1},\mathbf{1}\rangle$ et $b=\langle\mathbf{0},\mathbf{0}\rangle$. Selon (**E3**) f^c est donc l'expression :

$$\lambda\alpha_{\sigma 0}\lambda\alpha_{\sigma 1}[\bigvee_{\vec{p}\in\mathbf{1}(f)}(\bigwedge_{\vec{g}\in Pr(t)}\delta_{p_0}([\alpha_{\sigma 0}(\vec{g})^c])\wedge\bigwedge_{\vec{g}\in Pr(t)}\delta_{p_1}([\alpha_{\sigma 1}(\vec{g})^c]))]=$$

$$\lambda\alpha_{\sigma 0}\lambda\alpha_{\sigma 1}[(\bigwedge_{\vec{g}\in Pr(t)}\delta_{a_0}([\alpha_{\sigma 0}(\vec{g})^c])\wedge\bigwedge_{\vec{g}\in Pr(t)}\delta_{a_1}([\alpha_{\sigma 1}(\vec{g})^c]))\vee$$
$$(\bigwedge_{\vec{g}\in Pr(t)}\delta_{b_0}([\alpha_{\sigma 0}(\vec{g})^c])\wedge\bigwedge_{\vec{g}\in Pr(t)}\delta_{b_1}([\alpha_{\sigma 1}(\vec{g})^c]))] =$$
$$\lambda\alpha_{\sigma 0}\lambda\alpha_{\sigma 1}[(\bigwedge_{\vec{g}\in Pr(t)}\delta_{\mathbf{1}}([\alpha_{\sigma 0}(\vec{g})^c])\wedge\bigwedge_{\vec{g}\subset Pr(t)}\delta_{\mathbf{1}}([\alpha_{\sigma 1}(\vec{g})^c]))\vee$$
$$(\bigwedge_{\vec{g}\in Pr(t)}\delta_{\mathbf{0}}([\alpha_{\sigma 0}(\vec{g})^c])\wedge\bigwedge_{\vec{g}\in Pr(t)}\delta_{\mathbf{0}}([\alpha_{\sigma 1}(\vec{g})^c]))]=$$
$$\lambda\alpha_{\sigma 0}\lambda\alpha_{\sigma 1}[(\alpha_{\sigma 0}\wedge\alpha_{\sigma 1})\vee(\neg\alpha_{\sigma 0}\wedge\neg\alpha_{\sigma 1})],$$

puisque $\sigma_0 = \sigma_1 = t$.

●

EXERCICE 7.7.1

Donnez un exemple qui falsifie la règle $[\eta\equiv\zeta]\vdash[[\xi\eta]\equiv[\xi\zeta]]$.

◊ Soit $\eta_{\langle t,t\rangle}$ et $\zeta_{\langle t,t\rangle}$ les expressions telles que dans un certain modèle partiel $\langle\mathcal{B}, j\rangle$:

$j(v_{0,t})$	$g([\eta v_{0,t}])(j)$	$g([\zeta v_{0,t}])(j)$
1	**1**	**1**
0	**1**	**1**
$\perp$	**1**	$\perp$

On a bien que $g([\eta\equiv\zeta])(j)=\mathbf{1}$. Soit $\xi_{\langle\langle t,t\rangle,t\rangle}$ l'expression telle que $g([\xi\eta])(j)=\mathbf{1}$ et $g(\xi)(j)(x)=\perp$ pour tout $x\neq g(\eta)(j)$. On a donc $g([[\xi\eta]\equiv[\xi\zeta]])(j)=\perp$.

●

Bibliographie

[Alc82] Alchourrón, C. E. et D. Makinson, « The Logic of Theory of Change : Contraction Functions and Their Associated Revision Functions », *Theoria*, **48** (1982) : 14-37.

[Alc85] Alchourrón, C. E., P. Gärdenfors et D. Makinson, « On the Logic of Theory of Change : Partial Meet Functions for Contraction and Revision », *The Journal of Symbolic Logic*, **50** (1985) : 510-530.

[And86] Andrews, Peter B., *An Introduction to Mathematical Logic and Type Theory: To Truth Through Proof*, Academic Press, New York, 1986.

[Bar81] Barendrecht, Hendrik Pieter, *The Lambda Calculus : Its Syntax and Semantics*, North-Holland, Amsterdam, 1981, 1984, 1985, 621 pages.

[Baw81] Barwise, John, « Scenes and Other Situations », *The Journal of Philosophy*, **78** (1981) : 369-397.

[Ben91] van Benthem, Johan, *Language in Action*, North-Holland, Amsterdam, 1991, 349 pages.

[Big78a] Bigelow, John C., « Semantics of Thinking, Saying and Translation », in M. Guenthner-Reutter & F. Guenthner (eds.), *Meaning and Translation : Philosophical and Linguistic Approaches*, Duckworth, London, 1978, pp.109-135.

[Big78b] Bigelow, John C., « Believing in Semantics », *Linguistics and Philosophy*, **2** (1978) : 101-144.

[Bla86] Blamey, Stephen, « Partial Logic », in D. Gabbay *et al.* (eds.), *Handbook of Philosophical Logic*, Vol. 3, Reidel, Dordrecht, 1986, pp. 1-70.

[Car47] Carnap, Rudolf, *Meaning and Necessity : A Study in Semantics and Modal Logic*, The University of Chicago Press, Chicago, 1947, 1956, 1958.

[Chu40] Church, Alonzo, « A Formulation of the Simple Theory of Types », *The Journal of Symbolic Logic*, **5** (1940) : 56-68.

[Cre72] Cresswell, Max J., « Intensional Logic and Logical Truth », *The Journal of Symbolic Logic*, **36** (1972) : 2-15.

[Cre75] Cresswell, Max J., « Hyperintensional Logic », *Studia Logica*, **34** (1975) : 25-38.

[Cre85] Cresswell, Max J., *Structured Meanings : The Semantics of Propositional Attitudes*, M.I.T. Press, Cambridge, Mass., 1985, 202 pages.

[Gal75] Gallin, Daniel, *Intensional and Higher-Order Modal Logic*, North-Holland, Amsterdam, 1975, 148 pages.

[Gär88] Gärdenfors, Peter, *Knowledge in Flux : Modeling the Dynamics of Epistemic States*, M.I.T. Press, Cambridge, Mass., 1988, 262 pages.

[Gär92] Gärdenfors, Peter, « Belief Revision : An Introduction », in P. Gärdenfors (ed.), *Belief Revision*, Cambridge Tract in Theoretical Science 29, Cambridge, 1992, pp. 1-20.

[Grz55] Grzegorczyk, A., « The Systems of Leśniewski in Relation to Contemporary Logical Research », *Studia Logica*, **3** (1955) : 77-95.

[Haa78] Haack, Susan, *Philosophy of Logic*, Cambridge University Press, Cambridge, 1978, 1979, 1980, 276 pages.

[Hen50] Henkin, Leon, « Completeness in the Theory of Types », *The Journal of Symbolic Logic*, **15** (1950) : 81-91.

[Hen63] Henkin, Leon, « A Theory of Propositional Types », *Fundamenta Mathematicae*, **52** (1963) : 321-344.

[Kam83] Kamp, Hans, *A Scenic Tour Through the Land of Naked Infinitives*, manuscrit non publié, 1983.

[Kle52] Kleene, Stephen Cole, *Introduction to Metamathematics*, Van Nostrand, Princeton, 1952, 550 pages.

[Kri63] Kripke, Saul, « Semantical Considerations on Modal Logic », *Acta Philosophica Fennica*, **16** (1963) : 83-94. Repris dans L. Linsky (ed.), *Reference and Modality*, Oxford University Press, Oxford, 1971, 1977, 1979, pp. 63-72.

[Kri72] Kripke, Saul, *Naming and Necessity*, Harvard University Press, Cambridge, Mass., 1972, 1980, 172 pages. Traduit de l'américain par Pierre Jacob et François Recanati sous le titre *La logique des noms propres*, Les Éditions de Minuit, Paris, 1982, 173 pages.

[Kri75] Kripke, Saul, « Outline of a Theory of Truth », *The Journal of Philosophy*, **72** (1975) : 690-716.

[Kri79] Kripke, Saul, « A Puzzle about Belief », in A. Margalit (ed.), *Meaning and Use*, Reidel, Dordrecht, 1979, pp.239-293.

[Lap92a] Lapierre, Serge, « Structured Meanings and Reflexive Domains », *Studia Logica*, **51** (1992) : 215-239.

[Lap92b] Lapierre, Serge, « A Functional Partial Semantics for Intensional Logic », *Notre Dame Journal of Formal Logic*, **33** (1992) : 517-541.

[Lap94] Lapierre, Serge, « Montague-Gallin's Intensional Logic, Structured Meanings and Scott's Domains », in D. Prawitz & D. Westerståhl (eds.), *Logic and Philosophy of Science in Uppsala*, Kluwer Academic Publishers, Dordrecht, 1994, pp. 29-48.

[Lap99] Lapierre, Serge et François Lepage, « Completeness and Representation Theorem for Epistemic States in First-Order Predicate Calculus », *Logica Trianguli*, **3** (1999) : 85-109.

[Lep92] Lepage, François, « Partial Functions in Type Theory », *Notre Dame Journal of Formal Logic*, **33** (1992) : 493-516.

[Lep95] Lepage, François, « Partial Propositional Logic », in M. Marion & R. S. Cohen (eds.), *Quebec Studies in the Philosophy of Science*, Vol. 1, Kluwer Academic Publishers, Dordrecht, 1995, pp. 23-39.

[Lew72] Lewis, David K., « General Semantics », in D. Davidson & G. Harman (eds.), *Semantics of Natural Language*, Reidel, Dordrecht, 1972, pp. 169-218. Republié dans David K. Lewis, *Philosophical Papers*, Vol. 1, Oxford University Press, Oxford, 1983, pp. 189-232.

[Łuk20] Łukasiewicz, Jan, « O logice trójwartościowej », *Ruch Filozoficzny*, **5** (1920) : 170-171. Traduit du polonais et publié sous le titre « On 3-Valued Logic », in S. McCall (ed.), *Polish Logic*, Oxford University Press, Oxford, 1967.

[Mak85] Makinson, David, « How to Give it Up : A Survey of Some Formal Aspects of the Logic of Theory of Change », *Synthese*, **62** (1985) : 347-363.

[Mon70a] Montague, Richard, « English as a Formal Language », in B. Visentini *et al.* (eds.), *Linguaggi nella Società e nella Tecnica*, Edizioni di Comunità, Milan, 1970, pp. 189-224. Republié dans [Tho74], pp.188-221.

[Mon70b] Montague, Richard, « Universal Grammar », *Theoria*, **36** (1970) : 373-398. Republié dans [Tho74], pp. 222-246.

[Mon73] Montague, Richard, « The Proper Treatment of Quantification in Ordinary English », in J. Hintikka, J. Moravcsik &

P. Suppes (eds.), *Approaches to Natural Language : Proceedings of the 1970 Stanford Workshop on Grammar and Semantics*, Reidel, Dordrecht, 1973, pp. 221-242. Republié dans [Tho74], pp. 247-270.

[Mus89] Muskens, Reinhard, *Meaning and Partiality*, Doctoral Dissertation, University of Amsterdam, 1989, 137 pages.

[Mus91] Muskens, Reinhard, « Hyperfine-Grained Meanings in Classical Logic », *Logique et Analyse*, **133-134** (1991): 159-176.

[Pos20] Post, Emil L., Doctoral Dissertation, Columbia University, 1920. Publié sous le titre « Introduction to a General Theory of Elementary Propositions », *American Journal of Mathematics*, **43** (1921) : 163-185.

[Qui56] Quine, Willard Van Orman, « Unification of Universes in Set Theory », *The Journal of Symbolic Logic*, **21** (1956) : 267-279.

[Ran82] Rantala, V., « Impossible Worlds Semantics and Logical Omniscience », *Acta Philosophica Fennica*, **35** (1982) : 106-115.

[Res69] Rescher, Nicholas, *Many-Valued Logic*, McGraw-Hill, New-York, 1969, 359 pages.

[Sco72] Scott, Dana, « Continuous Lattices », in D. Lawvere (ed.), *Toposes, Algebraic Geometry and Logic*, Lecture Notes in Mathematics, Vol. 274, Springer-Verlag, Berlin, 1972, pp. 97-136.

[Sco73] Scott, Dana, « Models for Various Type-Free Calculi », in P. Suppes *et al.* (eds.), *Logic, Methodology and Philosophy of Science IV*, North-Holland, Amsterdam, 1973, pp. 157-187.

[Słu53] Słupecki, Jerzy, « St. Leśniewski's Protothetics », *Studia Logica*, **1** (1953) : 44-111.

[Sor80] Sorabji, Richard, *Necessity, Cause, and Blame : Perspectives on Aristotle's Theory*, Cornell University Press, Ithaca, New York, 1980, 326 pages.

[Sta76] Stalnaker, Robert, « Propositions », in A. F. Mackay & D. D. Merrill (eds.), *Issues in the Philosophy of Language*, Yale University Press, New Haven, 1976, pp.79-91.

[Tar23] Tarski, Alfred, « Sur le terme primitif de la logistique », *Fundamenta Mathematicae*, **4** (1923) : 196-200.

[Thi92] Thijsse, Elias, *Partial Logic and Knowledge Representation*, Eburon Publishers, Delft, 1992, 253 pages.

[Tho74] Thomason, Richmond H. (ed.), *Formal Philosophy : Selected Papers of Richard Montague*, Yale University Press, New Haven and London, 1974.

[Tic82] Tichý, Pavel, « Foundations of Partial Type Theory », *Reports on Mathematical Logic*, **14** (1982) : 59-72.

[Urq86] Urquhart, A., « Many-Valued Logic », in D. Gabbay *et al.* (eds.), *Handbook of Philosophical Logic*, Vol. 3, Reidel, Dordrecht, 1986, pp.71-116.

[Van90] Vanderveken, Daniel, *Meaning and Speech Acts*, 2 volumes, Cambridge University Press, Cambridge, New York, 1990 (vol.1), 1991 (vol. 2).

Index

Table des matières

Collection **Analytiques**

1
François Duchesneau
Genèse de la théorie cellulaire

2
Daniel Laurier (dir.)
Essais sur le sens et la réalité

3
Claude Panaccio
Les mots, les concepts et les choses
La sémantique de Guillaume d'Occam et le nominalisme d'aujourd'hui

4
Daniel Laurier et François Lepage (dir.)
Essais sur le langage et l'intentionalité

5
Yvon Gauthier
La logique interne des théories physiques

6
Sylvain Auroux
La logique des idées

7
Michel Seymour
Pensée, langage et communauté
Une perspective anti-individualiste

8
Eros Corazza
Référence, contexte et attitudes

9
Georges J. D. Moyal
La critique cartésienne de la raison
Folie, rêve et liberté dans les Méditations

10
Martin Montminy
Les fondements empiriques de la signification

11
François Lepage et Serge Lapierre
Logique partielle et savoir
Essai de philosophie formelle

12
François Duchesneau, Guy Lafrance et Claude Piché (dir.)
Kant actuel
Hommage à Pierre Laberge

AGMV
MARQUIS
Québec, Canada
2000